CM1

cycle 3

Par MOTS et par phrases

Collection dirigée par Alain Bentolila

Étude de la langue

Grammaire
Conjugaison
Orthographe
Vocabulaire

Annick Cautela
Maître formateur
Parties « Grammaire » et « Vocabulaire »

Isabelle Le Guay
Orthophoniste
Partie « Orthographe »

Brigitte Marin
Maître de conférences en langue et littérature françaises
Parties « Grammaire » et « Vocabulaire »

Nadine Robert
Conseillère pédagogique
Partie « Orthographe »

Françoise Robinet
Inspectrice de l'Éducation nationale
Partie « Conjugaison »

Nathan

Avant-propos

L'**étude de la langue** française répond à une logique interne qui permet de décrire le système en allant du plus simple au plus complexe, du plus fréquent au plus rare.

Un enseignement progressif

Préconiser une programmation des leçons de grammaire, de conjugaison, d'orthographe et de vocabulaire qui va du plus simple au plus complexe est sans doute la meilleure façon d'éviter la **répétition à l'identique des mêmes analyses** et des mêmes exercices classe après classe. On se gardera par exemple d'épuiser l'étude d'un fait grammatical en CE2 sous peine de reproduire exactement la même leçon en CM1 puis en CM2.

Progression veut dire « **approfondissement progressif** », c'est-à-dire analyse d'un même fait grammatical niveau après niveau dans ses dimensions de plus en plus rares, de plus en plus inattendues. Ainsi l'identification du « sujet » en CE2 pourra être fondée sur l'idée qu'« il est le responsable d'une action » ; cette **vérité certes provisoire**, certes incomplète, sera précisée en CM1 et en CM2 par le recours à des critères plus formels de distribution et de compatibilités, par son rôle particulier avec les verbes d'état pour ouvrir aux effets stylistiques de l'inversion…

Une démarche active

Le respect d'une programmation logique de l'étude de la langue doit s'accompagner d'une **démarche pédagogique s'appuyant sur l'observation, la manipulation et la réflexion.** Une leçon de grammaire ne doit pas se réduire à assener une règle et à l'illustrer par un exemple. Nous voulons que nos élèves **découvrent** l'organisation des phrases, la fonction des mots, leur catégorisation… ; nous disons bien « découvrent » et pas simplement « apprennent ». Chaque leçon d'étude de la langue doit s'articuler sur l'observation de phrases ou de mots précisément choisis pour leur permettre de découvrir, par la **manipulation** et la **réflexion**, la notion que l'on a décidé d'étudier.

ISBN 978-2-09-122044-4

Une leçon de grammaire, de conjugaison, d'orthographe ou de vocabulaire doit être conduite dans l'esprit des « **leçons de choses** ». On présentera ainsi à l'attention des élèves un corpus de phrases ou de mots précisément choisis pour induire des **hypothèses** sur le fonctionnement d'un mécanisme singulier. On **se questionnera**, on proposera des explications provisoires qui, passées au filtre des intentions précises de l'enseignant, constitueront une première étape d'analyse. Cette démarche, au cours de laquelle chaque élève apporte sa pierre à la réflexion, ne peut être fructueuse que si les corpus de phrases proposées ont été intentionnellement fabriqués pour orienter l'observation, suggérer la manipulation, amener à une conclusion, à l'avance programmée.

Une organisation simple

Dans cette perspective, ce manuel est organisé en quatre grands domaines : **grammaire**, **conjugaison**, **orthographe** et **vocabulaire**. Chacun de ces domaines est constitué de 15 à 25 leçons consacrées à l'étude d'une notion particulière. À la fin de chaque domaine, des exercices supplémentaires d'**entraînement** ou de **soutien** reprennent plus particulièrement les notions de base du socle commun du programme.

Chaque leçon se présente en trois parties distinctes :
– une partie « **Je comprends** », composée d'un corpus de mots ou de phrases à « manipuler » pour comprendre le fonctionnement de la notion étudiée ;
– une partie « **J'apprends** », constituée de la règle à retenir ;
– une partie « **Je m'entraîne** », constituée d'exercices, d'un extrait de texte à lire et d'une activité d'expression écrite.

La structure **simple** du manuel permettra à l'enseignant, au cours de l'année, de choisir librement les notions qu'il souhaite aborder avec sa classe ou bien de suivre la progression proposée.

Alain Bentolila

Sommaire

Grammaire

Autour du verbe

Autour du nom

La phrase

Conjugaison

L'identification du verbe

Le présent de l'indicatif et le présent de l'impératif

Le futur et les temps du passé de l'indicatif

Orthographe

Orthographe lexicale

Orthographe grammaticale

Vocabulaire

Le sens des mots

La formation des mots

Annexes

Pourquoi dois-tu étudier le vocabulaire, l'orthographe, la grammaire et la conjugaison ?

Quand tu parles ou quand tu écris, tu t'adresses à quelqu'un de particulier et tu veux qu'il te comprenne aussi bien que possible. Sinon à quoi bon parler ; à quoi bon écrire ?

Pour te faire comprendre, tu **choisis** des mots. Tu choisis ceux qui présentent le mieux les **personnages**, les **objets** et les **actions** que tu veux faire vivre dans la tête de celui à qui tu parles ou à qui tu écris. Pour réussir, il faut que tu connaisses le **sens précis** des mots, que tu saches comment ils sont fabriqués, que tu ne les confondes pas entre eux. Dans ce livre, la partie **Vocabulaire** est faite pour que tu deviennes le *maître des mots* ; car plus tu domineras leur **sens**, plus ils t'obéiront et te seront fidèles.

Et puis, il faut que celui à qui tu écris puisse reconnaître tes mots. Il faut donc les orthographier correctement : savoir quelles sont les lettres qui en constituent « la carte d'identité » et aussi comment les mots d'une phrase s'accordent les uns avec les autres. C'est dans la partie **Orthographe** de ce livre que tu apprendras les principales règles pour bien écrire les mots.

Ces mots soigneusement choisis, tu devras les assembler pour fabriquer des phrases. Chaque phrase est comme un film dans lequel le mot est un **acteur qui joue un rôle particulier**. Si tu veux que celui qui te lit ou t'écoute voit dans sa tête **ton** film et pas un autre, il faut que tu lui indiques la **fonction** que chaque mot a dans la phrase. Si tu veux, par exemple, qu'il comprenne que c'est bien Paul qui attrape Pierre et non Pierre qui attrape Paul, il faut que tu écrives *Paul attrape Pierre* et non *Pierre attrape Paul*. C'est la grammaire qui permet de donner à chaque mot ou groupe de mots le **rôle** que tu souhaites qu'il joue sur la scène. Pour cela, tu apprendras, dans la partie **Grammaire**, à reconnaître la **nature des mots**, c'est-à-dire la catégorie grammaticale à laquelle ils appartiennent (noms, verbes, déterminants, adverbes...) et les **fonctions** qu'ils peuvent avoir dans une phrase (sujet, complément d'objet direct, complément circonstanciel...). Connaître les règles de grammaire est donc ta meilleure chance d'**être compris** comme tu le désires.

Bien utiliser les mots et construire correctement ses phrases sont les conditions indispensables pour parler ou écrire. Mais il faut aussi que tu puisses indiquer **quand** se passent les événements que tu veux partager avec quelqu'un. Est-ce que ces événements se sont déroulés dans le passé ? Auront-ils lieu dans le futur ? Ou les décris-tu au moment même où tu parles ? Pour le faire savoir à celui à qui tu destines ton message, il faut que tu saches utiliser les temps des verbes ; c'est la partie **Conjugaison** de ce livre qui te l'apprendra.

Pour se repérer dans le manuel

Les unités

Dans les quatre domaines de ton manuel, Grammaire, Conjugaison, Orthographe et Vocabulaire, chaque unité est construite sur le même principe.

Je comprends
propose, à partir de phrases-exemples, des questions de repérage et des activités de manipulation sur la notion étudiée pour comprendre « **comment ça marche** ».

Je m'entraîne
offre une série d'exercices d'application classés en 3 niveaux de difficulté.

Numéro de l'unité

Titre de l'unité

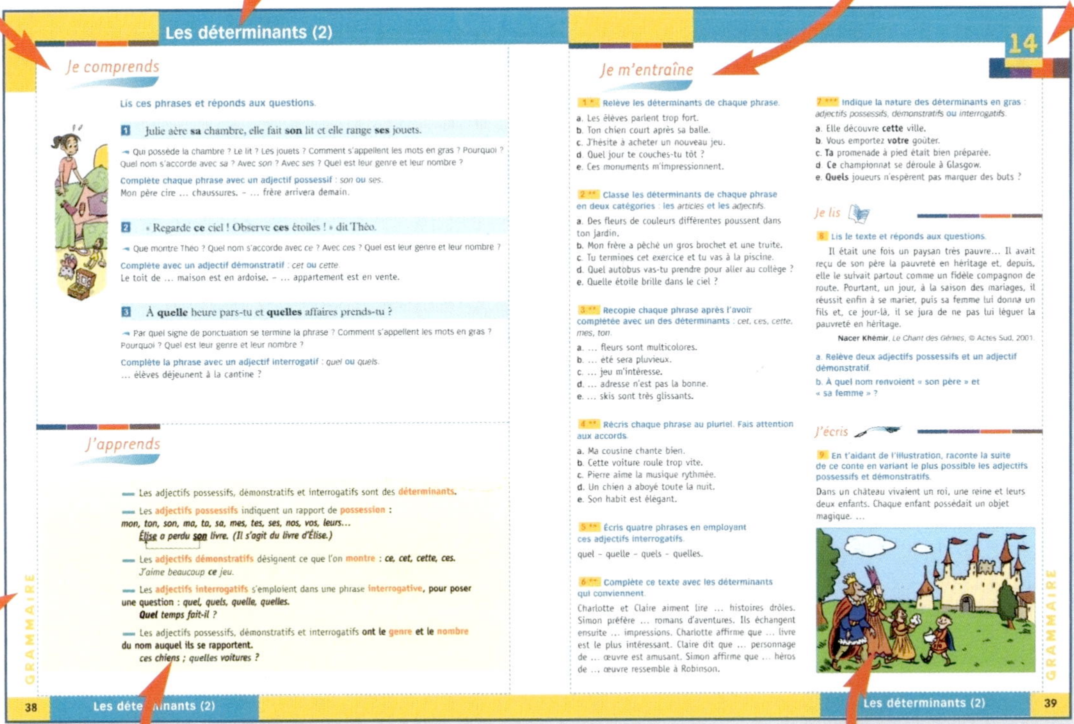
Les déterminants (2)

Je comprends

Lis ces phrases et réponds aux questions.

1 Julie aère **sa** chambre, elle fait **son** lit et elle range **ses** jouets.

→ Qui possède la chambre ? Le lit ? Les jouets ? Comment s'appellent les mots en gras ? Pourquoi ? Quel nom s'accorde avec *sa* ? Avec *son* ? Avec *ses* ? Quel est leur genre et leur nombre ?

Complète chaque phrase avec un adjectif possessif : *son* ou *ses*.
Mon père cire … chaussures. – … frère arrivera demain.

2 « Regarde **ce** ciel ! Observe **ces** étoiles ! » dit Théo.

→ Que montre Théo ? Quel nom s'accorde avec *ce* ? Avec *ces* ? Quel est leur genre et leur nombre ?

Complète avec un adjectif démonstratif : *cet* ou *cette*.
Le toit de … maison est en ardoise. – … appartement est en vente.

3 À **quelle** heure pars-tu et **quelles** affaires prends-tu ?

→ Par quel signe de ponctuation se termine la phrase ? Comment s'appellent les mots en gras ? Pourquoi ? Quel est leur genre et leur nombre ?

Complète la phrase avec un adjectif interrogatif : *quel* ou *quels*.
… élèves déjeunent à la cantine ?

J'apprends

— Les adjectifs possessifs, démonstratifs et interrogatifs sont des **déterminants**.

— Les **adjectifs possessifs** indiquent un rapport de **possession** :
mon, ton, son, ma, ta, sa, mes, tes, ses, nos, vos, leurs…
*Élise a perdu **son** livre. (Il s'agit du livre d'Élise.)*

— Les **adjectifs démonstratifs** désignent ce que l'on **montre** : ***ce, cet, cette, ces.***
*J'aime beaucoup **ce** jeu.*

— Les **adjectifs interrogatifs** s'emploient dans une phrase **interrogative**, **pour poser une question** : ***quel, quels, quelle, quelles.***
***Quel** temps fait-il ?*

— Les adjectifs possessifs, démonstratifs et interrogatifs **ont le genre et le nombre du nom auquel ils se rapportent.**
ces chiens ; quelles voitures ?

GRAMMAIRE

38 Les déterminants (2)

14

Je m'entraîne

1 * Relève les déterminants de chaque phrase.
a. Les élèves parlent trop fort.
b. Ton chien court après sa balle.
c. J'hésite à acheter un nouveau jeu.
d. Quel jour te couches-tu tôt ?
e. Ces monuments m'impressionnent.

2 ** Classe les déterminants de chaque phrase en deux catégories : les *articles* et les *adjectifs*.
a. Des fleurs de couleurs différentes poussent dans ton jardin.
b. Mon frère a pêché un gros brochet et une truite.
c. Tu termines cet exercice et tu vas à la piscine.
d. Quel autobus vas-tu prendre pour aller au collège ?
e. Quelle étoile brille dans le ciel ?

3 ** Recopie chaque phrase après l'avoir complétée avec un des déterminants : *cet, ces, cette, mes, ton*.
a. … fleurs sont multicolores.
b. … été sera pluvieux.
c. … jeu m'intéresse.
d. … adresse n'est pas la bonne.
e. … skis sont très glissants.

4 ** Récris chaque phrase au pluriel. Fais attention aux accords.
a. Ma cousine chante bien.
b. Cette voiture roule trop vite.
c. Pierre aime la musique rythmée.
d. Un chien a aboyé toute la nuit.
e. Son habit est élégant.

5 ** Écris quatre phrases en employant ces adjectifs interrogatifs.
quel – quelle – quels – quelles.

6 ** Complète ce texte avec les déterminants qui conviennent.
Charlotte et Claire aiment lire … histoires drôles. Simon préfère … romans d'aventures. Ils échangent ensuite … impressions. Charlotte affirme que … livre est le plus intéressant. Claire dit que … personnage de … œuvre est amusant. Simon affirme que … héros de … œuvre ressemble à Robinson.

7 *** Indique la nature des déterminants en gras : *adjectifs possessifs, démonstratifs* ou *interrogatifs*.
a. Elle découvre **cette** ville.
b. Vous emportez **votre** goûter.
c. **Ta** promenade à pied était bien préparée.
d. **Ce** championnat se déroule à Glasgow.
e. **Quels** joueurs n'espèrent pas marquer des buts ?

Je lis

8 Lis le texte et réponds aux questions.
Il était une fois un paysan très pauvre… Il avait reçu de son père la pauvreté en héritage et, depuis, elle le suivait partout comme un fidèle compagnon de route. Pourtant, un jour, à la saison des mariages, il réussit enfin à se marier, puis sa femme lui donna un fils et, ce jour-là, il se jura de ne pas lui léguer la pauvreté en héritage.
Nacer Khémir, *Le Chant des Génies*, © Actes Sud, 2001.

a. Relève deux adjectifs possessifs et un adjectif démonstratif.
b. À quel nom renvoient « son père » et « sa femme » ?

J'écris

9 En t'aidant de l'illustration, raconte la suite de ce conte en variant le plus possible les adjectifs possessifs et démonstratifs.
Dans un château vivaient un roi, une reine et leurs deux enfants. Chaque enfant possédait un objet magique. …

GRAMMAIRE

Les déterminants (2) 39

Domaine

J'apprends
donne la règle à retenir.

Je lis / J'écris
permet de réinvestir les acquis dans des activités de lecture et d'expression écrite.

Mode d'emploi

Les synthèses

En **Grammaire** et en **Conjugaison**, des unités de synthèse proposent des exercices de consolidation mettant en relation plusieurs notions.

Titre

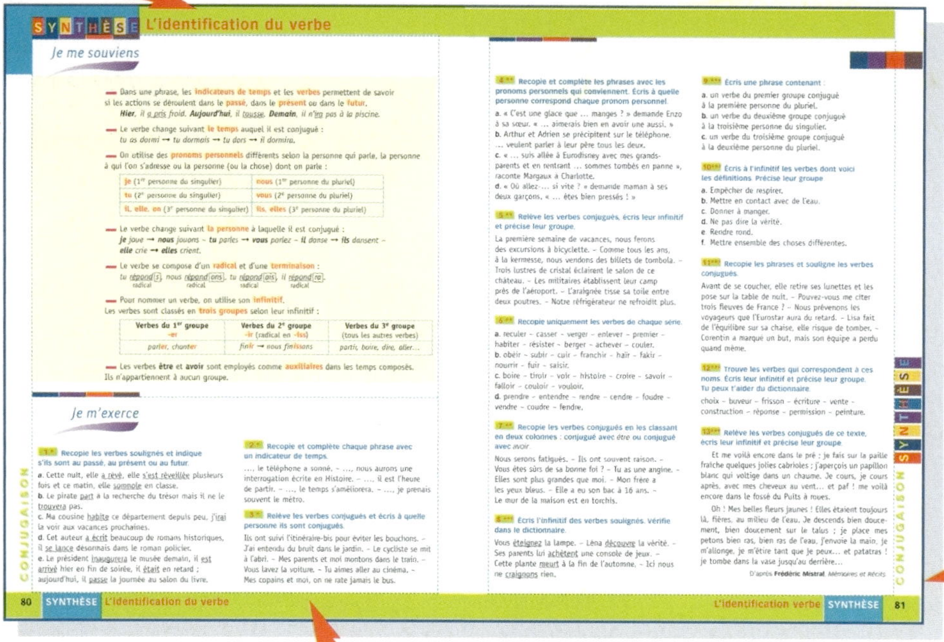

Domaine

Je me souviens
rappelle brièvement les règles des notions déjà étudiées.

Je m'exerce
offre des exercices de consolidation mettant en relation plusieurs notions.

Les exercices supplémentaires

Une banque d'exercices supplémentaires, à la fin de chaque domaine, regroupe des activités d'entraînement et de soutien sur les notions de base du programme.

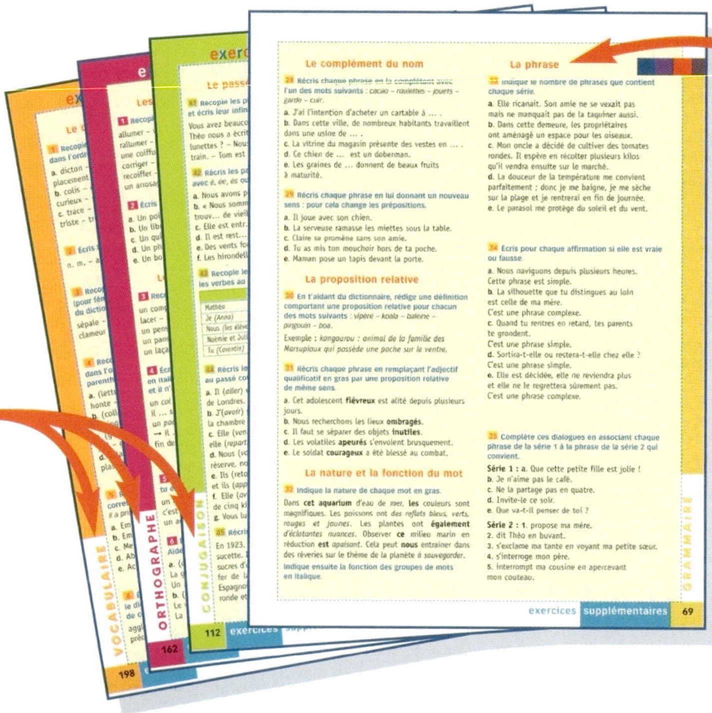

Notion concernée

Domaine

Mode d'emploi

GRAMMAIRE

Je comprends

Lis ces phrases et réponds aux questions.

1 Mes amis **travaillent** le samedi.

Quel mot est au centre de la phrase ? Quel mot te permet de savoir ce que font tes amis le samedi ? La phrase a-t-elle encore un sens si tu enlèves ce mot ? Comment s'appelle ce mot ?

Complète la phrase avec le verbe qui convient : *font* **ou** *marchent*.
Les magiciens du cirque … des tours amusants.

2 Arthur **pêche** des écrevisses.

Quel est le verbe de la phrase ? Qui est-ce qui pêche des écrevisses ?

Complète la phrase avec le sujet qui convient : *le bébé* **ou** *la cuisinière*.
… prépare un plat d'écrevisses.

3 Aujourd'hui, Lyne **offre** un cadeau à son amie.

Lyne offre quoi ? À qui ? Quand ?

Complète la phrase avec le complément qui convient : *au chat* **ou** *à sa tante*.
Juliette écrit … .

J'apprends

- Le **verbe** est l'**élément essentiel** de la phrase.
- Le plus souvent, le verbe exprime une action.

Il permet de poser la question : **qui est-ce qui fait l'action ?**

Les tortues (sujet) *hibernent* (verbe) *l'hiver.* Qui est-ce qui hibernent ? *Les tortues*.

- Le verbe permet de poser des questions :

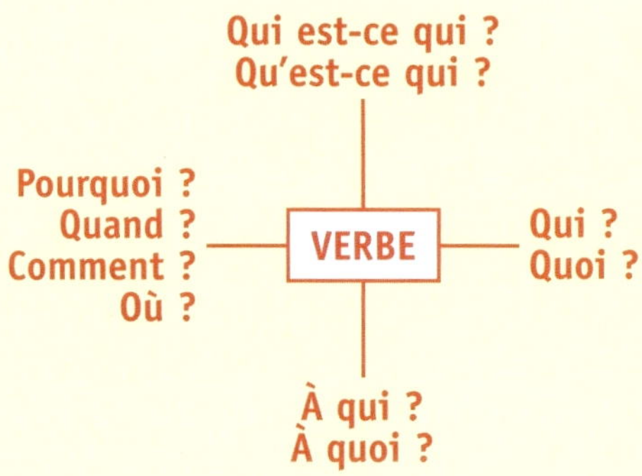

Le professeur corrige ***les cahiers****. Le professeur corrige* ***quoi ?*** *Les cahiers.*

GRAMMAIRE

Je m'entraîne

1 * Recopie et complète chaque phrase avec l'un des verbes de la liste :

imaginent – peignez – vole – dégage – trouve.

a. Elle … des coquillages.
b. Vous … un magnifique paysage.
c. Ce gâteau … une excellente odeur.
d. Certains écrivains … des mondes fantastiques.
e. Le renard … une poule.

2 * Recopie et complète chaque phrase avec le groupe de mots qui convient.

de son invention – la grippe – des trésors – une lettre – à la balle – ses œufs.

a. Il écrivait … .
b. Victor parle … .
c. Lise a attrapé … .
d. Vous jouez … .
e. Les archéologues découvriront … .
f. La poule couve … .

3 * Recopie le verbe conjugué de chaque phrase.

a. Les élèves ont descendu les escaliers en silence.
b. Je tiens la porte ouverte devant vous.
c. Julien possédera deux téléphones portables.
d. Morgane et Romain attendaient l'autobus.
e. Le chat gris guette la souris peureuse.

4 ** Complète chaque phrase avec un verbe de ton choix. Repère qui agit pour accorder ton verbe.

a. Elles … un délicieux gâteau.
b. Les machines … d'énormes trous.
c. Geoffrey … à son cousin éloigné.
d. Grand-mère … de son passé.
e. L'arbitre … la fin de la partie.
f. La souris … le gruyère.

5 ** Recopie uniquement les verbes permettant de poser la question « qui ? » ou « quoi ? ».

a. L'alpiniste atteindra le sommet.
b. Il disait la vérité.
c. Les habitants se plaignent du bruit.
d. Nous rions de ses farces.
e. Vous accompagnez vos amis.
f. Elle prend son livre.

6 * Trouve l'intrus de chaque série. Pour t'aider, pose la question « qui ? » ou « quoi ? » ou « à qui ? » ou « à quoi ? » après chaque verbe.**

a. sourire – parvenir – écrire – recevoir – demander – partir.
b. tondre – trouver – finir – craindre – mourir – regarder.

7 * Choisis quatre verbes de la liste et écris une phrase avec chacun d'eux.**

donner – surprendre – arriver – tomber – sortir – rire – lire – croire.

Je lis

8 Lis ce texte et réponds aux questions.

Charlotte est un cochon d'Inde. Elle discute avec un chat appelé Noël.

Charlotte se retourne, le chat en reste bouche bée.
– Mais tu n'as pas de queue ! s'écrie-t-il en avalant sa salive.
– Eh non ! répond-elle, eh non ! Je n'ai pas de queue.
– Impossible, dit Noël, absolument impossible ; tous les animaux à fourrure ont une queue.
– Mais pas les cochons d'Inde répond-elle, justement. C'est que nous ne sommes pas comme les autres, nous.

Michaël Bond, *Charlotte Parlotte*, © Pocket Jeunesse.

a. Relève les verbes conjugués du texte.

b. Quelle question faut-il poser avant les verbes « se retourne » et « répond » pour obtenir les réponses « Charlotte » et « elle » ?

J'écris

9 Imagine ce qu'une grand-mère peut raconter à ses petits-enfants :

comment elle a découvert l'utilisation de l'ordinateur, le train à grande vitesse et comment cela se passait autrefois.

Pour cela emploie les verbes : *raconter, parler de, se souvenir, découvrir…*

Autrefois, commence à raconter Grand-Mère, les trains roulaient beaucoup plus lentement…

Je comprends

Lis ces phrases et réponds aux questions.

1 Le chien **aboie** devant la maison. Les volets **claquent** fort.

Quels sont les verbes de ces phrases ? Qui est-ce qui aboie ? Qu'est-ce qui claquent ? Quel moyen as-tu pour trouver le sujet d'un verbe ?

Encadre le sujet de la phrase par les mots *c'est… qui.*
Le singe attrape une cacahuète.

2 Les fermiers **habitent** à la campagne. Où **habitent**-ils ?

Quels sont les verbes ? Quels sont les sujets ? Qui est désigné par *ils* ? Dans la première phrase, où est placé le sujet par rapport au verbe ? Et dans la deuxième phrase ? Pourquoi ?

Complète cette phrase interrogative à l'aide d'un verbe *(aller)* **et d'un sujet** *(vous)* :
Comment … ?

3 Sabrina **joue** aux cartes, elle **gagne** souvent. Cette fillette **est** très douée, mais perdre lui **déplaît**.

Qui est-ce qui joue aux cartes, qui gagne souvent et qui est très douée ? Qu'est-ce qui déplaît à Sabrina ? Indique quelle est la nature des sujets soulignés en t'aidant de la liste : *nom propre, groupe nominal, pronom personnel, verbe à l'infinitif.*

Remplace le nom souligné par un sujet d'une autre nature : *il* **ou** *ce petit garçon.*
Jules **marque** un but.

J'apprends

— Dans une phrase, le **sujet** indique de qui ou de quoi on parle. Il répond à la question « **Qui est-ce qui ?** » ou « **Qu'est-ce qui ?** ».

- Pour repérer le sujet, on l'encadre par « c'est … qui » ou « ce sont … qui » :
  Le chien ***reste*** *devant sa niche.* ***C'est*** *le chien* ***qui*** *reste devant sa niche.*

— Dans une phrase à la **forme affirmative**, le sujet est le plus souvent placé **avant** le verbe :
Pierre travaille.

- Parfois le sujet est placé après le verbe dans une phrase affirmative :
  Dans le lointain, surgit un cavalier.
- Dans une phrase à la **forme interrogative**, le sujet se trouve souvent **après** le verbe :
  Où vas-tu ?

— Le sujet du verbe peut être de différentes natures :

- un **nom propre** : *Sophie rit.*
- un **groupe nominal** : *Cette gentille fille sourit.*
- un **pronom** (je, il, on, nous, aucun…) : *Elle chante.*
- un **verbe à l'infinitif** : *Chanter lui plaît beaucoup.*

Je m'entraîne

1 * Recopie les phrases et souligne le sujet de chaque verbe en gras.

a. Il **a couru** vite.
b. L'enfant **sourira** à ses parents.
c. Travailler **est** nécessaire pour réussir.
d. Manon **s'amusait** aux récréations.
e. Ces grands arbres **s'appellent** des chênes.

2 ** Récris chaque phrase avec le sujet de ton choix.

a. … sont deux amis.
b. … jouent aux cartes.
c. … sont des animaux domestiques.
d. … donne des fruits délicieux.
e. … brillent dans le ciel la nuit.
f. … roule tranquillement.

3 ** Encadre le sujet de chaque phrase avec les mots *c'est… qui* ou *ce sont… qui*.

Exemple : *Maria aime les frites* → *C'est Maria qui aime les frites.*

a. La maison dominait la vallée.
b. Les dessins animés amusent mon frère.
c. Paul avance sans bruit.
d. Ses nombreux efforts ont été récompensés.
e. Vous trouverez la bonne solution.

4 ** Récris chaque phrase à la forme interrogative, en inversant le sujet.

Exemple : *Elles ont souri.* → *Ont-elles souri ?*

a. Elles avançaient lentement.
b. Il dit la vérité.
c. Vous irez en vacances.
d. Il prendra le train de 8 heures.
e. Tu joues à chat.
f. Nous allons à la piscine.

5 *** Remplace chaque groupe nominal sujet en gras par un pronom personnel et récris les phrases.

a. **Le chien** ronge un os.
b. Sur le chemin **deux renards** surgissent.
c. **Le grand singe de cette cage** paraît très agité.
d. **Les cartes postales de mes copains** couvrent le mur de ma chambre.
e. **Léo et William** s'amusent bien ensemble.

6 *** Écris le verbe à l'infinitif qui peut remplacer chaque groupe nominal sujet en gras.

a. **Une écoute attentive** permet de bien réussir ses exercices.
b. **La parole** joue un rôle important en société.
c. **Le travail** convient à mes parents.
d. **Le chant** est synonyme de gaîté.
e. **La lecture** demande beaucoup d'attention.
f. **Le jeu** est important pour les enfants.

Je lis

7 Lis ce texte et réponds aux questions.

Un petit garçon aide son père dans une librairie.

Les grandes vacances **viennent** de commencer. Je ne **sais** pas quoi faire. Alors j'aide papa à la librairie. Qu'est-ce que je fais ? Pas grand-chose. Il m'**a interdit** de ranger et même de toucher quoi que ce soit. Il paraît que le papier ne me **résiste** pas. C'est vrai que j'aime bien entendre le bruit d'une feuille en train de se déchirer. C'est beau comme un morceau de musique.

La plupart du temps, je surveille les lecteurs. Je les **connais** tous. Ils **ont** leurs habitudes. Certains **reniflent** les livres comme s'ils **choisissaient** un camembert.

Éric Sanvoisin, *Le Buveur d'encre*, © Nathan.

a. Relève les sujets des verbes en gras.

b. Précise qui raconte l'histoire et indique quel pronom le désigne.

J'écris

8 En t'aidant de l'illustration, raconte à un camarade ta sortie au zoo. Décris-lui les animaux que tu as le plus appréciés.

Hier, je suis allé au zoo et…

GRAMMAIRE

Je comprends

Lis ces phrases et réponds aux questions.

1 Le médecin auscult**e** les malades. Les pharmaciens vend**ent** des médicaments.

Observe la terminaison en gras des deux verbes : ces verbes sont-ils conjugués au singulier ou au pluriel ? Leurs sujets sont-ils au singulier ou au pluriel ?

Complète cette phrase en utilisant et en accordant les verbes *travailler* **et** *fabriquer* **:**
Le chirurgien … dans un hôpital. Les boulangers … du pain.

2 Selma cour**t**, trébuch**e** et tomb**e**. Alice, Pedro et Malik cour**ent** vers elle.

Combien y a-t-il de sujets soulignés dans chaque phrase ? Combien y a-t-il de verbes ? Ces verbes sont-ils conjugués au singulier ou au pluriel ? Pourquoi ?

Complète cette phrase en utilisant et en accordant les verbes *démarrer*, *freiner* **et** *traverser* **:**
La voiture … et … brusquement : un enfant et sa maman … .

3 Lise et toi habit**ez** dans la même rue. Sandra et moi, nous la connaiss**ons**.

Quelles sont les terminaisons des verbes de ces phrases ? Avec quels sujets s'accordent-ils ? Par quel pronom peut-on remplacer *Lise et toi* ? Qui est désigné par le pronom *nous* ?

Complète la phrase suivante avec les sujets : *Samuel et moi*, *Lucie et toi*.
… regardez la vitrine du magasin ; … préférons les jeux vidéo.

J'apprends

— Le **verbe** s'accorde en **nombre** et en **personne** avec le **sujet.**
Les autruches ***courent*** *très vite. Le guépard* ***est*** *très rapide.*

— **Plusieurs verbes** peuvent avoir le **même sujet**.
L'antilope ***boit***, ***lève*** *la tête et* ***s'enfuit***.

• **Un verbe** qui a **plusieurs sujets** au singulier s'accorde au **pluriel**.
La souris et le hamster se ***ressemblent***.

— Parfois, le verbe s'accorde avec un **pronom personnel sujet** qui n'est pas écrit dans la phrase et qui est sous-entendu.
Léo et moi (nous) ***irons*** *en vacances ensemble. Sarah et toi (vous)* ***jouerez*** ensemble.

⚠ Le verbe peut être séparé du sujet par d'autres mots. Il faut penser à l'accorder avec le sujet éloigné.
La souris, plus petite que le chat, se glisse dans le trou du mur.

GRAMMAIRE

Je m'entraîne

1 * Recopie chaque phrase et souligne le sujet.

a. La lune brille dans le ciel.
b. Tu apprécies les vacances.
c. Pourquoi ne vient-il pas ?
d. Sur cet arbre des rapaces nichaient.
e. Certains oiseaux effectueront de longs trajets.
f. Les grands arbres masquent le soleil.

2 * Récris chaque phrase avec l'un des sujets proposés : *tu – Nathalie – des paniers de basket – la pâtissière – nous – Camille et Chloé*.

a. … vend de très bonnes pâtisseries.
b. Dans son salon, … a posé un miroir.
c. J'aimerais bien que … sortions faire un jeu.
d. … penses que je serai à l'heure.
e. Dans la cour de l'école … ont été placés.
f. … se racontent leurs vacances.

3 ** Récris chaque phrase en mettant le sujet au pluriel. Fais attention à l'accord du verbe avec son sujet.

a. La petite fille mange en grimaçant.
b. L'élève finit le contrôle.
c. Mon frère joue souvent dans le jardin.
d. Il chante bien.
e. Ce chêne a cent ans.
f. Le chat joue avec le fil de laine.

4 ** Recopie chaque phrase en conjuguant les verbes entre parenthèses au présent de l'indicatif.

a. Mes amies (*bavarder*) sans cesse en classe.
b. Ton frère et toi (*aimer*) vous promener en forêt.
c. Tu (*penser*) encore aux vacances passées.
d. Dans quelques jours, mon oncle et ma tante (*partir*) en Italie.
e. Quand (*être*)-tu libre pour m'accompagner ?
f. Vous (*parler*) trop.

5 ** Recopie chaque phrase en la complétant avec le pronom personnel sujet qui convient.

a. Grimpent-… vite aux arbres ?
b. Quand viendras-… me voir ?
c. Où va-t-… ?
d. Comment réussissez-… chaque fois vos gâteaux ?
e. Avancerons-… notre montre d'une heure aujourd'hui ?
f. A-t-… réussi son saut ?

6 * Recopie et complète chaque phrase avec des verbes de la liste.**

applaudit – croyez – se sont déchirées – goûtera – regardez – lira – félicite – s'est cassé – menons – longe

a. Après l'école, Selma … et … un livre.
b. Pierre … et … les sauveteurs.
c. Toi et ton frère ne … jamais la télévision après 20 heures.
d. …-vous aux mauvais esprits ?
e. Dans la tempête, les voiles du bateau … et le mât … brusquement.
f. Nous … la farandole.
g. Laura, en vacances, … le bord de la mer.

Je lis

7 Lis ce texte et réponds aux questions.

Hugo est aveugle. Il fait sa rentrée dans une classe ordinaire.

L'instituteur **a invité** chaque élève à se présenter. Quand mon tour est venu, j'**ai parlé** clairement. Ce n'est pas parce qu'on **est** aveugle qu'on est timide.

Ensuite le maître a proposé que je fasse une démonstration de mon ordinateur. Quand j'ai parlé dans mon micro et que mes paroles **se sont affichées** à l'écran, tout le monde **a été épaté**.

Leur étonnement a continué de plus belle quand l'ordinateur a répété ce que je venais de lui dicter !

– Peux-tu aussi nous expliquer comment tu **lis** avec les doigts ? a demandé l'instituteur.

Thierry Lenain, *Loin des yeux, près du cœur*, © Nathan.

a. Écris les sujets des verbes en gras.

b. Relève deux autres verbes du texte dont le sujet est placé après.

J'écris

8 Le jour de la rentrée, Théo et Alice, deux camarades de classe, se racontent les moments étonnants de leurs vacances.

Imagine leur discussion. Fais bien attention aux accords des verbes avec les sujets.

Le complément d'objet direct

Je comprends

Lis ces phrases et réponds aux questions.

1 Pierre <u>attrape</u> **Paul**. Pierre <u>mange</u> **une pomme**.

Quels sont les verbes dans ces phrases ? Pierre attrape qui ? Pierre mange quoi ? Où sont placés les mots *Paul* et *une pomme* ?

Complète la phase suivante avec un COD : *la souris* **ou** *le voleur*.
Le policier poursuit … .

2 Samy <u>fabrique</u> **un bateau en papier**.

Que fabrique Samy ? Peux-tu supprimer ou déplacer les mots en gras sans rendre la phrase incompréhensible ?

Complète cette phrase avec un groupe nominal COD : *des chocolats* **ou** *des parapluies*.
Vous aimez offrir … .

3 Les enfants <u>regardent</u> **un film d'aventures**. Ils **le** <u>trouvent</u> intéressant.
Ils <u>voudront</u> **revoir** la fin du film.

Que regardent les enfants ? Quelle question poses-tu après le verbe pour le savoir ? Qu'est-ce que les enfants trouvent intéressant ? Que remplace **le** ? Que voudront faire les enfants ? Indique la nature des mots en gras dans chaque phrase : groupe nominal, verbe à l'infinitif, pronom personnel.

Complète cette phrase avec les mots suivants : *commander* – *tous ses médicaments* – *les*.
La pharmacienne a vendu … . Elle doit … … chez son fournisseur.

J'apprends

– Le **complément d'objet direct** (COD) est en général **placé après le verbe** :

*Le chat <u>attrape</u> **une mouche**.*
verbe COD

Il répond à la question « **qui ?** » ou « **quoi ?** » posée juste après le verbe.

*Vous rangez **vos livres**. Vous rangez quoi ? Vos livres.*

– Avec la plupart des verbes, on ne peut pas supprimer ou déplacer le COD sans rendre la phrase incompréhensible ou sans en changer le sens.

*Pierre achète **une voiture**.*

– Le COD peut être de différentes natures :

- un **nom propre** : *Je regarde **Sophie**.*
- un **groupe nominal** : *J'aime **les pommes de terre frites**.*
- un **pronom** : *Je **les** vois.*
- un **verbe à l'infinitif** : *J'aime **lire**.*

Je m'entraîne

1 * Recopie le COD de chaque phrase.

a. Elle réussit les problèmes faciles.
b. Brusquement, il pousse la porte.
c. Son pied heurte une branche.
d. En classe, les élèves effectuent un travail sérieux.
e. Les hommes préhistoriques chassaient les animaux.

2 * Encadre avec « c'est … que » ou « ce sont … que » le COD de chaque phrase.

Exemple : *Je regarde un film.* → *C'est un film que je regarde.*

a. Tu lis un livre policier.
b. Le rossignol chante une douce mélodie.
c. Les habitants de cette rue font la fête.
d. Au loin, vous distinguez les toits des maisons.
e. La joie envahit ton cœur.

3 ** Récris chaque phrase avec un COD de ton choix.

a. La jeune fille attrape … .
b. Nous avons vu … .
c. Le président prononce … .
d. Vous lisez … .
e. Mon frère éteint … .

4 ** Donne la nature du COD en gras de chaque phrase.

a. Cette cantatrice aime **chanter**.
b. Ces enfants apprennent **leurs leçons**.
c. Il possède **une belle raquette de tennis**.
d. Au loin, il **la** distingue toute bleue et paisible.
e. Mes parents achètent **une nouvelle voiture**.

5 ** Invente des phrases avec les groupes nominaux suivants employés comme COD.

un immeuble tranquille – le courrier – un délicieux gâteau – mon vieil ours en peluche.

6 *** Récris chaque phrase en remplaçant chaque groupe nominal COD en gras par les pronoms personnels *le*, *la*, *l'* ou *les*.

a. Tu dévores **les livres policiers**.
b. L'alpiniste escalade **la montagne** avec prudence.
c. Elle voit arriver **la voiture**.
d. Elsa boit **le café** sans sucre.
e. Les journalistes donnent **les informations**.

7 *** Invente une phrase avec chacun des groupes nominaux suivants employés comme COD.

Exemple : *le lait* → *Je bois du lait.*

le matin – le train – les frites – le ballon – le ciel – la porte – mes amis.

Je lis

8 Lis ce texte et réponds aux questions.

Billy est un jeune garçon qui a fait la promesse à une renarde mourante de s'occuper de ses petits.

Comme Billy s'y attendait, le plus grand des renardeaux se révéla son auditeur le plus attentif : ses yeux gris ne quittaient jamais son visage pendant qu'il chantait.

Ce fut lui aussi qui le premier accepta de lui manger dans la main, quelques jours plus tard. Ce fut également le premier qui consentit à se laisser toucher. Quand il l'eut fait, les autres **l'**imitèrent presque aussitôt. À présent, ils jouaient non seulement autour de Billy, mais avec lui. Ils bondissaient sur ses jambes, se cachaient derrière son dos, mordillaient ses chaussures et se couchaient contre lui pour dormir. Il avait enfin gagné leur confiance et leur amour. Il tenait sa promesse à la renarde.

Michaël Morpurgo, *Le Secret du renard*,
© Pocket Jeunesse.

a. Relève trois COD dans les trois dernières phrases du texte.

b. Que remplace *l'* en gras dans le texte ? Quelles sont sa nature et sa fonction ?

J'écris

9 Un jour, Billy retrouve le terrier vide.
Les renardeaux ont disparu.

Imagine les raisons qui peuvent expliquer leur disparition, pourquoi ou à cause de qui ou de quoi ils sont partis. Quels sentiments Billy éprouve-t-il ? Emploie des COD dans ton récit.

Le complément d'objet indirect

Je comprends

Lis ces phrases et réponds aux questions.

1 Théo et Myriam téléphonent **à leurs amis**. Ils parlent **de leur vacances**.

Quels sont les verbes de ces phrases ? À qui téléphonent Théo et Myriam ? Quelle question poses-tu après le verbe pour le savoir ? Par quel mot commence cette question ? De quoi Théo et Myriam parlent-ils ? Par quel mot commence la question que tu te poses ?

Complète cette phrase avec : *de mon expression écrite* **ou** *à mon cartable*.
Le maître parle … .

2 Laurent récite une poésie **à son ami**.

Que récite Laurent ? À qui récite-t-il une poésie ? Quel est le premier complément du verbe *réciter* ? Quel est le deuxième complément du verbe *réciter* ?

Complète cette phrase avec l'un des mots suivants : *mon frère, ma mère, une montre, un foulard*.
J'ai offert … à … .

3 Julia parle **à des camarades** et elle **leur** demande des renseignements.

À qui parle Julia ? Quelle question poses-tu après le verbe pour le savoir ? À qui Julia demande-t-elle des renseignements ? Que remplace le pronom *leur* ? Quelle est la nature des mots en gras ?

Complète cette phrase avec : *au public, des paroles de la chanson*.
Le chanteur ne s'est plus souvenu … . Il a demandé … de lui venir en aide.

J'apprends

Le **complément d'objet indirect** (COI) complète un verbe auquel il est rattaché indirectement par une **préposition** comme **à**, **de**, **sur**, **dans**… Il répond à la question « **à qui ?** », « **à quoi ?** », « **de qui ?** », « **de quoi ?** »…

*Tu écris **à ta grand-mère**. Il parle **de son oncle**.*

Lorsqu'un COI se trouve **après un COD**, on l'appelle **complément d'objet second** (COS). Il répond à la question « **à qui ?** ». On le trouve après des verbes comme : **dire** quelque chose à quelqu'un, **donner**, **envoyer**, **écrire**…

*Tu envoies une lettre (COD) **à ton correspondant** (COS).*

Le COI peut être de différentes natures :

- un **nom propre** : *Il parle **à Christophe**.*
- un **groupe nominal** : *Tu penses **à tes nouveaux jeux vidéo**.*
- un **pronom** : *Je **leur** parle.*
- un **verbe à l'infinitif** : *J'accepte **de venir**.*

Je m'entraîne

1 * Recopie le COI de chaque phrase.

a. Ma sœur tient à sa poupée.
b. Mes frères ont déjà réfléchi à leur avenir.
c. Cette femme se souvient de ses vacances.
d. Tu écris à ton frère.
e. Cet enfant sourit à tout le monde.

2 * Dans chaque phrase, relève les prépositions qui introduisent le COI.

a. Il se plaint de sa blessure.
b. Les enfants téléphonent souvent à leurs amis.
c. Nous discuterons de ce film demain.
d. Avec cette carte, tu bénéficies de la remise annoncée.
e. Je me souviens de ma première année d'école.

3 * Recopie les phrases complétées avec l'une des prépositions : ***de*** **ou** ***à*.**

a. Nous avons assisté … une représentation théâtrale.
b. Mon camarade a rendu service … une personne âgée.
c. Ce garçon ne doute pas … son succès.
d. Elle se moque souvent … moi.
e. Mon frère n'obéit pas … mes parents.

4 ** Donne la nature de chaque COI en gras.

a. Cette cantatrice sourit de **sa fausse note**.
b. Ces enfants ressemblent à **leurs parents**.
c. Il téléphone à **Nolwenn**.
d. Désormais, il **leur** dit la vérité.
e. Nous pensons à **lui**.

5 * Récris chaque phrase en remplaçant** ***lui*** **ou** ***leur*** **par un groupe nominal.**

Exemple : *Karim lui demande de venir* → *Karim demande à Julia de venir.*
a. Le maître leur apprend une poésie.
b. Le chien lui montre le chemin.
c. Grand-père leur raconte une histoire.
d. Je lui ai confié un secret.
e. Ma mère lui a parlé sérieusement.

6 * Recopie uniquement les phrases qui contiennent un COI ou un COS.**

a. Cet homme offre des cadeaux à ses enfants régulièrement.
b. Elle pense à son grand-frère.
c. Vous savourez les gâteaux de votre grand-mère.
d. Les élèves jouent à la balle au prisonnier.
e. L'enseignante raconte une histoire.

Je lis

7 Lis ce texte et réponds aux questions.

Luc est le jeune homme qui élève Jean-Sébastien. Ce dernier a rencontré un enfant qui tenait dans ses bras un chiot et, depuis, il ne pense qu'à avoir un chien.

– Un véritable enfer, la ville !

– Tu as déjà vu des chiens là-bas ? demanda Jean-Sébastien.

Luc le regarda durement.

« Tu penses toujours à **ce chien**, n'est-ce pas ? Arrête d'y penser ! » […]

Mais Jean-Sébastien ne cessa pas de penser aux petits chiens de la ville. Tout l'hiver, il songea à **celui** qui aurait pu être le sien.

Clyde Robert Bulla, *L'Oiseau blanc*,
traduction Josette Gontier, © Pocket Jeunesse.

a. Quelle est la fonction du mot et du groupe de mots en gras ?

b. Quelle est la nature du mot et du groupe de mots en gras ?

J'écris

8 Écris une phrase pour chaque vignette puis rédige un court texte en t'aidant de ces phrases.

C'est décidé, Stéphane, Élodie et moi, nous offrons un bouquet de fleurs à Madame Grancœur…

GRAMMAIRE

Les pronoms personnels sujets, COD et COI

Je comprends

Lis ces phrases et réponds aux questions.

1 **Kevin** rit. **<u>Il</u>** est heureux. **Noémie et Samia** sont plus discrètes. **<u>Elles</u>** restent silencieuses.

Qui est-ce qui est heureux ? Qui est désigné par le pronom *Il* ? Qui est-ce qui restent silencieuses ? Quels noms sont remplacés par le pronom *elles* ?

Complète la phrase par un pronom sujet choisi parmi : *il, ils, elles* **ou** *elle*.
Mes cousins me taquinent souvent. ... sont farceurs.

2 **Les félins** sont dangereux. Les autres animaux **<u>les</u>** redoutent.

Qui les autres animaux redoutent-ils ? Quel nom est remplacé par le pronom *les* ? Quelle question faut-il poser pour trouver le complément du verbe *redoutent* ? Où est placé le pronom COD ?

Complète cette phrase avec un pronom COD choisi parmi : *les, le, la* **ou** *l'*.
La girafe est un animal élégant. Nous ... admirons au zoo.

3 Le **grand-père** de Louis habite à l'étranger. Louis **<u>lui</u>** écrit souvent.

À qui Louis écrit-il souvent ? Quel nom est remplacé par le pronom *lui* ? Quelle question faut-il poser pour trouver le complément du verbe *écrit* ? Où est placé le pronom COI ?

Complète le verbe de cette phrase avec le pronom COI *leur* **ou** *lui*.
Mes camarades sont en classe verte. – Je ... envoie des messages tous les jours.

J'apprends

Les **pronoms personnels** remplacent un **nom** ou un groupe nominal qui les précèdent. Ils permettent d'éviter des répétitions.

- Le **pronom personnel sujet** remplace un nom ou un groupe nominal sujet.
  *Ma mère m'a confié un secret car **elle** me fait confiance.*

- Le **pronom personnel COD** répond à la question « **qui ?** » ou « **quoi ?** » posée après le verbe. Les pronoms COD (**me, te, le, l', les**...) se placent souvent avant un verbe conjugué. Ils se placent après le verbe lorsqu'il est à l'impératif.
  *Vous rangez vos livres. Vous **les** rangez. Rangez-**les** !*

- Le **pronom personnel COI** répond à la question « **à qui ?** », « **à quoi ?** », « **de qui ?** », « **de quoi ?** » posée après le verbe. Les pronoms COI (**me, te, lui, nous, vous, leur**...) se placent en général avant le verbe.
  *Je téléphone à **mes** grands-parents. Je **leur** demande un conseil.*

Je m'entraîne

1 * Récris la phrase en remplaçant les groupes nominaux en gras par un pronom personnel COD : *le, la, l', les.*

a. Je vois **le sommet de la montagne**.
b. Les gazelles fuient **les fauves**.
c. Isabelle regarde **la télévision**.
d. Tristan accompagne **sa petite sœur** à l'école.
e. Dans cette exposition, tu as apprécié **ce tableau**.

2 * Récris la phrase en remplaçant les groupes nominaux en gras par le pronom personnel COI *lui* **ou** *leur.*

a. Tu parles **à mon frère**.
b. Nous donnons des récompenses **aux gagnants**.
c. Il ne convient pas **à ma mère**.
d. Vous récitez une poésie **au maître**.
e. Ces enfants écrivent souvent **à leurs grands-parents**.

3 ** Récris chaque phrase en remplaçant le pronom personnel complément par un groupe nominal, ou une préposition suivie d'un groupe nominal.

a. Elle **les** envoie par courrier.
b. Vous **leur** donnerez une invitation.
c. Fabien **lui** fait une promesse.
d. Mon camarade **l'**a aussi attrapé.
e. Sylvaine **les** mange sans les éplucher.

4 ** Même consigne que dans l'exercice 3. Attention, il y a parfois deux pronoms par phrase.

a. Vous **la lui** donnez contre une image.
b. Nous **les leur** portons le plus vite possible.
c. L'enseignante **les lui** corrige chaque jour.
d. Les tigres **l'**observent.
e. Tu **leur** racontes ta journée.

5 * Dans chaque phrase, relève les pronoms personnels et précise s'ils sont sujet, COD ou COI.**

a. Le chat court après la souris mais elle lui échappe.
b. Au grenier, Gaëlle découvre un trésor et le cache sous son lit.
c. Il ne leur a pas parlé depuis plusieurs jours.
d. Maman ouvre la porte et la referme brusquement.
e. Demain je te retrouverai au stade.

6 * Réponds aux questions en utilisant des pronoms pour remplacer les groupes nominaux en gras.**

Exemple : *Avait-il compris l'énoncé du problème ? Oui, il **l'**avait compris.*

a. Prend-il **le train de 20 heures** ?
b. Connaît-il **mon grand frère** ?
c. Dévorent-ils **leurs proies** ?
d. A-t-elle retrouvé **son erreur** ?
e. Trouve-t-elle **la réponse** ?

Je lis

7 Lis ce texte et réponds aux questions.

Khay est un jeune garçon égyptien, orphelin, abandonné par des pilleurs de sarcophage dans une chambre funéraire. Il trouve un chacal blessé.

Bien mal en point, le pauvre chacal ! [...] Khay **le** prit par les pattes arrière et le souleva, en **lui** maintenant la tête en bas pour lui faire rejeter l'eau qu'il avait dû avaler puis le coucha sur le sol et lui appuya sur le ventre.

Un dernier vomissement. Le chacal souleva lourdement sa tête.

« Eh bien, lui dit Khay, **tu** as eu de la chance de me trouver ! »

L'animal fixa sur lui ses grands yeux désolés, puis **il** laissa tomber sa tête et s'évanouit. »

Évelyne Brisou-Pellen, *La Vengeance de la momie*,

a. Indique la fonction des pronoms personnels en gras.

b. Quel nom remplace les pronoms *le* **et** *lui* **du premier paragraphe ?**

J'écris

8 Le chacal est guéri. Il propose à Khay de lui faire découvrir les trésors des pharaons : les vases, les amulettes, les sarcophages, les pierres précieuses, les bijoux en or, les colliers.

Raconte ce que Khay découvre et utilise le pronom sujet *il* **et les pronoms compléments** *le, la, les, lui* **pour éviter les répétitions.**

Je comprends

Lis ces phrases et réponds aux questions.

1 **Demain**, nous partirons **au bord de la mer, en voiture**.

Quand partirez-vous ? Où partirez-vous ? Comment partirez-vous là-bas ? Quelles précisions sont apportées par les mots en gras ? Laquelle concerne le lieu ? Le temps ? La manière ?

Enrichis cette phrase à l'aide des mots suivants : *soigneusement, dans mon cartable, ce matin.*
… j'ai rangé … mes affaires … .

2 **Chaque matin**, Julie court **dans le parc**.

Déplace puis supprime les groupes nominaux en gras. La phrase a-t-elle toujours un sens ?

Dans la phrase suivante, modifie l'ordre des mots en gras, puis supprime-les.
Hier, j'ai couru **dans le gymnase**.

3 **Le mois dernier**, Léo a **souvent** déjeuné **à la cantine**.

Où Léo a-t-il déjeuné ? Quand ? A-t-il l'habitude de déjeuner dans cet endroit ? Quelle est la nature de chaque complément circonstanciel en gras *(adverbe, groupe nominal, groupe nominal prépositionnel)* ?

Complète cette phrase par ces trois compléments circonstanciels de nature différente :
à son arrivée, méthodiquement, la veille de l'expédition.
… l'explorateur prépare … son sac. C'est pourquoi … il ne manque de rien.

J'apprends

— Le **complément circonstanciel** complète le sens de la phrase. Il informe sur :
- le **lieu** où se déroule un événement. Il répond à la question : **où ?**
  *J'habite **en France**.*
- le **temps** ou le moment où a lieu un événement. Il répond à la question : **quand ?**
  *Il viendra **à dix heures**.*
- la **manière** dont se fait une action. Il répond à la question : **comment ?**
  *Nous rions **gaiement**.*

— Le plus souvent, le complément circonstanciel est un complément que l'on peut **supprimer** ou **déplacer** à l'intérieur de la phrase sans la rendre incompréhensible.
*Il neige **en hiver**. → **En hiver**, il neige. → Il neige.*

— Le complément circonstanciel peut être de différentes natures :
- un **groupe nominal** : ***Le matin**, je déjeune.*
- un **groupe nominal prépositionnel** : *Je vous rejoindrai **<u>dans</u> dix minutes**.*
- un **adverbe** : *Ma mère se lève **tôt**.*

Je m'entraîne

1 * **Repère dans chaque phrase les compléments circonstanciels et recopie-les.**

a. Dans la forêt, on entend des bruits insolites.
b. Il reviendra dans un quart d'heure.
c. Elle s'approche discrètement de son frère qui dort.
d. Le chat saute sur le canapé.
e. Demain, il quitte ce collège pour un autre établissement.

2 * **Récris chaque phrase après avoir supprimé les compléments circonstanciels.**

a. Pierre court à toute vitesse.
b. Chaque matin le coq chante.
c. Le long du ruisseau, des biches se désaltèrent.
d. Tu ris souvent de mes blagues.
e. Tu effectues ton travail avec beaucoup d'attention.

3 ** **Indique, pour chaque complément circonstanciel en gras, s'il s'agit d'une précision sur le temps, le lieu ou la manière.**

a. Tu avances **vite**.
b. **Dans le ciel**, de nombreux nuages cachent le soleil.
c. **Le mois prochain**, je pars avec mes parents **en Italie**.
d. Il a réussi à construire ce château **avec beaucoup d'adresse**.
e. **Chez mon oncle**, il y a de nombreux animaux.

4 ** **Complète et récris chaque phrase avec un complément circonstanciel apportant la précision demandée.**

a. … tu iras visiter l'Égypte. (*temps*)
b. J'ai vu des girafes et des ours … . (*lieu*)
c. Il réussit … à surmonter les difficultés. (*manière*)
d. …, ma mère a passé toute son enfance. (*lieu*)
e. La pluie tombe … . (*temps*)

5 ** **Donne la nature de chaque complément circonstanciel en gras.**

a. Elle achète une baguette **chaque jour**.
b. **Dans la nuit**, les étoiles brillent.
c. Il travaille **sérieusement**.
d. **Hier**, elle est venue sans prévenir.
e. **Sous les banquettes**, **dans le train**, elle a trouvé un gant.
f. J'aime flâner **le long de la plage**.
g. **Demain**, je rencontre mon entraîneur.

6 *** **Récris chaque phrase en l'enrichissant de deux compléments circonstanciels de ton choix.**

a. Elle joue.
b. La neige est tombée.
c. Mes parents écoutent.
d. Vous attendez.
e. James passera.

7 *** **Invente une phrase avec chaque groupe de mots. Ils doivent avoir la fonction de compléments circonstanciels.**

dans la mer – sur la tête – le mois prochain – l'hiver dernier – gentiment – tard.

Je lis

8 **Lis ce texte et réponds aux questions.**

Marion est au service de la Marquise de Maintenon. La nuit, elle lui prépare des parfums.

Dehors, l'activité reprenait doucement. Le château s'éveillait. Bientôt, les pas des femmes de la marquise se firent entendre derrière la porte. D'un bond, Marion retourna s'asseoir sur le tabouret et se remit à démêler les écheveaux.

Lucie entra la première. Elle se dirigea à pas de loup vers son amie et la serra dans ses bras :

– Tu n'as pas dormi ! Je le savais !

Annie Pietri, *Les Orangers de Versailles*, © Bayard jeunesse.

a. Relève dans le texte un complément circonstanciel de lieu, de temps et de manière.

b. Relève les compléments circonstanciels de la phrase : *Elle se dirigea à pas de loup vers son amie et la serra dans ses bras.*

J'écris

9 **Écris un paragraphe dans lequel tu racontes une sortie avec ta classe. Précise quand cette sortie s'est déroulée et où (cette année ou l'année passée, la visite d'un musée ou d'un zoo…).**

Je comprends

Lis ces phrases et réponds aux questions.

1 Sophie est arrivée **à** l'école **vers** huit heures.

Où est arrivée Sophie ? Qu'est-ce qui te permet de le savoir ? Quand est-elle arrivée ?

Complète la phrase avec ces prépositions : *à, en, dans.*
… certains pays, il fait quarante degrés au-dessous de zéro … hiver. Les habitants vont souvent patiner … l'extérieur.

2 Nous écrirons une lettre **à** la directrice et **aux** professeurs.

À qui écrirons-nous ? Quels mots sont remplacés par « aux » ?

Remplace les groupes nominaux écrits en gras par ceux proposés et récris les phrases : *le zoo, le gymnase.*
Je reviens de **l'école**. Je me dirige vers **la médiathèque**.

3 Nous passerons **à travers** champs, **sans** nous arrêter, **avant** la nuit.

Quelle préposition en gras indique le lieu ? La manière ? Le temps ?

Complète cette phrase par une de ces prépositions : *au-delà de, sous, à, avant, après.*
Le petit garçon est caché … la table.

J'apprends

— Une **préposition** sert à **relier** un mot à un autre mot ou à l'ensemble de la phrase.
*Je vais **à** l'école **vers** huit heures.*

Une préposition peut être constituée :
- d'**un mot** (à, de, en, par, pour, avec, parmi, sans, devant…) ;
- de **plusieurs mots** (à cause de, grâce à, loin de, au-dessus de…).

— Lorsqu'elles sont placées devant **le** ou **les**, la préposition **à** devient **au**, **aux** et la préposition **de** devient **du**, **des**.
Je parle à (le boucher) et à (les clients). → *Je parle **au** boucher et **aux** clients.*
Les passagers se plaignent de (le retard) et de (les dérangements). → *Les passagers se plaignent **du** retard et **des** dérangements.*

— Une préposition apporte un **sens supplémentaire** au complément circonstanciel.
Elle peut indiquer :
- le **lieu** : à, à travers, au-delà de, au-dessous de, au-dessus de, chez, dans, de, derrière, devant, en, en face de, entre, jusqu'à, loin de, par là, parmi, près de, sous, sur, vers…
*J'irai **à** Paris.*
- le **temps** : à, avant, après, de, vers… *Il viendra **vers** huit heures.*
- la **manière** : avec, de, d', en, par, sans… *Elle argumente **avec** conviction.*

Je m'entraîne

1 * Relève les prépositions dans chacune de ces phrases.

a. Ma tante discute avec mon oncle.
b. Éric vient d'écrire à ses parents.
c. Il faut s'éloigner de la porte.
d. Le chat dort sur mes genoux.
e. Cette chienne est attachée par une laisse en cuir.

2 * Récris chaque phrase en la complétant avec l'une des prépositions suivantes : *à, de, par, avec*.

a. Le maçon travaille le ciment … une truelle.
b. Je ne me souviens plus … quel chemin nous sommes venus.
c. Elle vient … comprendre son erreur.
d. Vous penserez … lui acheter des fleurs demain.
e. Paul est vraiment décidé … devenir un rugbyman célèbre.

3 ** Récris chaque phrase en la complétant.

a. Le moineau appartient à … .
b. Vous riez de … .
c. Ils ont pensé à … .
d. Tu joues avec … .
e. Ce bleu contraste avec … .

4 ** Associe chaque début de phrase de la série *a* à la fin qui lui correspond dans la série *b*.

a. Serge peint – Ma sœur s'intéresse – Le chien saute – La victoire est attribuée – Les enfants pensent.
b. à rendre leurs livres. – à un jeune chanteur. – avec des pinceaux. – sur le voleur. – au rugby.

5 * Trouve l'intrus de chaque série.**

a. à, de, par, trop, pour, avec.
b. avec, venu, dans, au-dessus, sous, chez.
c. au-dessous, par-ci, par-là, en face, un, à côté de.
d. parmi, sur, dans, lui, avec, de, sans.

6 * Récris chaque phrase, entoure la préposition et indique ce qu'elle exprime** : *le lieu ; le temps ; la manière*.

a. Elle regarde en face de chez elle.
b. Jimmy révise pendant les vacances.
c. Tu parles avec enthousiasme.
d. Le jardinier plante des arbres au printemps.
e. Cette lionne garde ses petits auprès d'elle.

7 * Récris chaque phrase en remplaçant le groupe nominal et sa préposition en gras par un pronom personnel.**

a. Justine jette du pain **aux canards**.
b. Mes grands-parents écriront **à ma cousine**.
c. Tarek raconte une histoire **à ses frères**.
d. Tom achète un cadeau **pour Tristan**.

Je lis

8 Lis ce texte et réponds aux questions.

Tistou est un garçon âgé de huit ans. Il fait ses débuts à l'école.

Tout le monde s'attendait à ce qu'un petit garçon si bien vêtu, qui avait des parents si beaux et si riches, et qui savait déjà diviser les hirondelles par moitiés et par quarts, tout le monde s'attendait à ce que ce petit garçon-là fît des merveilles en classe. Hélas, hélas ! L'école eut sur Tistou un effet imprévisible et désastreux.

Il vissait les yeux au tableau, collait ses oreilles à la voix du maître. Mais il sentait venir le petit picotement… Il essayait de lutter par tous les moyens contre le sommeil. Il se chantait tout bas une très jolie chanson de son invention…

Maurice Druon, *Tistou les pouces verts*,
© Gallimard.

a. Relève les prépositions introduisant les COI.

b. Quelle est la nature des COI du dernier paragraphe ?

J'écris

9 Un jour, à l'école, un nouvel élève vient s'asseoir à côté de toi.

Décris-le puis raconte les premiers moments de la rencontre en classe et dans la cour de récréation. Tu peux écrire un court dialogue (qui est-il ? d'où vient-il ? que dit-il ?…). Utilise quelques prépositions que tu peux choisir parmi : *à côté de, chez, dans, de, afin de, avec, par, sans…*

Je comprends

Lis ces phrases et réponds aux questions.

1 Ce chanteur chante **faux**. Sa voix est **vraiment très** désagréable. **Heureusement**, personne ne l'écoute.

Quel mot te permet de savoir comment chante le chanteur ? Comment est sa voix ? Celui qui parle est-il content ou mécontent que personne n'écoute ce chanteur ? Quel mot te permet de le savoir ? Dans la deuxième phrase, quel mot est précisé par *vraiment* ?

Complète la phrase avec ces adverbes : *gentiment, vite, trop.*
L'autobus a ... quitté l'arrêt, je suis arrivé... tard ; mais le conducteur s'est arrêté et m'a ... attendu.

2 Lise est arrivée **ici discrètement**, **tard** dans la nuit.

Où est arrivée Lise ? De quelle manière ? Quand ? Quels mots te permettent de le savoir ?

Complète la phrase avec ces adverbes : *tôt, rapidement, là-bas.*
Nous sommes partis ... ce matin pour arriver ... avant la nuit. Nous avons marché ... .

3 Ces femmes **bien** vêtues marchent **vite**.

Quels mots sont au pluriel ? Quels mots ne sont pas au pluriel ? À ton avis, pourquoi ?

Complète la phrase avec ces adverbes : *calmement, bruyamment.*
Les enfants rient ... pendant la récréation ; à la sonnerie, ils se mettent en rang ... .

J'apprends

Les **adverbes modifient** ou **précisent** le sens :
- d'un **verbe** : *Je me lève* ***tôt***.
- d'un **adjectif qualificatif** : *Mon chat est* ***vraiment*** *affectueux.*
- d'un autre **adverbe** : *Mon frère court* ***très*** *vite.*
- d'une **phrase** tout entière : ***Malheureusement***, *j'ai perdu ma compétition.*

Les adverbes permettent de donner des précisions sur :
- le **lieu** : ils répondent à la question « **où ?** ». *Je suis allée* ***là-bas***.
- le **temps** : ils répondent à la question « **quand ?** ». *Je t'ai vu* ***hier***.
- la **manière** : ils répondent à la question « **comment ?** ». *Je mange* ***lentement***.

Les adverbes sont des mots **invariables**.
La fillette crie ***fort***. → *Les fillettes crient* ***fort***.

Je m'entraîne

1 * Relève les adverbes dans chaque phrase.

a. Hier, elle est venue me rendre visite.
b. Tu tiens toujours à ce jouet ?
c. Karima est entièrement conquise par ton histoire.
d. Vas-tu souvent au cinéma ?
e. Il reste là sans bouger.

2 * Précise s'il s'agit d'un adverbe de lieu, de temps ou de manière pour chaque adverbe en gras.

a. C'est **ici** que tu me retrouveras tout à l'heure.
b. Prends **vraiment** soin de ta santé.
c. **Jadis**, il a travaillé dans les mines.
d. Il parle **posément** et les enfants se calment.
e. **Soudain**, il surgit d'un fourré.

3 ** Récris chaque phrase au pluriel.

a. Ce garçon parle très calmement.
b. La tortue avance lentement.
c. Il travaille sérieusement.
d. Ce jeune chien saute particulièrement haut.
e. Plus tard, elle reviendra ici.

4 ** Récris chaque phrase avec un adverbe de temps : *hier, demain, aujourd'hui, jadis, autrefois*.

a. … vous vous associerez pour être plus forts.
b. … tu pars seul à la piscine.
c. … on s'éclairait à la bougie.
d. …, elle est sortie avec sa sœur.
e. … les chevaux tiraient les charrettes de foin.

5 ** Remplace l'adverbe de chaque phrase par un adverbe de sens opposé puis récris les phrases.

a. Tu parles fort.
b. Vous marchez bruyamment.
c. Vous venez souvent à la piscine.
d. Simon court vite.
e. Je trouve que tout va bien.

6 * Écris le mot modifié par chaque adverbe en gras.**

a. Les pêcheurs attrapent **parfois** de beaux poissons.
b. Il se déplace **très** vite pour arriver avant les autres.
c. Il parle **lentement**.
d. Le chimpanzé est **vraiment** intelligent.
e. Elle apprécie **énormément** les fleurs.

Je lis

7 Lis ce texte et réponds aux questions.

Une grand-tante disait à un petit garçon que s'il pouvait atteindre l'endroit où jaillit un arc-en-ciel, il y trouverait une clef d'or.

On sait qu'en dehors du Pays des Fées personne n'arrive jamais où jaillit l'arc-en-ciel. Celui-ci est bien trop jaloux de sa clef d'or, et il émigre sans cesse d'un endroit à l'autre de crainte que quelqu'un ne la trouve. Mais, au Pays des Fées, il en va tout autrement. Les choses qui ont l'air réelles dans nos pays n'ont l'air de rien au Pays des Fées, et certaines qui chez nous ne peuvent pas rester tranquilles un moment se refusent à bouger là-bas. Il n'était donc nullement absurde de la part de la vieille dame de parler à son neveu de la clef d'or comme elle le faisait.

George Mac Donald, *La Clef d'or*, © Bordas.

a. Relève un adverbe de lieu.

b. Retrouve deux adverbes de manière.

J'écris

8 Décris la course à la manière d'un journaliste sportif. Emploie des adverbes comme *très, vite, vraiment, beaucoup…*

GRAMMAIRE

Je comprends

Lis ces phrases et réponds aux questions.

1 Le maçon **construit** une maison, il **pose** des briques les unes sur les autres.

Que fait le maçon ? Quelles actions réalise-t-il ?
Quels mots te permettent de le dire ?

Complète la phrase avec l'un de ces verbes d'action : *roulent* **ou** *lavent*.
Les automobilistes … leur voiture.

2 Fanny **est** triste. Hier déjà, elle **semblait** inquiète.

Comment est Fanny ? Comment semblait-elle hier ? Quels verbes te permettent de le savoir ?
Ces verbes décrivent-ils des actions ? Quels mots suivent les mots en gras ?

Complète la phrase avec l'un de ces verbes d'état : *semble, était, sont* **ou** *est*.
Le maître … réjoui aujourd'hui. Il … de bonne humeur.

3 Ces enfants **ont l'air** sages. Ils **restent** calmes.

Quelle est la nature des mots soulignés ? Après quels verbes sont-ils placés ?
Quels sujets qualifient-ils ? Quelles informations apportent-ils sur l'état des enfants ?

Complète la phrase avec l'un de ces adjectifs : *perdues* **ou** *élevées*.
Les températures restent … .

J'apprends

— La plupart des verbes sont des **verbes d'action**. Ils désignent le plus souvent ce que **fait**, **faisait** ou **fera** :
- une **personne** : *Le directeur **ouvre** la porte de l'école.*
- un **animal** : *Le kangourou **saute** très haut.*
- ou une **chose** : *La grue **soulève** de lourdes charges.*

— Les **verbes d'état** indiquent comment **est**, **était** ou **sera** :
- une **personne** : *La directrice **est** souriante.*
- un **animal** : *Le serpent **semblait** menaçant.*
- une **chose** : *Ce film **paraîtra** long.*

— Les **verbes d'état** (**être**, **sembler**, **paraître**, **devenir**, **demeurer**, **rester**, **avoir l'air**, **passer pour**, **se nommer**…) sont très souvent suivis d'un **adjectif**.

GRAMMAIRE

Je m'entraîne

1 * Écris pour chaque phrase : *1* si le verbe indique une action ou *2* si le verbe indique un état.

a. L'inspecteur suit une piste intéressante.
b. Ce véhicule transporte des médicaments.
c. Ces sommets sont très hauts.
d. Vous semblez en pleine forme.
e. En Angleterre, les voitures roulent à gauche.

2 * Récris chaque phrase avec un verbe d'action.

a. Les oiseaux … très haut dans le ciel.
b. Mon frère … souvent ses clés.
c. Le public enthousiaste … les chanteurs.
d. Les maçons … une nouvelle maison écologique.
e. Quand il fait chaud, tu … beaucoup d'eau.

3 * Récris chaque phrase avec un verbe d'état.

a. Ce coureur … épuisé après avoir franchi la ligne d'arrivée.
b. Il pleut beaucoup et son vêtement … trempé.
c. Habillé ainsi, Simon … à un clown.
d. Le chat … dormir mais en réalité il … attentif.
e. Hier, tu … déjà malade.

4 ** Récris chaque phrase avec un verbe d'action ou un verbe d'état.

a. Ces élèves … intéressés par le cours.
b. Les kangourous … en tous sens à la vue des véhicules.
c. Quand …-nous à la maison ?
d. Les nuages … bien sombres aujourd'hui.
e. Il faut que tu … les consignes de sécurité.

5 ** Récris chaque phrase en remplaçant le verbe *être* par un verbe d'état de la liste : *devenir, paraître, passer pour, sembler, avoir l'air.*

a. Elles sont satisfaites de leurs résultats.
b. Mes parents sont sévères.
c. Après des efforts, tu es bien pâle.
d. Les tomates sont rouges quand elles mûrissent.
e. Cet homme est un avare.

6 * Remplace le groupe nominal en gras par un autre groupe nominal et indique sa fonction.**

a. Tous les enfants applaudissent **le clown**.
b. Vous évoquez **vos souvenirs d'enfance**.
c. Elles apprennent **les paroles des chants**.
d. Demain, nous écrirons **aux animateurs**.
e. Tu manges **une glace**.

Je lis

7 Lis ce texte et réponds aux questions.

Phileas Fogg vient d'embaucher Passepartout comme valet.

Phileas Fogg se leva, prit son chapeau de la main gauche, le plaça sur sa tête avec un mouvement d'automate et disparut sans ajouter une parole.

Passepartout entendit la porte de la rue se fermer une première fois : c'était son nouveau maître qui sortait ; puis une seconde fois : c'était son prédécesseur, James Forster, qui s'en allait à son tour.

Passepartout demeura seul dans la maison de Saville-row.

Jules Verne, *Le Tour du monde en quatre-vingts jours.*

a. Classe en deux colonnes les verbes d'action et les verbes d'état du texte.

b. Dans la première phrase, à quel personnage les verbes d'action se rapportent-ils ?

J'écris

8 Raconte pourquoi, à ton avis, les deux personnages se poursuivent, en employant des verbes d'action (*courir, éviter, s'accrocher, heurter, tomber, attraper, prendre, s'enfuir*…). Puis décris ce qu'ils ressentent en employant des verbes d'état.

Je comprends

Lis ces phrases et réponds aux questions.

1 L'herbe est **haute**, la pelouse devient **jaune**. Les roses sont **magnifiques**.

Comment est l'herbe ? Qu'arrive-t-il à la pelouse ? Comment sont les roses ? Quel est le genre et le nombre des mots en gras ? Avec quels mots s'accordent-ils ?

Complète la phrase avec un adjectif : *verte* ou *mûres*.
Dans le jardin potager, les tomates sont presque … .

2 Cette maison paraît **vieille**.

Quel verbe relie le mot en gras au sujet de la phrase ? Que permet-il de savoir ? Peut-on supprimer le mot en gras ?

Complète la phrase avec l'un de ces verbes d'état : *deviendra*, *restent*.
Les volets … fermés la journée lorsqu'il fait chaud.

3 Mon ami se nomme **Pablo**. Il est toujours **attentif**, c'est **un écolier sérieux** ; il reste **silencieux**.

Quelle est la nature des mots en gras ? Qui caractérisent-ils ? Quelle est leur fonction ?

Complète la phrase avec ces attributs du sujet : *calmes*, *attentifs*.
Les enfants semblent …, ils sont … .

J'apprends

L'**attribut du sujet** apporte une information sur le sujet. Il s'accorde en **genre** et en **nombre** avec le sujet.

Le sol est ***dur****. La montagne est* ***enneigée****. Les étoiles sont* ***brillantes****.*

L'attribut du sujet est toujours précédé d'un **verbe d'état** comme **être, sembler, paraître, devenir, demeurer, rester, avoir l'air, passer pour, se nommer, se prénommer**…

- L'attribut du sujet ne peut pas être **supprimé ni déplacé** : *Ce garçon passe pour* ***sérieux****.*

L'attribut du sujet peut être de différentes natures :

- un **nom propre** : *Cette enfant se prénomme* ***Zoé****.*
- un **groupe nominal** : *Pour sa maman, Yves restera toujours* ***un petit garçon****.*
- un **adjectif qualificatif** : *Ce champignon passe pour* ***comestible****.*

⚠ Il ne faut pas confondre l'attribut du sujet (après un verbe d'état) et le COD (après un verbe d'action).

Cet enfant ***passe pour*** *un élève studieux* (attribut du sujet). *Il* ***apprend*** *sa leçon* (COD).

GRAMMAIRE

Je m'entraîne

1 * Recopie l'attribut du sujet de chaque phrase.

a. Elle est heureuse.
b. Tu sembles contente de tes résultats.
c. Ces ouvrages passent pour des livres intéressants.
d. Vous êtes un élève sérieux.
e. Ces animaux paraissent nerveux.

2 * Recopie le verbe d'état de chaque phrase.

a. L'orage semble proche.
b. Les chiens savants de ce cirque sont étonnants.
c. Ma sœur paraît bien triste en ce moment.
d. Le professeur de français passe pour une personne sévère.
e. Elle demeure assise de longues heures, face à la mer.

3 ** Recopie chaque phrase avec un attribut du sujet de ton choix.

a. Mes parents sont … .
b. La natation passe pour … .
c. Ces exercices semblent … .
d. Le sommet de la montagne est … .
e. Michaël paraît … .
f. Après plusieurs heures de pluie, le sol devient … .

4 ** Recopie uniquement les phrases contenant un attribut du sujet.

a. Vous avez l'air soucieux.
b. Elles savourent leur goûter.
c. Le travail à la mine était difficile.
d. Ces couleurs deviennent vives au soleil.
e. Le train part dans dix minutes.

5 * Donne la nature de l'attribut du sujet de chaque phrase.**

a. Dans l'obscurité, la trousse de Mélinda reste lumineuse.
b. Le chien de mon voisin semble un bon chien de compagnie.
c. La barrière de mon jardin paraît très haute.
d. Le garçon qui bavarde sans cesse se nomme Paul.
e. Ces décisions ont l'air justes.

6 * Complète chaque phrase avec l'attribut du sujet demandé. Fais attention aux accords.**

a. Lucie reste … . (*groupe nominal*)
b. Les lumières deviennent … . (*adjectif qualificatif*)
c. Ces enfants ont l'air … . (*adjectif qualificatif*)
d. Le chat passe pour … . (*groupe nominal*)
e. L'amie de ma sœur se nomme … . (*nom propre*)

Je lis

7 Lis ce texte et réponds aux questions.

Le roi Cigismon a un chat coincé dans sa gorge : Javotte, une fillette, propose au roi de le faire sortir.

Javotte était aussi petite que têtue. Elle voulait sauver son chat, son seul ami […].

Le chaton miaula tristement et Javotte comprit qu'il ne pouvait pas sortir.

« J'ai une idée ! cria Javotte, il faut du sirop ! Du sirop avec du sucre, du miel, du lait, pour que la fourrure devienne gluante et glisse bien… Le chat finit par sortir du gosier du roi.

– Je voudrais vous remercier et…

Cigismon bafouillait et devenait aussi rouge qu'une tomate mûre. Autour de lui, on murmura :

– Le roi est amoureux, le roi est amoureux. »

Javotte regarda Cigismon. Il était plutôt un beau garçon, et on disait dans tout le pays qu'il était bon, généreux, pas embêtant du tout.

Anne-Marie Desplat-Duc, *J'ai un chat dans la gorge*,
© Livre de Poche jeunesse.

a. Relève les attributs du sujet de cet extrait.

b. Qu'apprend-on sur Cigismon grâce aux attributs du sujet de la dernière phrase ?

J'écris

8 Imagine que tu montes dans une montgolfière pour la première fois. En t'aidant de l'illustration, raconte ce que tu vois et ressens en employant des verbes d'état : *les maisons paraissent toutes petites, les champs ressemblent à des jardins, nous sommes éblouis…*

GRAMMAIRE

Je me souviens

Le **verbe** est le **mot essentiel** de la phrase. Autour du verbe, on peut trouver :

— des **noms**, des **groupes nominaux**, des **pronoms personnels**, des **verbes à l'infinitif** qui peuvent avoir différentes **fonctions** :
- **sujet** : ***Les tulipes*** *fleurissent.*
- **complément d'objet direct** : *Je mange* ***un gâteau.*** (quoi ?)
- **complément d'objet indirect** (introduit par une préposition : *à, de, sur, dans...*) : *Je téléphone* ***à ma sœur.*** (à qui ?) ;
appelé après certains verbes complément d'objet second : *Il écrit une lettre* ***à Maud.***
- **complément circonstanciel de temps** : *Je viendrai* ***en hiver.*** (*quand ?*)
de lieu : *Je me promène* ***dans la forêt.*** (*où ?*)
de manière : *Tu danses* ***avec grâce.*** (*comment ?*)

— des **adverbes** qui donnent des informations concernant le **temps** : ***Jadis****, les Romains occupaient la Gaule* ; le **lieu** : *Je suis allé* ***là-bas*** ; la **manière** : *Il marche* ***lentement.***
Ils ont la fonction de **compléments circonstanciels**.

— **Avec les verbes d'état** (*être, paraître, sembler, avoir l'air...*), on trouve des **adjectifs qualificatifs**, des **noms**, des **groupes nominaux** qui sont **attributs du sujet** :
Les assiettes sont ***pleines.***

Je m'exerce

1 * Relève le sujet de chaque phrase.

Tu joues aux échecs avec ton frère. – La grande tour s'appelle un donjon. – Quand sors-tu jouer ? – Hier, l'amie de ma sœur est venue. – Ryan a obtenu une médaille.

2 * Écris chaque verbe entre parenthèses au présent de l'indicatif. Accorde-le comme il convient.

a. Tu (*acheter*) de nouveaux vêtements.
b. Elles (*étudier*) sérieusement.
c. Marc et Cindy (*décider*) d'aller au théâtre.
d. Sur les cheminées, des cigognes (*nicher*).
e. De nombreux bateaux (*quitter*) le port.

3 * Indique la nature des sujets en gras.

a. Aurélien semble inquiet.
b. Il ignore s'il viendra.
c. Le jardin est laissé à l'abandon.
d. Dessiner est ma passion.
e. Ce grand peintre m'impressionne.

4 * Dans chaque phrase, trouve un groupe nominal pour remplacer le pronom personnel sujet, et récris la phrase.

a. Ils récoltent des pommes de terre.
b. Elle vend des œufs sur le marché.
c. Il prétend être plus fort.
d. Nous pensons à lui.
e. Elles ne sortiront pas.
f. Vous mangez beaucoup de fruits.
g. On chante un air de jazz.

5 * Écris pour chaque expression en gras s'il s'agit d'un complément d'objet ou d'un complément circonstanciel.

a. Chaque semaine, j'ai **un cours de judo**.
b. Elle confie **un secret**.
c. Dans cette classe, le silence règne.
d. Vous attrapez **le ballon avec facilité**.
e. Ma grand-mère a cuisiné **une excellente tarte**.

6 * Complète chaque phrase avec un COD.

a. Je découvre … .
b. Nous prenons … .
c. Mes parents comprennent … .
d. Le médecin examine … .
e. Les enfants offrent … .

7 * Complète chaque phrase avec un complément circonstanciel placé devant ou derrière.

a. … le chat bondit … .
b. … les singes grimpent … .
c. … l'aventurier navigue … .
d. … l'aigle plane … .
e. … les animaux se désaltèrent … .

8 ** Recopie chaque phrase après avoir supprimé les compléments circonstanciels.

a. Chaque hiver, la neige recouvre les toits.
b. J'ai acheté du pain sur le chemin du retour.
c. Sous mon oreiller, j'ai trouvé une pièce de 2 euros.
d. Tous les matins, au petit déjeuner, mon frère prend un bol de céréales.
e. Sur le bord de la route, les ronces poussent.

9 ** Récris chaque phrase en remplaçant chaque groupe de mots en gras par un pronom personnel.

a. **Les fruits** mûrissent en été.
b. Nous découvrons **toutes les énigmes**.
c. **Alice et Émilie** cueillent **des fleurs**.
d. Le perroquet répète **la même phrase**.
e. Connais-tu **le chemin** ?

10 ** Indique la fonction précise de chaque groupe de mots souligné.

a. Vous mangez <u>un bon gâteau.</u>
b. Elle passe pour <u>une bavarde</u>.
c. <u>Mes amis</u> viennent jouer ce matin.
d. Dans quelques jours tu iras <u>au collège</u>.
e. Paul joue <u>de la flûte</u>.

11 ** Relève les prépositions de chaque phrase.

a. On vient de m'acheter un nouveau téléphone.
b. Le chat aime se promener sur les toits.
c. Dans la cuisine, il y a une cheminée.
d. Pour réussir, il faut travailler.
e. Viens t'amuser chez moi.

12 ** Indique pour chaque mot ou groupe de mots en gras s'il est sujet ou COD.

a. Où vas-**tu** ce matin ?
b. L'avion survole **des montagnes enneigées.**
c. **Ce grand singe** me fait beaucoup rire.
d. **Valérie** attrape **Cédric** et crie : « Attendez ! ».
e. Justine **le** regarde durement.
f. **Simon** attrape **la balle** facilement.

13*** Indique la nature de chaque complément en gras.

a. Tu apprécies **le calcul mental**.
b. Cet élève répond **souvent**.
c. Il **le lui** a dit.
d. Ils quittent les cours **à 17 heures**.
e. Vous viendrez **manger**.
f. Ils saisissent **l'occasion**.

14*** Relève les verbes d'état des phrases. Attention aux pièges !

a. Ce garçon ressemble à Jim.
b. Ma mère paraît bien gaie.
c. Les amis de mon frère viennent ce soir.
d. Les émissions de télévision sont parfois éducatives.
e. Cette région semble calme. Je m'y plairais bien.
f. Tu pars et tu es heureux.

15*** Recopie l'attribut du sujet de chaque phrase.

a. La prairie paraît verdoyante.
b. Ton récit semble incomplet.
c. Les cours de Judo sont passionnants.
d. Cet étang est une vaste étendue d'eau saumâtre.
e. La moyenne de Malika reste la meilleure de la classe.
f. Ce garçon passe pour un clown.

16*** Indique les fonctions des groupes de mots en gras de ce texte.

L'ordinateur est **un outil très utile**. Il permet **de s'informer**, de réserver des places de théâtre ou de concert. On peut également **acheter des billets de train**. **Cette découverte** a permis de communiquer **très rapidement**. Ceux qui s'y opposent sont de moins en moins nombreux. **Certains** craignaient qu'il remplace **le livre**. Mais rien n'est aussi **agréable** que de feuilleter un livre allongé sur un lit. **Tous mes camarades** partagent **cette idée**.

Je comprends

Lis ces phrases et réponds aux questions.

1 La **gardienne** de mon immeuble s'appelle **Noémie**.

Qui est désignée par les mots en gras ? Lequel de ces mots commence par une lettre minuscule ? Comment appelle-t-on ce mot ? Quel mot commence par une lettre majuscule. Pourquoi ?

Complète la phrase avec un nom propre et un nom commun : *voisin, Clément.*
Au marché, j'ai rencontré ..., qui est mon ... .

2 Mes **cousins** ont un **hamster**. Ils lui ont acheté une **roue** pour le distraire.

Quel nom commun appartient à la catégorie des personnes ? Des animaux ? Des objets ? Quel mot vois-tu devant chaque nom commun ?

Remplace les noms en gras par ces noms communs : *miel, ours, dresseur.*
Le **boulanger** a acheté une **laisse** pour son **chien**.

3 Sarah a passé ses vacances dans les **Pyrénées**.

Où Sarah a-t-elle passé ses vacances ? Que désignent les Pyrénées ?

Remplace les noms en gras par ces noms propres : *Italie* ou *Allemagne, le Rhin.*
Mon oncle vit en **Angleterre** ; il aime se promener le long de la **Tamise**.

J'apprends

— La catégorie des noms comprend les **noms communs** et les **noms propres.**

— Les **noms communs** commencent par une **lettre minuscule** ; ils sont très souvent précédés d'un déterminant : *un garçon, la femme, une souris, ce lapin, l'éponge, le plat.*
Ils désignent :
- des éléments **animés** : *des **personnes** → le charcutier ; des **animaux** → la hyène.*
- des éléments **inanimés** :
  - **concrets** : ce sont des choses que l'on peut voir, entendre, sentir ou toucher (*une table, un bruit, une fleur, un tissu*) ;
  - **abstraits** : ce sont des éléments que l'on ne peut ni voir, ni entendre, ni sentir, ni toucher (*le courage, la raison*).

— Les **noms propres** commencent par une **lettre majuscule**.
- Ils désignent des **personnes** précises (*Malika, Monsieur Durancel*) ; des **villes** (*Paris*), des **pays** (*l'Italie*), des **fleuves** (*le Rhin*), des **montagnes** (*les Vosges*)...
- Quand ils désignent un pays, une montagne, un fleuve, les noms propres sont le plus souvent précédés d'un article : *la France, les Alpes, la Loire.*

Je m'entraîne

1 * Recopie les noms communs de chaque phrase.

a. Elle aperçoit un chat noir.
b. Dessine l'objet que tu veux.
c. Apprends bien ta leçon.
d. Je suis né dans cette ville.
e. Les enfants jouent calmement.

2 * Recopie les noms propres de chaque phrase.

a. Le Jura est un massif montagneux.
b. Charlemagne et Napoléon ont été empereurs.
c. Paris est la capitale de la France.
d. Je me demande si Julien viendra à Aix-en-Provence en vacances.
e. Veux-tu apprendre un poème de Victor Hugo ?

3 * Recopie les noms propres en ajoutant les majuscules nécessaires.

les français – les alpes – le pays – la suisse – la justice – le journal – la saône – jules verne.

4 ** Récris chaque phrase en la complétant avec un nom commun ou un nom propre de ton choix.

a. La … est un monument touristique très visité.
b. Kenza partira en vacances à … .
c. Les … de sable sont envahies par les vacanciers.
d. Chaque jour, je me brosse les … .
e. La … ne m'empêche pas de sortir.

5 ** Trouve l'intrus de chaque série.

a. Paris – Marseille – Bretagne – Limoges – Brest – Lyon.
b. Italie – Croatie – Belgique – Allemagne – Angleterre – Lille.
c. les Alpes – les Vosges – le Pérou – le Massif central – le Jura.
d. Le Rhône – la Seine – le Rhin – la Loire – le fleuve – la Garonne.
e. un musée – une pyramide – un animal – Beaune – un personnage.

6 * Écris la catégorie de chaque nom :** *nom propre, nom commun animé, nom commun inanimé concret, nom commun inanimé abstrait.*

la gentillesse – la maison – le cheval – l'enfant – un Norvégien – une gomme – la Hollande – la pauvreté.

Je lis

7 Lis ce texte et réponds aux questions.

Dans la ville de Karia, le jour ne se lève plus et Morlin sème la terreur. Génia l'horloger vient de mourir de faim dans son atelier.

Le lendemain, car malgré l'obscurité il y avait encore des lendemains, Valia demanda à Vanio, son mari, ce qu'il fallait faire. Ce dernier répondit :

– Ne rien dire. Morlin est de plus en plus soupçonneux, de plus en plus dur. S'il apprend notre histoire, ce sera pour nous un grand malheur. Le même malheur qu'à mon frère.

– Oui, mais que faire ?

– Nous allons jeter Génia dans le fleuve et raconter qu'il est allé vivre ailleurs.

Yves Heurté, *L'Horloger de l'aube*, © Syros Jeunesse.

a. Relève les noms propres du texte. Qui ou que désignent-ils ?

b. Relève un nom commun masculin pluriel inanimé abstrait et un nom commun masculin singulier inanimé concret.

J'écris

8 En t'aidant de l'illustration, raconte une courte aventure survenue à deux enfants, Paul et Nolwenn, qui se perdent lors d'une promenade dans la forêt magique de Brocéliande.

GRAMMAIRE

Je comprends

Lis ces phrases et réponds aux questions.

1 **a.** Hier, Louis a vu **un** hérisson sortir de son jardin.
b. Ce matin, **le** hérisson était revenu au fond du jardin.

Dans la phrase *a*, à ton avis, Louis voit-il ce hérisson dans son jardin pour la première fois ? Dans la phrase *b*, s'agit-il du même hérisson ? Quels mots en gras te permettent de le savoir ? Pourrait-on supprimer ces mots ?

Complète la phrase avec l'article qui convient : *un, le.*
J'ai lu ... nouveau livre cette semaine. C'est ... livre qui m'a le plus intéressé cette année.

2 Nolwenn regarde avec envie **un** garçon et **une** fille qui mangent des glaces énormes.

Que regarde Nolwenn ? Les connaît-elle ? Que font le garçon et la fille ? Quel est le genre et le nombre des mots en gras ? Comment appelle-t-on ces articles ?

Complète la phrase par les articles indéfinis : *des, une, un.*
J'ai rencontré ... garçon étrange qui portait ... écharpe verte et ... gants rouges.

3 « Rangez **les** cahiers et sortez dans **la** cour », dit **la** maîtresse **aux** élèves.

Les élèves savent-ils de quels cahiers et de quelle cour parle la maîtresse ? À qui s'adresse la maîtresse ? Quel est le genre et le nombre des mots en gras ? Comment appelle-t-on ces articles ?

Complète la phrase avec les articles : *des, aux.*
Il a donné ... bonbons ... enfants.

J'apprends

Les **articles définis** et **indéfinis** sont des **déterminants**. Ils accompagnent le nom et sont le plus souvent obligatoires.

- Les **articles indéfinis** (un, une, des) désignent une personne, un animal ou une chose que l'on **ne connaît pas** : *J'ai acheté **un** nouveau tee-shirt.*
- Les **articles définis** (le, la, l', les) désignent une personne, un animal ou une chose que l'on **connaît déjà** : *Mon père a lavé **le** tee-shirt noir qui était dans **le** panier à linge.*

Les **articles définis** et **indéfinis** s'emploient selon le **genre** et le **nombre** du nom qu'ils accompagnent.

*J'ai reconnu **la** photo de mon cousin dans **un** journal en allant faire **des** courses.*

Devant un mot commençant par une **voyelle** ou un **h** aspiré, **le** ou **la** devient **l'**. C'est un article défini élidé : ***l'**école, **l'**heure.*

- Lorsque les articles définis **le** ou **les** sont utilisés après les prépositions **à** et **de**, on écrit : **au**, **aux**, **du**, **des**.

GRAMMAIRE

Je m'entraîne

1 * Parmi les mots suivants, recopie uniquement les articles.

les – au – grand – maison – cette – la – ma – le – sa – lui – un – des – je – une – l' – tu – me – du.

2 * Recopie et complète chaque nom avec *le*, *la* ou *l'*.

… visiteur – … herbe – … fête – … ardoise – … hibou.

3 * Relève tous les articles de chaque phrase.

a. Le ballon vient de casser une fenêtre.
b. Les vaches aiment brouter l'herbe fraîche.
c. Un coq et des poules picorent les graines.
d. Il entend des sons graves.
e. La couleur claire te va très bien.

4 ** Indique si chaque article en gras est *défini* ou *indéfini*.

a. **Le** chien bondit sur **la** balle.
b. **Le** cirque Plock présente **un** spectacle extraordinaire.
c. On entend **les** rires **du** jeune garçon.
d. Nous irons à **la** piscine ou **au** cinéma.
e. Mes voisins ont construit **une** véranda.

5 ** Recopie et complète les phrases avec l'article qui convient. Plusieurs réponses sont possibles.

a. … dictionnaire est très utile.
b. … élèves s'amusent dans la cour.
c. … émission … câble était intéressante.
d. … hauteurs, on aperçoit … vallée de … Seine.
e. Dans … cuisine, … certaine agitation règne.

6 * Classe tous les déterminants du texte en deux catégories : *articles définis* ou *articles indéfinis*.**

Mathilde est heureuse. Elle part en vacances à la mer. Dans le train, elle lit une revue sur les animaux. C'est une passion qu'elle a depuis qu'elle est toute petite. Par la fenêtre, elle aperçoit les arbres qui défilent à toute allure. Un jour, elle créera une réserve avec des animaux du monde entier. Elle écrira aux chefs de gouvernement de tous les pays et la vie des espèces animales sera préservée.

7 * Mets au pluriel tous les articles définis et indéfinis qui sont au singulier et accorde les noms.**

a. Tu attends l'ouverture de la boutique.
b. Vous espérez assister au concert.
c. Elle mange une confiserie.
d. Les parents attendent l'enfant.
e. Un spectateur fredonne un air.

Je lis

8 Lis ce poème et réponds aux questions.

Poisson

Les poissons, les nageurs, les bateaux
Transforment l'eau.
L'eau est douce et ne bouge
Que pour ce qui la touche.

Le poisson avance
Comme un doigt dans un gant,
Le nageur danse lentement
Et la voile respire.

Mais l'eau douce bouge
Pour ce qui la touche,
Pour le poisson, pour le nageur, pour le bateau
Qu'elle porte
Et qu'elle emporte.

Paul Eluard, *Les Animaux et les Hommes*, © Gallimard.

a. Relève les articles définis et indéfinis.

b. Dans les deux vers : « Le poisson avance » / « comme un doigt dans un gant », comment expliques-tu l'emploi de l'article défini *le* (poisson) et de l'article indéfini *un* (doigt) ?

J'écris

9 Imagine que tu découvres pour la première fois la mer, les coquillages, les crabes, le sable doux… Raconte cette découverte. Tu peux utiliser les expressions suivantes : *la chaleur du soleil, le sable brûlant, la peur des crabes, un château de sable réussi, une partie de jeux d'eau…*

Je comprends

Lis ces phrases et réponds aux questions.

1 Julie aère **sa** chambre, elle fait **son** lit et elle range **ses** jouets.

Qui possède la chambre ? Le lit ? Les jouets ? Comment s'appellent les mots en gras ? Pourquoi ? Quel nom s'accorde avec *sa* ? Avec *son* ? Avec *ses* ? Quel est leur genre et leur nombre ?

Complète chaque phrase avec un adjectif possessif : *son* **ou** *ses*.
Mon père cire … chaussures. – … frère arrivera demain.

2 « Regarde **ce** ciel ! Observe **ces** étoiles ! » dit Théo.

Que montre Théo ? Quel nom s'accorde avec *ce* ? Avec *ces* ? Quel est leur genre et leur nombre ?

Complète avec un adjectif démonstratif : *cet* **ou** *cette*.
Le toit de … maison est en ardoise. – … appartement est en vente.

3 À **quelle** heure pars-tu et **quelles** affaires prends-tu ?

Par quel signe de ponctuation se termine la phrase ? Comment s'appellent les mots en gras ? Pourquoi ? Quel est leur genre et leur nombre ?

Complète la phrase avec un adjectif interrogatif : *quel* **ou** *quels*.
… élèves déjeunent à la cantine ?

J'apprends

- Les adjectifs possessifs, démonstratifs et interrogatifs sont des **déterminants**.
- Les **adjectifs possessifs** indiquent un rapport de **possession** :
mon, ton, son, ma, ta, sa, mes, tes, ses, nos, vos, leurs…
  *Élise a perdu **son** livre. (Il s'agit du livre d'Élise.)*
- Les **adjectifs démonstratifs** désignent ce que l'on **montre** : *ce, cet, cette, ces.*
  *J'aime beaucoup **ce** jeu.*
- Les **adjectifs interrogatifs** s'emploient dans une phrase **interrogative**, pour poser une question : *quel, quels, quelle, quelles.*
  Quel** temps fait-il **?
- Les adjectifs possessifs, démonstratifs et interrogatifs ont le **genre** et le **nombre** du nom auquel ils se rapportent.
  ***ces** chiens ; **quelles** voitures ?*

Je m'entraîne

1 * Relève les déterminants de chaque phrase.

a. Les élèves parlent trop fort.
b. Ton chien court après sa balle.
c. J'hésite à acheter un nouveau jeu.
d. Quel jour te couches-tu tôt ?
e. Ces monuments m'impressionnent.

2 * Classe les déterminants de chaque phrase en deux catégories : les *articles* et les *adjectifs*.

a. Des fleurs de couleurs différentes poussent dans ton jardin.
b. Mon frère a pêché un gros brochet et une truite.
c. Tu termines cet exercice et tu vas à la piscine.
d. Quel autobus vas-tu prendre pour aller au collège ?
e. Quelle étoile brille dans le ciel ?

3 ** Recopie chaque phrase après l'avoir complétée avec un des déterminants : *cet*, *ces*, *cette*, *mes*, *ton*.

a. ... fleurs sont multicolores.
b. ... été sera pluvieux.
c. ... jeu m'intéresse.
d. ... adresse n'est pas la bonne.
e. ... skis sont très glissants.

4 ** Récris chaque phrase au pluriel. Fais attention aux accords.

a. Ma cousine chante bien.
b. Cette voiture roule trop vite.
c. Pierre aime la musique rythmée.
d. Un chien a aboyé toute la nuit.
e. Son habit est élégant.

5 ** Écris quatre phrases en employant ces adjectifs interrogatifs.

quel – quelle – quels – quelles.

6 ** Complète ce texte avec les déterminants qui conviennent.

Charlotte et Claire aiment lire ... histoires drôles. Simon préfère ... romans d'aventures. Ils échangent ensuite ... impressions. Charlotte affirme que ... livre est le plus intéressant. Claire dit que ... personnage de ... œuvre est amusant. Simon affirme que ... héros de ... œuvre ressemble à Robinson.

7 * Indique la nature des déterminants en gras :** *adjectifs possessifs*, *démonstratifs* **ou** *interrogatifs*.

a. Elle découvre **cette** ville.
b. Vous emportez **votre** goûter.
c. **Ta** promenade à pied était bien préparée.
d. **Ce** championnat se déroule à Glasgow.
e. **Quels** joueurs n'espèrent pas marquer des buts ?

Je lis

8 Lis le texte et réponds aux questions.

Il était une fois un paysan très pauvre... Il avait reçu de son père la pauvreté en héritage et, depuis, elle le suivait partout comme un fidèle compagnon de route. Pourtant, un jour, à la saison des mariages, il réussit enfin à se marier, puis sa femme lui donna un fils et, ce jour-là, il se jura de ne pas lui léguer la pauvreté en héritage.

Nacer Khémir, *Le Chant des Génies*, © Actes Sud, 2001.

a. Relève deux adjectifs possessifs et un adjectif démonstratif.

b. À quel nom renvoient *son père* **et** *sa femme* **?**

J'écris

9 En t'aidant de l'illustration, raconte la suite de ce conte en variant le plus possible les adjectifs possessifs et démonstratifs.

Dans un château vivaient un roi, une reine et leurs deux enfants. Chaque enfant possédait un objet magique. ...

Je comprends

Lis ces phrases et réponds aux questions.

1 **a.** Les tomates **rouges** se mangent en salade.
b. Ma mère fait de la confiture avec des tomates **vertes**.

Les tomates qui se mangent en salade sont-elles les mêmes que celles qui servent à faire des confitures ? Quels adjectifs qualificatifs épithètes en gras donnent des précisions sur le nom *tomates* ? Où sont placés ces adjectifs ?

Complète la phrase avec l'un de ces adjectifs épithètes : *accidentée, trouée*.
Le garagiste répare la voiture … .

2 Le chat **affamé** veut attraper la **petite** souris **dodue**.

Comment est le chat ? Comment est la souris ? Où sont placés les adjectifs qualificatifs épithètes qui donnent ces précisions ? Avec quel nom s'accorde chacun de ces adjectifs épithètes ?

Complète la phrase avec ces adjectifs épithètes : *coloré* **ou** *exotiques*.
Les oiseaux … ont souvent un plumage … .

3 Ces enfants <u>sont</u> **bruyants**.

Comment sont les enfants ? Par quel mot souligné l'adjectif attribut *bruyants* est-il relié au sujet de la phrase ? Qu'est-ce qui te permet de savoir que l'adjectif attribut s'accorde avec son sujet ?

Complète la phrase avec l'un de ces adjectifs attributs du sujet : *meilleures* **ou** *bons*.
Les crêpes sont … avec de la confiture.

J'apprends

- L'**adjectif qualificatif** donne des **précisions** sur le nom qu'il accompagne.
  *Ce **<u>joli</u>** vase est à mon frère.*
- L'**adjectif qualificatif épithète** est placé en général juste avant ou juste après **le nom** qu'il qualifie.
  *un **<u>beau</u>** cadeau ; un piéton **<u>prudent</u>**.*
  • Il s'accorde en **genre** et en **nombre** avec le nom qu'il qualifie.
  *des fauves **agressifs** ; des pluies **violentes**.*
- L'**adjectif qualificatif attribut** est séparé du sujet qu'il qualifie par un **verbe d'état** comme *être, sembler, demeurer, rester, devenir, avoir l'air*… (voir p. 30).
  *Ces framboises <u>semblent</u> **délicieuses**.*
  • Il s'accorde en **genre** et en **nombre** avec le nom qu'il qualifie.
  *Les murs sont **blancs**. – Les grappes de raisin seront bientôt **mûres**.*

Je m'entraîne

1 * Relève dans chaque phrase les adjectifs qualificatifs.

a. Dans ce grand jardin, de nombreux oiseaux font leur nid.
b. Le tigre puissant et redoutable guette sa proie.
c. Ce fort vent glacial vient du Nord.
d. Au milieu des lumières éblouissantes, j'ai vu une soucoupe volante.
e. Des vagues énormes déferlent sur les côtes rocheuses.

2 * Enrichis chaque nom de la liste *b* avec un adjectif qualificatif de la liste *a*.

a. tumultueuse – bon – multicolores – noir – traditionnelle.
b. un match – la rivière – des fleurs – une fête – un nuage.

3 * Supprime les adjectifs qualificatifs de chaque phrase. Écris les nouvelles phrases obtenues.

a. Ce long voyage était prévu avec une courte halte.
b. Ses beaux vêtements ont été déchirés par un chien nerveux.
c. Cette haute tour permet d'avoir une vue splendide sur la vallée.
d. L'insaisissable ennemi avance dans la forêt immense.

4 ** Emploie chaque adjectif qualificatif dans une phrase pour qu'il soit attribut.

agréable – nuageux – sucré – rapide – heureuse.

5 ** Enrichis chaque groupe nominal avec deux adjectifs qualificatifs de ton choix.

un film – un jeu – une histoire – des animaux.

6 ** Récris chaque phrase en mettant le groupe nominal en gras au pluriel et fais les accords nécessaires (adjectifs et verbes).

a. **Ce méchant homme** me fait peur.
b. **La jolie chaumière** est proche de la côte.
c. **L'étoile filante** impressionne les enfants et les adultes.
d. **L'énorme monstre poilu** reste sympathique dans cette histoire.
e. **Un grand champion italien** a gagné la course automobile.

7 * Écris, pour chaque adjectif, s'il est épithète ou attribut.**

a. Je suis pressé de revoir mon pré fleuri.
b. Comme elle est heureuse !
c. Mon frère déteste le lait chaud.
d. Ses immenses yeux bleus me plaisent.
e. Les cheveux blonds de Léa sont courts.

8 * Complète les groupes nominaux du texte à l'aide des adjectifs proposés.**

étonnante – jeune – important – curieux – grands – perçants – nouvel – photographique – petits

Un groupe … de babouins s'avançait. Les enfants … s'approchèrent afin de mieux les observer. Vincent sortit son … appareil … . C'est alors qu'une chose … arriva. Un … babouin sauta sur l'appareil et s'enfuit en le tenant solidement et en poussant de … cris … . Aucun doute, les singes sont des … farceurs !

Je lis

9 Lis cette description et réponds aux questions.

Sous le ciel vaste, un ciel couvert de la fin d'octobre, dix lieues de cultures étalaient en cette saison les terres nues, jaunes et fortes, des grands carrés de labour, qui alternaient avec les nappes vertes des luzernes et des trèfles ; et cela sans un coteau, sans un arbre, à perte de vue, se confondant et s'abaissant, derrière la ligne d'horizon, nette et ronde comme sur une mer.

Émile Zola, *La Terre*.

a. Relève au moins cinq adjectifs qualificatifs épithètes.

b. Trouve un adjectif épithète placé devant un nom.

J'écris

10 Décris une photographie de campagne, de mer ou de montagne. Afin d'être très précis, emploie des adjectifs qualificatifs épithètes comme *désertique, sableux, verdoyant, enneigé, rocheux, rocailleux…*
Tu peux également exprimer tes impressions avec des adjectifs attributs, comme dans la phrase : *Ce paysage est splendide…*

Je comprends

Lis ces phrases et réponds aux questions.

1 Ma grand-mère prépare des crevettes et des fruits pour le déjeuner.
Puis elle met la table et repasse les serviettes.

Relève les groupes nominaux : quels mots les composent ? Quels déterminants sont au pluriel ? Quelles sont les terminaisons des noms ayant un déterminant au singulier ? Des noms ayant un déterminant au pluriel ?

Accorde les noms avec leur déterminant.
Les figue… peuvent être violettes ou vertes, cela dépend des espèce… .

2 Tu portes des valises lourd**es**. Elles contiennent de nombreu**x** livres.

Quels sont les adjectifs des groupes nominaux dans ces deux phrases ? Par quelles lettres en gras est terminé le premier adjectif ? Le deuxième adjectif ? Avec quel mot s'accorde chacun de ces adjectifs ?

Complète la phrase avec un adjectif choisi parmi : *bons*, *meilleures*, *meilleurs*, *bonnes*.
Nous avons passé de … vacances avec nos … amis.

3 Au zoo, j'ai vu un lion et une lionne effrayants.

Quel est le genre des noms soulignés ? Qui est *effrayants* ? Quels sont le genre et le nombre de cet adjectif ? Pourquoi ?

Complète la phrase avec un adjectif : *neuve* **ou** *neuves*.
J'ai une trousse et une règle … .

J'apprends

— Dans le groupe nominal, le **nom** et le **déterminant** s'accordent en **genre** et en **nombre**.
__le__ loup, __la__ louve, __les__ loup__s__, __un__ loup, __une__ louve, __des__ loup__s__.

— Dans le groupe nominal, l'**adjectif** s'accorde en **genre** et en **nombre** avec le **nom** qu'il qualifie.
__un__ bruit dou__x__ ; __une__ chanson dou__ce__ ; __des__ chanson__s__ douc__es__.

— Dans le groupe nominal, lorsqu'un **adjectif** qualifie **deux** ou **plusieurs noms** au singulier, il se met au **pluriel**.
__un__ garçon et __une__ fille adorable__s__.
Si l'un des **noms** est au **masculin** et l'autre au **féminin**, l'adjectif se met au **masculin pluriel** : *__un__ homme et __une__ femme souriant__s__.*

Je m'entraîne

1 * **Écris chaque groupe nominal avec le déterminant qui convient. Varie les déterminants utilisés.**

a. … belle demeure.
b. … soleil brûlant.
c. … objet précieux.
d. … solide construction.

2 * **Complète chaque groupe nominal avec le déterminant qui convient. Varie les déterminants utilisés.**

a. … réelles capacités.
b. … bonnes adresses.
c. … vrais messages.
d. … sérieuses informations.

3 * **Récris chaque groupe nominal en changeant le genre.**

a. Le gros chien méchant.
b. La petite lapine grise.
c. Un bel éléphant.
d. Un étudiant sérieux.

4 ** **Récris chaque groupe nominal au singulier.**

a. Des artistes connus.
b. Des animaux familiers.
c. Les gentilles filles.
d. Des idées originales.

5 ** **Écris les phrases en accordant les adjectifs qualificatifs entre parenthèses.**

a. J'habite l'avenue (*principal…*).
b. Ma (*vieil…*) tante cuisine de (*succulent…*) gâteaux.
c. De (*nombreu…*) personnalités (*connu…*) ont assisté à l'événement.
d. Cinq (*haut…*) tours (*gris…*) dominent la place (*désert…*).

6 ** **Écris les phrases en accordant les adjectifs qualificatifs entre parenthèses.**

a. Une peinture et une sculpture (*célèbre…*) sont présentées à cette exposition.
b. Une voiture et un camion (*neuf…*) sortent du garage.
c. Le chien et le chat (*docile…*) s'entendent bien.
d. Une rue et une avenue (*bruyant…*) longent le canal.
e. Un blouson et une veste (*léger…*) sont à prévoir pour la sortie.

7 *** **Recopie ce texte en accordant si nécessaire les mots entre parenthèses.**

Une (*grand…*) décision est prise par Émilie. Elle va apprendre ses (*longue…*) et (*difficile…*) leçons d'histoire. Elle veut réussir ses (*prochain…*) devoirs. Elle pourra ensuite s'acheter sa console et son jeu (*préféré….*). Elle espère avoir de (*bon…*) résultats et pouvoir ainsi réaliser ses (*nombreux…*) rêves.

Je lis

8 **Lis ce texte et réponds aux questions.**

En 1926, Antoine de Saint-Exupéry était aviateur. Il raconte ici comment il transportait le courrier vers l'Amérique du Sud.

Le pilote s'habille. Chandails, foulard, combinaison de cuir, **bottes fourrées.** Son corps endormi pèse. On l'interpelle : « Allons ! Pressons… » Les mains encombrées de sa montre, de son altimètre, de son porte-cartes, **les doigts gourds** sous **les gants épais**, il se hisse lourd et maladroit jusqu'au poste de pilotage. Scaphandrier hors de son élément. Mais une fois en place, tout s'allège. […]

Le chef de piste jette un dernier coup d'œil : ordre absolu des choses ; **gestes réglés** comme pour un ballet. Cet avion a sa place exacte dans ce hangar, comme dans cinq minutes dans le ciel.

Antoine de Saint-Exupéry, *Courrier Sud*, © Gallimard.

a. Relève un groupe nominal formé de trois mots au féminin pluriel, et un groupe nominal formé de trois mots au masculin pluriel.

b. Récris les groupes nominaux en gras au singulier.

J'écris

9 **Imagine ton premier vol dans un petit avion de tourisme. Quelles sont tes impressions ? Que ressens-tu en apercevant les paysages ? Emploie des groupes nominaux comme** : *une certaine angoisse, une peur dissimulée, une joie intense, de fortes émotions, des moments inoubliables…*

GRAMMAIRE

Le complément du nom

Je comprends

Lis ces phrases et réponds aux questions.

1

a. Karim boit un verre **de limonade**.
b. Sa sœur se sert un verre **d'eau**.

Qu'y a-t-il dans le verre de Karim ? Qu'y a-t-il dans le verre de sa sœur ? Par quoi est complété le nom *verre* dans la phrase *a* ? Et dans la phrase *b* ?

Complète la phrase avec un complément du nom : *de fer* **ou** *de céréales*.
Je mange des barres ... pour le goûter.

2

a. Je lis les messages **de mon téléphone portable**.
b. Je range mon mobile dans son étui **en cuir**.
c. Ma cousine ouvre sa boîte **à bijoux**.

Dans la phrase *a*, quels messages lis-tu ? Dans la phrase *b*, en quelle matière est l'étui du mobile ? Dans la phrase *c*, quelle boîte ta cousine ouvre-t-elle ? Comment appelle-t-on les mots soulignés qui introduisent chaque complément du nom en gras ?

Complète la phrase avec une préposition : *de*, *en* **ou** *à*.
Ma sœur aime les bagues ... argent.

3

Pierre aime le fromage **des Pyrénées** et le jambon **de Bayonne**.

Où est fabriqué le fromage que Pierre apprécie ? D'où vient le jambon qu'il aime ? Qu'est-ce qui te permet de savoir de quel lieu proviennent ces produits ?

Complète la phrase avec un complément du nom : *de Normandie* **ou** *de Chine*.
Ma tante achète du thé ... .

J'apprends

— Le **complément du nom** apporte des informations sur le **nom** qu'il complète. Il précise le sens de ce nom.

*un bol **de lait** ; un bol **de café**.*

— Le **complément du nom** est en général composé d'un **nom**, précédé d'une **préposition** comme **de, à, en, avec, dans, pour, sans...**

*un livre **de** français ; du papier **à** lettres ; une boîte **en** carton.*

— Certains **compléments du nom** introduits par la préposition **de** (mais aussi **d'**, **du** ou **des**) indiquent un **lieu**.

*les huîtres **de Bretagne** ; les oranges **d'Espagne** ;* un souvenir ***du Canada** ;* une carte ***des Antilles***.

Je m'entraîne

1 * Recopie chaque expression et entoure les compléments du nom.

a. une promenade en traîneau.
b. un saut à l'élastique.
c. une robe de chambre.
d. le cartable de Line.
e. la moutarde de Dijon.

2 * Précise chaque nom avec un complément du nom formé d'une préposition et d'un nom.

cahier – voyage – instrument – place – éléphant.

3 * Recopie et complète chaque phrase avec un groupe nominal complément du nom.

a. Ouvre la fenêtre … .
b. Tu as dormi pendant le trajet … .
c. Le vase … est en porcelaine.
d. Le chien … est très gentil.
e. Où se dirige le troupeau … ?

4 ** Recopie uniquement les compléments du nom qui désignent un lieu.

a. le pont de Tancarville.
b. la baie du Mont-Saint-Michel.
c. la tour de Monthléry.
d. la galerie des Glaces.
e. le Grand Palais.

5 ** Remplace chaque adjectif par un groupe nominal complément du nom.

Exemple : *des huîtres bretonnes* → *des huîtres de Bretagne.*

a. un temps printanier.
b. un climat montagnard.
c. une crème chocolatée.
d. des couronnes royales.
e. un toit pentu.

6 ** Trouve deux compléments du nom différents pour chaque phrase.

Exemple : la glace de l'entrée / la glace au chocolat.

a. la feuille … / la feuille … .
b. le tableau … / le tableau … .
c. la place … / la place … .
d. la pointe … / la pointe … .
e. la défense … / la défense … .

7 ** Recopie chaque phrase en remplaçant le complément du nom en gras par un autre complément du nom de ton choix.

a. J'ai couvert mon livre avec un papier **à fleurs.**
b. Les livres **d'aventures** me passionnent.
c. L'horloge **du salon** sonne midi.
d. Les sorties **en mer** m'effraient.
e. Le pain **de seigle** est un régal.

8 * Écris des phrases en employant ces groupes de mots comme compléments du nom.**

à la crème – au chocolat – en or – d'Ingrid.

Je lis

9 Lis le poème et réponds aux questions.

L'homme de trois ans
M'a donné
Une leçon de poésie.
D'une clé de boîte à sardines,
Il a tiré :
Un violon
Un marteau,
Le portrait de son grand-père,
L'hélice d'un aéroplane,
Des lunettes
Et une fleur.

Carlos Larronde, « L'Homme de trois ans… », in *Enfance,* D.R.

a. Relève les compléments du nom.

b. Quels noms sont complétés par ces compléments du nom ?

J'écris

10 Complète chaque fin de vers par un complément du nom et termine ce poème à ta façon.

J'ai toujours adoré inventer des histoires
Avec des personnages légendaires
Un jour, j'étais le roi … .
Le lendemain, je rencontrais la reine … .
Je possédais ensuite les pouvoirs … .
Et je combattais le monstre … .

Je comprends

Lis ces phrases et réponds aux questions.

1 J'ai réussi un devoir qui était difficile.

Quelle partie de la phrase te permet de savoir comment était le devoir que tu as réussi ? Peux-tu supprimer cette proposition relative ?

Complète la phrase avec une proposition relative : *qui n'ont pas d'arêtes* **ou** *qui courent vite*.
J'aime manger les poissons … .

2 **a.** J'aimerais voir les girafons **qui sont nés en captivité**.
b. Les girafons **que j'ai vus en photo** paraissent très mignons.

Dans ces phrases, quels mots soulignés introduisent la proposition relative ? Dans la phrase *a*, où est située la proposition relative ? Et dans la phrase *b* ?

Complète la phrase avec un pronom relatif : *qui* **ou** *que*.
C'est la maison … mon grand-père a construite.

3 **a.** J'aime les pulls **que tricote ma mère**. – **b.** J'aime les pulls **en laine**.

Quels mots ou groupes de mots en gras complètent le nom *pulls* dans les phrases *a* et *b* ? Ces mots et groupes de mots ont-ils la même nature ? Ont-ils la même fonction ?

Remplace l'adjectif qualificatif de cette phrase par la proposition relative *que j'aime tant*.
Relis-moi ce conte merveilleux.

J'apprends

- La **proposition relative complète** un **nom**.
  Je connais un Américain qui habite à Los Angeles. (proposition relative : *qui habite à Los Angeles* → *un Américain*)

- La proposition relative est introduite par un **pronom relatif**, comme **qui** ou **que**. Elle est placée **après** le **nom** qu'elle complète.
  C'est le plat que tu préfères. (pronom relatif : *que*) – *Le plat que tu as cuisiné est délicieux.* (proposition relative : *que tu as cuisiné*)

- La proposition relative peut remplacer un **adjectif qualificatif** ou un **complément du nom**, ou être remplacée par eux.
  *C'est une montagne **qui est couverte de sable**.* (proposition relative) → *C'est une montagne **sableuse**.* (adjectif qualificatif)
  → *C'est une montagne **de sable**.* (complément du nom)

⚠ Après un verbe, ***que*** n'est pas un pronom relatif. *Il pense **que cette montagne est sableuse**.*

GRAMMAIRE

Je m'entraîne

1 * Recopie les propositions relatives de chaque phrase.

a. Lise aperçoit un chien qui échappe à son maître.
b. La voiture qui roule trop vite aura une amende.
c. Les nuages qui sont très nombreux annoncent l'orage.
d. Tu as un ami qui est très gentil.
e. C'est Léo qui a gagné.

2 * Écris le nom qui est complété par chaque proposition relative.

a. C'est ton ballon qui roule sur la route.
b. Nous apprécions les jeux qui se jouent à plusieurs.
c. La maison qui domine la vallée appartient à mon oncle.
d. J'aime les histoires qui font rire.
e. Les fleurs sont dans un vase qui m'a été offert.

3 * Recopie les pronoms relatifs de chaque phrase.

a. L'argent que tu économises servira à t'acheter un vélo.
b. Le pays que tu vois sur cette carte est touristique.
c. C'est Antoine qui te donnera le document.
d. Le jardin que tu visites est une roseraie.
e. J'aime aller à cette piscine qui est en plein air.

4 ** Écris une seule phrase constituée de deux propositions à partir des deux phrases proposées.

a. Marie aime les fleurs. Les fleurs ont des couleurs vives.
b. J'habite une rue. La rue est déserte.
c. Je connais les grottes. Les marmottes recherchent des grottes pour hiberner l'hiver.
d. Lucie achète une glace à la fraise. Sa sœur aime la glace à la fraise.
e. Jérémie prend le train. Le train est direct.

5 ** Recopie et complète chaque phrase.

a. L'école qui … .
b. L'oiseau qui … .
c. Le champ de blé que … .
d. La route qui … .
e. Le village que … .

6 * À partir de chaque phrase contenant une proposition relative, écris deux phrases sans proposition relative.**

a. Le chemin qui mène au sommet est caillouteux.
b. Le livre que tu m'as prêté est intéressant.
c. La plage qui est déserte l'hiver est envahie par les touristes l'été.
d. Nous dormons dans une tente qui est très spacieuse.

7 * Recopie les phrases qui contiennent des propositions relatives.**

a. La boisson que je préfère n'est pas sucrée.
b. Elle veut que tu sortes.
c. Les enseignants préparent une sortie qui semble intéressante.
d. L'acrobate que tu viens de croiser est mon cousin.
e. Les éléphants se déplacent en groupe.

Je lis

8 Lis ce texte et réponds aux questions.

En 1880 à Sydney en Australie, de jeunes enfants orphelins vivent en bande et volent pour se nourrir. Holly Bird et Jérémy racontent le vol d'un jambon.

– Faut dire qu'on a fait courir les *cops* (les agents de la police du port), Jérémy…

– Ils criaient comme des furieux et sifflaient comme des damnés ! Je rigolais en regardant ton jambon qui sautait sur ton épaule à chaque foulée, Holly Bird, hop et hop, comme des pattes de kangourou qui se lèvent pour chaque bond. Il faut dire que tu filais comme le vent. J'avais peine à te suivre.

– Pas un *cop* de Sydney ne m'attrapera à la course. Tu as bien tenu le coup, Jérémy, avec ce sacré sac que tu avais sur le dos. C'était pas facile. Faut être costaud.

Jean Ollivier, *Le Cri du kookabura*, © Casterman.

a. Relève les propositions relatives du texte qui commencent par « qui ». Indique les noms qu'elles complètent.

b. Deux propositions commencent par « que ». Une seule est relative : recopie-la. Justifie ton choix.

J'écris

9 Voici quelques phrases prononcées par un guide dans un château. Mais ces phrases ne sont pas terminées. Complète-les puis, à ton tour, invente deux phrases.

Ici, vous voyez un fauteuil qui … .
Au fond de la salle, vous apercevez un lit qui … .
Dans la bibliothèque, sont conservés des livres que … .
La table que … est du style Louis XV.

Je me souviens

— La catégorie des noms comprend les noms propres et les noms communs.
• Les **noms propres** désignent le plus souvent une personne ou un lieu précis.
Ils commencent par une lettre majuscule : ***R**aphaël ; **L**yon.*
• Les **noms communs** désignent des éléments animés (personnes, animaux...) ou inanimés (table, colère...). Ils sont généralement accompagnés d'un déterminant : ***la** porte.*

— Les **déterminants** précèdent le plus souvent les noms communs. Ce sont :

	des articles		des adjectifs		
	définis	indéfinis	possessifs	démonstratifs	interrogatifs
Singulier	le, la, l'	un, une	mon, ton, son ma, ta, sa notre, votre, leur	ce, cet, cette	quel, quelle
Pluriel	les	des	mes, tes, ses nos, vos, leurs	ces	quels, quelles

— Dans le **groupe nominal**, le déterminant, le nom et l'adjectif qualificatif épithète s'accordent : *le**s** élève**s** sage**s**.*

— Un **nom** peut être complété par :
• des **adjectifs qualificatifs épithètes** ou **attributs** :
*une souris **grise**, cette robe est **jolie** ;*
• un **complément du nom** : *un stylo **à bille** ;*
• une **proposition relative** : *Il voit une voiture **qui est en panne**.*

Je m'exerce

1 * Recopie les noms en gras en deux colonnes : *noms communs* **ou** *noms propres*.

a. **Bordeaux** est une grande **ville**.
b. Ma meilleure **amie** s'appelle **Farah**.
c. **Kleenex** est une marque de **mouchoirs**.
d. **Théo**, **Lauriane** et **Fany** s'amusent bien ensemble.
e. La **franchise** et la **gentillesse** sont les **qualités** principales d'**Éva**.

2 * Complète chaque phrase avec le nom propre qui convient : *Massif armoricain, Vercingétorix, César, Paris, Picasso, Mozart.*

a. ... est la capitale de la France.
b. ... a été vaincu par ... à la bataille d'Alésia.
c. Le ... n'est pas très élevé.
d. La musique de ... est connue de tous.
e. ... est un peintre célèbre.

3 * Écris, pour chaque nom propre, ce qu'il désigne : une personne, un animal, un lieu (un pays, un fleuve, une ville, une montagne...) ou une marque.

Clovis – les Alpes – le Rhin – l'Espagne – Victor – l'Airbus – Bordeaux – le Petit Poucet – Adidas.

4 * Trouve pour chaque nom le déterminant qui convient : *le, la, les, un, une.*

a. Je vois ... arbres depuis ma fenêtre.
b. Elle apprécie qu'on lui dise ... vérité.
c. ... chamois vit dans la montagne.
d. Nous dégustons ... glace après la séance de piscine.
e. ... train en provenance de Nantes vient d'entrer en gare.

GRAMMAIRE

5 ** Trouve pour chaque nom le déterminant qui convient : *une, les, la, un, des.*

a. Ce sont ... empreintes que je ne connais pas.
b. .... amis de mon frère viennent manger demain avec mes parents.
c. .... jour je serai astronaute.
d. Pour mon anniversaire, j'aimerais ... console de jeux.
e. ... chanteuse que je préfère est anglaise.

6 Recopie les déterminants puis indique leur nature.**

a. La rue est pleine de monde.
b. Cette maison est très moderne.
c. Un jaguar bondit sur une gazelle.
d. Sa décision est prise sans hésitation.
e. Quelle formule penses-tu adopter ?

7 ** Recopie et complète avec des adjectifs qualificatifs épithètes de ton choix. N'oublie pas de les accorder.

a. Dans ce hameau ... vivent des gens ... .
b. Sur cette ... plage, vous ramasserez de ... coquillages.
c. Mes chaussures ... me font mal aux pieds.
d. Ces fleurs ... et ... sont mes préférées.
e. Nous avons trouvé ce voyage ... mais ... .

8 ** Récris chaque phrase en mettant les groupes nominaux au singulier.

a. Les mouettes accompagnent les chalutiers au port.
b. Les mauvaises herbes poussent vite.
c. Les lampes éclairent bien mon bureau.
d. Les carreaux brillent au soleil.
e. les toits sont couverts de mousse.

9 ** Récris ce texte en remplaçant *ce chien* **par** *ces deux chiens.* **Fais les accords nécessaires.**

« Ce chien est terrible, s'écrie Grand-mère. Nous ne pouvons pas le garder ». Jim aime son jeune chien noir et blanc et ne souhaite pas du tout s'en séparer. Il imagine alors une ruse. Il cachera son chien le jour dans sa chambre et le laissera gambader la nuit dans le jardin. Mais le lendemain, alors que Grand-mère part se coucher, le chien se met à aboyer de plus en plus fort. Grand-mère dit alors : « Demain, ton petit chien part pour le chenil. »

10 ** Recopie chaque phrase puis souligne tous les compléments du nom.

a. Les romans d'aventure sont mes livres préférés.
b. Le match de rugby m'a passionné.
c. Cette écharpe à carreaux ne me plaît pas.
d. L'intelligence de mon frère est reconnue par ses professeurs.
e. Mes parents ont acheté des tabourets de bar modernes.

11 ** Modifie chaque complément du nom relevé dans l'exercice 10 et récris la nouvelle phrase. Entoure ensuite les prépositions.

12 ** Relève les propositions relative de chaque phrase.

a. Voici le travail que tu m'as demandé.
b. Il apprécie les séances que tu lui donnes.
c. Les informations qui sont en italique sont des aides.
d. Les réactions que tu décris sont étonnantes.
e. Cet animal apprécie la personne qui le nourrit.

13 ** Relie les deux phrases simples avec le pronom relatif *qui* **ou** *que*, **afin de former une seule phrase avec une proposition relative.**

a. Il y a une ombre gigantesque. Une ombre se dessine sur le mur.
b. Le poisson est énorme. Tu pêches le poisson dans la rivière.
c. La leçon est difficile. Tu apprends la leçon.
d. Le cultivateur moissonne son blé. Son blé est mûr.

14 * Relève dans le texte tous les mots qui complètent les noms et classe-les :** *adjectif épithète, complément du nom, proposition relative.*

Sur le quai qui longe la voie ferrée, quelques voyageurs impatients d'atteindre leur destination font les cent pas. D'autres voyageurs plus calmes sont assis sur des bancs de couleur et lisent le journal de la région pour passer le temps. Quand le train entre en gare, l'on peut apercevoir les éternels retardataires qui se précipitent dans le train juste avant la fermeture des portes.
Les plus fatigués recherchent un siège. Ils guettent une place vide. Ils reconnaissent les voyageurs qui se préparent à se lever. Ils bondissent alors et s'approprient les sièges libres.

Je comprends

Lis ces phrases et réponds aux questions.

1 Le gardien du phare préfère rester seul avec son chien. Cette vie lui plaît beaucoup.

À quelle catégorie (article, pronom personnel, adverbe, nom commun, verbe, adjectif qualificatif, adjectif possessif) appartient chacun des mots soulignés ? Ces catégories correspondent-elles à la nature ou à la fonction du mot ?

Complète la phrase avec un adjectif qualificatif (*neuve* ou *fatiguée*) et une préposition (*sans* ou *avec*).
Mon oncle a une voiture … qui roule … du gasoil.

2 **a.** Antoine traverse la **rue**.
b. Il marche dans la **rue**.
c. La **rue** s'illumine à la tombée de la nuit.

Le mot *rue* a la même nature dans les trois phrases : quelle est cette nature ? A-t-il toujours la même fonction ? Quelles questions peux-tu poser dans chaque phrase, après le verbe, pour le savoir ?

Complète la phrase avec un nom COD, puis un nom complément circonstanciel : *plage*, *châteaux*.
Les garçons font des … de sable sur la … .

J'apprends

Chaque **mot** appartient à une catégorie : c'est la **nature** du mot. Le plus souvent, elle ne change pas. Elle est indiquée dans le dictionnaire.
Il existe différentes **natures** de mots :

adjectif démonstratif	nom commun	verbe	adjectif qualificatif	nom propre	pronom	verbe	adverbe	préposition	article	nom commun
Cet	*exercice*	*est*	*facile.*	*Louise*	*le*	*réalise*	*rapidement*	*sur*	*le*	*tableau.*

Chaque **mot** a une **fonction** dans la phrase. Cette fonction dépend souvent de la **place** du mot dans la phrase et de son **rôle**.
Par exemple, un nom peut avoir différentes fonctions.
Mon père lit le journal. Le journal donne des informations. J'ai lu un article dans le journal.
COD — sujet — complément circonstanciel

Je m'entraîne

1 * Recopie chaque phrase, entoure les verbes conjugués et souligne les noms communs.

a. La pleine lune éclaire la rue.
b. La neige fond sous le soleil brûlant.
c. La grêle détruit les cultures.
d. Le silence envahit la salle.
e. De beaux arbres longent le canal.

2 * Précise, pour chaque déterminant en gras, s'il s'agit d'un *article défini*, d'un *article indéfini*, d'un *adjectif possessif*, d'un *adjectif démonstratif* ou d'un *adjectif interrogatif*.

a. **La** lionne rugit à la vue de l'homme.
b. **Son** oncle arrive demain.
c. Je pense que **cet** événement le ravit.
d. **Quel** train prendras-tu ?
e. **Un** avion se distingue à l'horizon.

3 * Indique la nature de chaque mot en italique.

a. *Elle* avance timidement vers l'animal. (nom ou pronom)
b. Vous allez *gentiment* rentrer. (adjectif ou adverbe)
c. Cette maison est petite mais *lumineuse*. (nom ou adjectif)
d. Tu *la* trouves étonnante. (pronom ou préposition)
e. Mon père roule *très* prudemment. (préposition ou adverbe)

4 ** Recopie chaque phrase, entoure le verbe et souligne son ou ses sujets.

a. Ces enveloppes sont à poster.
b. Le bruit de la rue ne me gêne plus.
c. Ta collection de timbres m'impressionne.
d. Sur ton chapeau, vient de se poser un papillon.
e. La fougère et les champignons poussent sous les arbres.

5 ** Recopie chaque phrase, souligne l'adjectif qualificatif et indique sa fonction.

a. Le ciel rougeoyant me ravit.
b. La punition ne me paraît pas trop sévère.
c. L'enfant semble soucieux : il fronce les sourcils.
d. Cette femme courageuse a sauvé un enfant en danger.
e. La célèbre tour Eiffel est très visitée.

6 * Écris pour chaque mot ou groupe de mots en gras s'il s'agit d'un complément d'objet ou d'un complément circonstanciel.**

a. Les loups s'approchent **discrètement** du campement.
b. Elles ramassent **des fleurs champêtres**.
c. Dans la brume, je ne distingue plus **le port**.
d. **Sur la route**, tu croises des voitures anciennes.
e. Le facteur confie ce colis **à sa voisine**.

7 * Écris la fonction de chaque mot ou groupe de mots en gras.**

L'aventure va commencer. Je serai **le pirate** et Sylvain sera le navigateur. L'attaque aura lieu **au lever du jour**. D'autres camarades ont rejoint **nos camps respectifs**. Nous nous cachons et après un signal convenu, nous surgissons et sautons **dans le navire**. L'embarcation **en carton** ne résiste pas et une crise de fou rire nous gagne.

Je lis

8 Lis ce texte et réponds aux questions.

Renart est célèbre pour ses tromperies. Il ruse et piège les autres afin de se nourrir.

Tandis que Renart se lamente ainsi, il aperçoit une mésange perchée sur un chêne : l'arbre cachait un creux où **elle** avait installé ses œufs **à** l'abri.

« Bonjour, chère amie, descendez donc m'embrasser.

– Il n'en est pas question, Renart. On ne peut être l'ami d'un brigand de **votre** espèce. Vous avez fait tant de **mauvais** coups à tant d'oiseaux, à tant de **biches**, qu'on ne sait plus que penser. Qu'allez-vous devenir ? Le mal vous a tellement corrompu qu'il est impossible de vous faire confiance. »

Le Roman de Renart.

a. Donne la nature des mots en gras.

b. Trouve la fonction des deux groupes de mots soulignés.

J'écris

9 Invente une nouvelle ruse de Renart.

Renart peut flatter le corbeau, comme dans la fable, afin de récupérer ce qu'il tient dans son bec.
Il peut mentir au chien du berger afin de l'éloigner et ainsi s'emparer de l'agneau…

Je comprends

Lis ces phrases et réponds aux questions.

1 **a.** Les dauphins sont des animaux intelligents.
b. Les serpents appartiennent à la classe des invertébrés et les chats sont des vertébrés.

– De quoi parle la phrase *a* ? Combien de verbes y a-t-il dans la phrase *a* ?
De quoi parle la phrase *b* ? Combien de verbes y a-t-il dans la phrase *b* ?

Complète ce groupe nominal pour écrire une phrase.
Les baleines … .

2 Le feu passe au vert, les piétons peuvent traverser la rue.

– Par quelle sorte de lettre commence la phrase ? Par quel signe de ponctuation se termine-t-elle ?

Ajoute un point et une majuscule au groupe de mots suivant pour en faire une phrase.
les oursins filtrent de l'eau de mer

3 Iris dessine un clown pour son petit frère.

– Quels mots de la phrase peux-tu supprimer sans la rendre incompréhensible ? Quels mots sont indispensables ? Quelle est leur fonction dans la phrase ?

Complète la phrase avec l'un de ces compléments : *au four*, *avec ses clients*.
La boulangère parle … .

J'apprends

– Une **phrase** est une suite de mots organisée qui a un **sens**.
La Terre tourne autour du Soleil.

– Une phrase commence toujours par une **lettre majuscule** et se termine par un **point**.
L'alpiniste escalade la montagne.

– En général, une phrase contient un **sujet**, un **verbe** et parfois des **compléments**.
Les enfants (sujet) *rient* (verbe). *Demain*, (complément) *les vacanciers* (sujet) *iront* (verbe) *à la pêche aux crevettes* (complément).

– Une **phrase** peut contenir **un** ou **plusieurs verbes**.
*Dans le ciel, les nuages **sont** presque noirs et il **va** pleuvoir.*

⚠ Il existe des phrases sans verbe : *Quelle belle vue !*

Je m'entraîne

1 * Recopie les phrases suivantes en choisissant le groupe de mots entre parenthèses qui convient.

a. Julia parle à (*son amie / son cartable*).
b. J'aime lire (*des balles / des histoires*).
c. La pendule indique (*le temps qu'il fait / l'heure*).
d. Les coureurs s'engagent sur (*la piste / le podium*).
e. Le paquebot sort de (*la forêt / du port*).

2 * Recopie chaque phrase en plaçant la majuscule et la ponctuation.

a. le fauve guette sa proie bondit sur elle et l'immobilise
b. paul termine son travail puis se décide à sortir jouer
c. laurene renverse son bac à jouets et saisit son jeu préféré
d. ils ont appris à lire en deux mois
e. la chaleur étouffante perturbe le sommeil des jeunes enfants

3 * Remets les mots de chaque série dans l'ordre afin d'écrire une phrase. N'oublie pas la ponctuation et la majuscule.

a. les – souris – chats – les – apprécient
b. espèces – nombreuses – de – animales – protégées – sont
c. tombe – hiver – en – neige – la
d. recouvre – nappe – la – en – la – chêne – table
e. vraiment – photographie – réussie – cette – est

4 ** Écris des phrases de ton choix en utilisant ces groupes de mots.

a. dans mon jardin – de jolies fleurs.
b. les papillons – les libellules et les coccinelles.
c. cette exposition – 18 heures.
d. le lierre et le liseron – les jardins.
e. dans la forêt – les enfants.

5 ** Recopie chaque phrase puis souligne en vert les mots qui indiquent l'action des personnes, des animaux ou des événements écrits en gras.

a. **Le dragon** lança une longue flamme jaunâtre.
b. **L'enseignant** a promis une sortie au musée à ses élèves.
c. **La tempête** a dévasté la région.
d. Dans une semaine, **mes amis** connaîtront les résultats du concours.
e. **La découverte de l'électricité** a révolutionné la vie des gens.

6 * Remets en ordre les groupes de mots afin de former des phrases. Rétablis la ponctuation.**

a. après une longue marche – au puits de l'oasis – les chameliers et leurs chameaux se désaltèrent – dans le désert
b. de me rendre visite – dans la journée – ils ont promis
c. d'apprendre à nager – j'ai décidé – pendant les vacances
d. en Italie – nous serons – dans quelques semaines – en vacances

Je lis

7 Lis ce texte et réponds aux questions.

Un jour, Paul rencontre un homme qui lui propose d'échanger des mots contre ses devoirs. Paul accepte et son langage s'en trouve transformé.

Le soir à table, Paul veut à tout prix parler du cirque à ses parents.

– Merveilleux être dressage, dit-il. Un tigre sauter à travers un cerceau enflammé. Un éléphant asseoir grand tabouret.

Les parents de Paul sont profondément affligés d'entendre Paul parler ainsi. Il leur a toujours raconté ses journées au dîner, et maintenant il ne sait plus faire que des phrases de ce genre.

Son père, qui ne veut rien laisser paraître, lui demande :

– Et les acrobates ?

– Il y avoir trapézistes et un funambule, répond Paul. Funambule tenir un parapluie chaque main et porter épaules une fille.

Cette fois, Paul voit que ses parents sont très tristes.

Hans Joachim Schädlich, *Le Coupeur de mots*,

a. Relève les phrases incorrectes.

b. Récris les phrases relevées à la question *a* pour leur donner du sens.

J'écris

8 Écris une suite au texte : Paul revoit le drôle de personnage et lui demande de lui rendre son langage correct. Imagine le dialogue.

Je comprends

Lis ces phrases et réponds aux questions.

1 Cet élève **ne** travaille **pas** assez. Il **ne** semble **plus** motivé.

Cet élève travaille-t-il assez ? Est-il encore motivé ? Qu'est-ce qui te permet de le savoir ? À quoi servent les mots en gras qui encadrent chaque verbe ?

Complète cette phrase pour la mettre à la forme négative.
Ces pommiers … donnent …. beaucoup de pommes.

2 Mon voisin **n'**a **pas** apporté ses livres.

Quel est le verbe de cette phrase ? À quel temps est-il conjugué ? Quel mot est placé entre les deux mots en gras ? Où est placé *apporté* ?

Complète cette phrase pour la mettre à la forme négative.
Mes cousins … ont … déménagé.

3 Carine **ne** dort-elle **pas** ?

Quel signe de ponctuation termine la phrase ? Quels mots encadrent le verbe et le sujet ?

Complète cette phrase pour la mettre à la forme négative.
Les enfants … sont-ils … réveillés ?

J'apprends

Une phrase affirmative devient **négative** lorsque son verbe est encadré par un adverbe de négation qui indique que **l'action n'a pas lieu** : **ne … pas**, **ne … plus**, **ne … jamais**, **ne … guère**.

*Il **ne** fait **pas** chaud. Il **ne** pleut **plus**. Il **ne** neige **jamais** en été.*

Dans une phrase à la forme négative avec un verbe conjugué à un temps composé, la négation **n'… pas** encadre l'auxiliaire.

*Je **n'**ai **pas** joué. Vous **n'**êtes **pas** venus.*

Dans une phrase **interrogative** à la forme négative, il faut encadrer le verbe et le sujet avec : **ne … pas**, **n'… pas**…

*La maîtresse **n'**est-elle **pas** dans sa classe ?*

GRAMMAIRE

Je m'entraîne

1 * **Récris chaque phrase à la forme négative.**

a. Élise aime le football.
b. Quentin joue du piano.
c. Tu arrives à l'heure.
d. Le professeur est surpris par sa réaction.
e. La décision est définitive.

2 * **Forme cinq phrases négatives en associant un élément de la *série 1* à un élément de la *série 2*.**

Série 1 : les élèves – les cétacés – la pluie – les arbres fruitiers – nous – les chalets

Série 2 : ne perdent pas encore leurs feuilles – ne bavardent plus – ne sont plus construits dans la région – n'est pas encore tombée ce mois-ci – ne se reproduisent guère en captivité – ne cueillerons pas de cerises cette année.

3 * **Recopie les phrases qui sont à la forme négative.**

a. Ma sœur a réussi son concours.
b. Ce chant traditionnel n'est pas connu.
c. Il n'a plus répondu à mes demandes.
d. La décision est irrévocable.
e. Élodie n'a guère d'amies.

4 ** **Récris chaque phrase à la forme affirmative.**

a. Ce film ne passe plus en salle.
b. Tu ne pars pas souvent en vacances.
c. Cet enfant n'a jamais de chance.
d. Vous n'appréciez jamais les films documentaires.
e. Elle n'est pas encore partie.

5 ** **Écris le contraire de chaque phrase en employant la négation qui convient.**

a. Célia regarde souvent les dessins animés.
b. Kamel est toujours amusant.
c. Tu viens encore me rendre visite.
d. Certaines voitures sont trop rapides.
e. Mes parents ont acheté un salon de jardin.

6 *** **Récris les phrases à la forme négative.**

a. Approchez !
b. Est-il en retard ?
c. Êtes-vous partis avant la fin ?
d. Abandonnez votre embarcation.
e. Les pâtisseries sont-elles bonnes ?

Je lis

7 **Lis ce texte et réponds aux questions.**

Le vieux Scrooge, un homme avare et solitaire, refuse tout contact avec les autres. Il se dispute ici avec son neveu.

– Pourquoi vous êtes-vous marié ? demanda Scrooge.

– Parce que j'étais amoureux.

– Parce que vous étiez amoureux ! grogna Scrooge comme si c'était la seule chose au monde qui fût plus ridicule encore que de fêter Noël. Bonsoir.

– Mais mon oncle, vous ne veniez jamais me voir avant cet événement. Pourquoi me donner cette raison pour refuser de venir maintenant ?

– Bonsoir, dit Scrooge.

– Je n'attends rien de vous. Je ne vous demande rien. Pourquoi ne sommes-nous pas amis ?

– Bonsoir, dit Scrooge.

– Je suis peiné jusqu'au fond du cœur de vous voir si obstiné. Nous n'avons jamais eu de querelle, où j'ai pris part, du moins. [...] Donc, mon oncle, je vous souhaite un joyeux Noël !

Charles Dickens, *Un chant de Noël*,
traduction Marcelle Sibon, Folio junior, © Gallimard.

a. Relève trois phrases négatives avec trois négations différentes.

b. Quel est le personnage de l'extrait qui prononce trois phrases négatives successives ?

J'écris

8 Nils décide de se déguiser en dinosaure pour son anniversaire. Sa maman trouve que son idée n'est pas bonne.

Écris le dialogue entre Nils et sa mère et emploie au moins trois phrases négatives.

– Tu ne peux pas te déguiser en dinosaure !
C'est ridicule...

Je comprends

Lis ces phrases et réponds aux questions.

1 « Vous m'entendez **?** M'entendez-vous **?** Est-ce que vous m'entendez **?** »

Qu'est-ce qui t'indique que ces trois phrases sont des questions ? Veulent-elles dire la même chose ? Qu'est-ce qui les différencie ?

Reformule la question en employant : *est-ce que*.
Es-tu prêt à partir ?

2 **a.** Es-tu venu à pied **?**
b. Pourquoi as-tu téléphoné à ton grand-père **?**

Que peux-tu répondre à la question *a* ? Que peux-tu répondre à la question *b* ?

Complète la phrase avec un mot choisi parmi : *comment*, *où*, *pourquoi*.
… ton père a-t-il réparé le robinet de la cuisine ?

3 **a. Comment** t'appelles-tu **?**
b. Quelle est ton activité préférée **?**

Par quel mot interrogatif commence la phrase *a* ? Par quel mot interrogatif commence la phrase *b* ? Que peux-tu répondre aux questions *a* et *b* ?

Complète cette phrase d'un dialogue avec un mot interrogatif choisi parmi : *comment*, *qui*, *pourquoi*.
« … êtes-vous en retard ? » demande le gérant du magasin.

J'apprends

Une phrase à la **forme interrogative** se termine toujours par un **point d'interrogation**. Elle sert à poser une **question**.

- En général, on peut écrire une phrase interrogative de trois façons :
  Tu viens **?** ***Est-ce que*** *tu viens* **?** *Viens-tu* **?**

⚠ Avec les verbes du 1er groupe, on ajoute un ***t*** de liaison entre le verbe et le sujet à la troisième personne du singulier : *Marche-**t**-il* **?**

Certaines phrases interrogatives commencent par un **mot interrogatif** : **comment**, **où**, **pourquoi**, **quand**, **que**, **quel**, **qui**.
Quand *auras-tu fini ton travail* **?** *Dans une heure.*

Quand une phrase commence par un mot interrogatif, on répond par une **information**. Quand une phrase ne commence pas par un mot interrogatif, on répond par **oui** ou par **non**.
– As-tu terminé ton travail **?** *– Non, je ne l'ai pas encore terminé.*

GRAMMAIRE

Je m'entraîne

1 * Recopie uniquement les phrases interrogatives.

a. Comme tu chantes bien !
b. Comment allez-vous ?
c. Est-ce que tu m'en veux encore ?
d. Quelle est cette marchandise ?
e. Connais-tu son nom ?

2 ** Récris chaque phrase interrogative en inversant le sujet et le verbe.

a. Tu prends le train ?
b. Vous croyez arriver à l'heure ?
c. Est-ce que tu as trouvé un livre ancien ?
d. Elles possèdent des timbres précieux ?
e. Est-ce qu'ils sortent en mer ?

3 ** Transforme chaque phrase déclarative en phrase interrogative en inversant le sujet et le verbe. N'oublie pas le *t* de liaison.

a. Le soleil brille dans le ciel.
b. Le chevreuil traverse la route.
c. Le guide raconte l'histoire du château.
d. Le cavalier saute l'obstacle avec aisance.
e. Le pêcheur retrouve sa famille.

4 ** Recopie les questions auxquelles on ne peut répondre que par oui ou par non.

a. Aimez-vous les fruits rouges ?
b. Où pars-tu en vacances ?
c. Descendez-vous à la prochaine station ?
d. Qui vient ce soir ?
e. Y allez-vous en voiture ?

5 ** Écris la question qui correspond à chaque réponse donnée ci-dessous.

a. La mer est bleue.
b. La chouette chasse la nuit.
c. Cette fille s'appelle Julie.
d. La rencontre se fera en Angleterre.
e. Je viens te voir parce que tu es malade.

6 ** Écris le mot interrogatif manquant dans chaque phrase.

a. … as-tu emmené mon frère ?
b. … auras-tu compris les règles ?
c. … est son nom savant ?
d. … pleures-tu ?

7 * Trouve le mot interrogatif qui correspond au groupe de mots en gras de chaque phrase.**

a. Ce roman a été écrit **par Victor Hugo.**
b. Tu sortiras **samedi soir.**
c. La course a lieu **dans une région montagneuse.**
d. Elle répond toujours **gentiment.**
e. Mon père répare **la machine à laver.**

8 * Invente une question avec chaque mot interrogatif. Imagine ensuite une réponse possible.**

Où – Quand – Qui – Pourquoi – Comment.

Je lis

9 Lis ce texte et réponds aux questions.

Harpagon est un avare. Il croit voir partout des voleurs.

Harpagon, criant au voleur dès le jardin.

– Au voleur ! à l'assassin ! au meurtrier ! Justice, juste ciel ! Je suis perdu, je suis assassiné, on m'a coupé la gorge, on m'a dérobé mon argent. Qui peut-ce être ? Qu'est-il devenu ? Où est-il ? Où se cache-t-il ? Que ferai-je pour le trouver ? Où courir ? Où ne pas courir ? N'est-il point là ? N'est-il point ici ? Qui est-ce ? Arrête. Rends-moi mon argent, coquin…

Molière, *L'Avare*.

a. Relève trois mots interrogatifs.

b. Qui est désigné par *il* dans les questions : *Qu'est-il devenu ? Où est-il ? Où se cache-t-il ?*

J'écris

10 Tu décides de mener une enquête sur les loisirs des enfants âgés de neuf à douze ans.

Fais la liste des questions et écris quelques réponses (tu peux enquêter auprès de tes camarades).

GRAMMAIRE

Je comprends

Lis ces phrases et réponds aux questions.

1 **a.** « **Écoutez** la leçon », dit le maître aux élèves distraits.
b. « **Ne bavardez pas** », ajoute-t-il.

Dans la phrase *a*, quel ordre donne le maître ? À quelle forme est le verbe *écouter* ? Dans la phrase *b*, quelle interdiction formule-t-il ? À quelle forme est le verbe *bavarder* ?

Complète cette phrase injonctive pour exprimer un ordre : *ne vous levez pas* **ou** *levez-vous*.
La directrice de l'école dit aux élèves : « … » quand elle entre dans notre classe.

2 **a. Lis** la notice de ta calculatrice.
b. Il est écrit : « **Mettre** une pile dans le compartiment. »
c. Il faut que tu respectes les consignes données.

Dans la phrase *a*, à quel temps est conjugué le verbe ? Dans la phrase *b*, le verbe en gras est-il conjugué ? Par quoi commence la phrase *c* ? Quelles sont les trois façons possibles de donner un ordre ou un conseil ?

Complète les phrases pour donner un ordre avec : *éteins*, *débrancher*.
Toujours … l'appareil en cas d'orage. – « … la télévision », me dit ma mère.

3 « Cesse de répondre ainsi ! C'est insupportable », dit mon oncle à son fils.

Qu'est-ce qui te permet de savoir que ton oncle est en colère ? Quel est le signe de ponctuation qui termine la première phrase ?

Complète cette phrase injonctive avec un signe de ponctuation : *?*, *:* **ou** *!*.
Baisse le son de ton lecteur de CD…

J'apprends

— La **phrase injonctive** exprime un **ordre** ou un **conseil** lorsqu'elle est à la **forme affirmative**.
Arrivez à l'heure à l'école. (ordre) / *Reposez-vous si vous êtes fatigués.* (conseil)
Elle exprime souvent une **interdiction** lorsqu'elle est à la **forme négative**.
Ne roulez pas au-delà de la vitesse autorisée.

— Le verbe d'une phrase injonctive peut être :
- conjugué au présent de l'**impératif** : ***Sortez*** *immédiatement.*
- écrit à l'**infinitif** : ***Recopier*** *le texte.*
- introduit par **il faut que** : ***Il faut que*** *tu fasses tes devoirs.*

— La phrase injonctive peut être terminée par un **point d'exclamation** lorsqu'elle exprime un ordre très insistant : *Déguerpissez !*

GRAMMAIRE

Je m'entraîne

1 * Recopie uniquement les phrases injonctives.

a. Viens me voir ce soir !
b. Quand pars-tu en excursion ?
c. Mangez avant que le plat ne refroidisse.
d. Ne prenons pas cet incident au sérieux.
e. Tiens bien ta glace.

2 * Recopie chaque phrase puis entoure les verbes à l'impératif.

a. Ne prends pas cet air triste.
b. Recopie ton poème avec soin.
c. Demain, ne manque pas le match de rugby.
d. Récoltons les grappes de raisin à l'automne.
e. Lisez à haute voix sans vous arrêter.

3 ** Transforme les phrases déclaratives en phrases injonctives en employant l'impératif.

a. Tu sors le chien tous les matins.
b. Tu ne marches pas sur la pelouse.
c. Nous construisons des abris solides.
d. Vous interprétez de nouveaux airs.

4 ** Écris les phrases déclaratives qui correspondent à ces phrases injonctives.

a. Avancez en ligne.
b. Déjeunons ensemble ce midi.
c. Évite de salir ton nouveau pantalon.
d. N'approchez pas trop du bord du précipice.
e. Finis ton repas et tu pourras aller jouer.

5 ** Classe ces phrases en trois colonnes selon qu'elles expriment un *conseil*, un *ordre* ou une *interdiction*.

a. Ne cueille pas ces champignons.
b. Il faut bien dormir avant de passer un examen.
c. Boire de l'eau est important en été.
d. Taisez-vous.

6 * Transforme chaque phrase en conseil à l'aide de verbes à l'infinitif. Attention, certains groupes de mots peuvent changer de place ou être supprimés au cours de la transformation.**

a. Il faut penser à fermer les fenêtres avant de quitter votre maison.
b. Après un pique-nique, il faut vérifier qu'aucun papier ne traîne.
c. Il ne faut pas vous pencher à la fenêtre d'un autobus.
d. Il est important de se laver les mains avant de manger.

7 * Récris et complète les phrases afin qu'elles expriment un conseil. N'oublie pas la ponctuation.**

Ne mange pas … – Essayons … – Avancez … – Évitez … – Économise … .

Je lis

8 Lis ce texte et réponds aux questions.

Un ogre rend visite à un docteur. Il se plaint de maux d'estomac. L'ogre énumère au médecin ce qu'il a mangé ces derniers jours, à savoir, un cycliste, une institutrice et ses élèves.

– C'est tout ? demande le médecin.
– Oui, oui, fait l'ogre.
– Vous êtes sûr ? demande le médecin. Réfléchissez bien.
– Ah oui, maintenant, je me souviens ! s'écrie l'ogre. En traversant la forêt, j'ai mangé une fraise des bois.
– Ne cherchez plus, dit le médecin. C'est ça qui vous a rendu malade !
– Et vous pensez que c'est grave ? demande l'ogre, inquiet.
– Mais pas du tout ! répond le médecin. Tenez, avalez ce cachet et dans trente secondes vous ne sentirez plus rien.

Bernard Friot, *Nouvelles histoires pressées*, « Zanzibar », © Milan.

a. Relève les phrases injonctives de l'extrait.

b. Indique celles qui expriment un ordre et celles qui expriment un conseil.

J'écris

9 Voici le résumé de la fin de l'histoire.

L'ogre demande ensuite au médecin s'il peut manger normalement. Le docteur lui dit qu'il peut reprendre son régime alimentaire habituel. L'ogre en entendant cela le remercie, saute sur le docteur et le dévore.

Écris un dialogue à partir de ce récit et emploie au moins deux phrases injonctives.

Je comprends

Lis ces phrases et réponds aux questions.

1 Ma comédienne préférée **tourne** dans un nouveau film.

Combien de verbe conjugué contient cette phrase ? Combien de proposition contient-elle ? À ton avis, pourquoi dit-on que c'est une phrase simple ?

Complète cette phrase simple à l'aide de : *un lion en liberté* **ou** *une camarade*.
Devant chez moi j'ai rencontré … .

2 Le chien **retrousse** ses babines et il **gronde** d'un air menaçant.

Combien de verbes conjugués contient cette phrase ? Combien de propositions contient-elle ? À ton avis, pourquoi dit-on que c'est une phrase complexe ?

Complète cette phrase pour en faire une phrase complexe avec : *dans le parc* **ou** *à la campagne et elle a cueilli des champignons*.
Sarah s'est promenée … .

3 J'**ai terminé** mon repas, je me **brosse** les dents et je **vais** au lit.

Combien de propositions contient cette phrase ? Qu'est-ce qui te permet de savoir que c'est une phrase complexe ?

Complète les propositions de la phrase complexe avec ces verbes : *corrige* **et** *écris*.
J'écoute la leçon, j'… sur mon cahier et je … mes erreurs.

J'apprends

- Une **phrase simple** contient **un seul verbe conjugué**. Elle est composée d'**une seule proposition**.
  La marmotte dort tout l'hiver.
- Une **phrase complexe** contient **au moins deux verbes conjugués**.
  Le chat chasse la nuit et il dort dans la journée.
- Une **phrase complexe** comporte autant de **propositions** que de verbes conjugués. Quand une phrase a trois verbes, elle a trois propositions.
  Le chat court, chasse et mange.

Je m'entraîne

1 * Recopie les verbes conjugués de chaque phrase.

a. Mes parents doivent s'absenter mais ça ne sera pas long.
b. J'ai peur la nuit et je me cache sous les draps.
c. Il a réussi donc il est qualifié.
d. Préfères-tu regarder la télévision ou sortir en forêt ?
e. Lucas est mon ami car il a pris ma défense à l'école.

2 * Indique, pour chaque phrase, le nombre de propositions.

a. Tu réaliseras un jour ton rêve.
b. Dans la fusée, deux astronautes travaillent et un troisième dort.
c. Cette plante a bien poussé car elle a été arrosée régulièrement.
d. Mes animaux préférés vivent en Australie.
e. Les parents de Lucie ont décidé de s'installer à Pékin.

3 ** Indique, pour chaque phrase, si elle est simple ou complexe.

a. Ces fleurs multicolores sont réputées pour attirer les abeilles.
b. Dans six mois vous serez diplômé et vous chercherez un emploi.
c. J'ai donné la bonne réponse donc j'aurai une bonne appréciation.
d. Tous les élèves de la classe sont partis en classe de découverte.
e. Je me suis abonné à cette revue car j'aime lire.

4 ** Recopie chaque phrase en la complétant avec une proposition.

a. Nous visiterons le musée ou … .
b. Les acteurs terminent leur pièce et … .
c. L'avion a du retard car … .
d. Il a trouvé la sortie mais … .
e. Le vent s'est levé brusquement et … .

5 * Transforme chaque phrase complexe en deux phrases simples.**

Exemple : *Manon va se coucher car elle est très fatiguée.* → *Manon va se coucher. Elle est très fatiguée.*

a. Pauline se presse car elle est en retard.
b. Valentin apprend ses leçons et il réussira.
c. J'écoute mais je ne comprends toujours pas.
d. Il se promènera en forêt ou il visitera un musée.
e. L'herbe a poussé et il va falloir bientôt la tondre.

6 * Écris, pour chaque affirmation, si elle est vraie ou fausse.**

a. Une phrase simple est composée de plusieurs propositions.
b. Une phrase simple ne contient qu'un seul verbe conjugué.
c. On peut trouver trois verbes conjugués dans une phrase complexe.
d. Chaque verbe forme une proposition.
e. Une phrase simple contient deux verbes conjugués.

Je lis

7 Lis le texte et réponds aux questions.

Une petite poule vivant depuis toujours dans un grand hangar décide de partir.

La petite poule n'avait jamais rien vu de vert. Tout ce que la petite poule connaissait était rouge ou brun ou jaune ou gris. Et la nuit, tout était noir.

La petite poule picota et gratta tant et si bien qu'il [le trou] fut assez grand pour s'y glisser. Elle réussit grâce à sa petite taille.

À l'extérieur, tout était différent du hangar : partout il y avait de l'air frais, sans puanteur de poules.

Quand la petite poule se fut habituée à la lumière, elle vit que dehors les choses étaient non seulement vertes mais aussi bleues.

Hanna Johansen et Käthi Bhend,
La Poule qui voulait pondre des œufs en or,
© La Joie de lire, 1999.

a. Relève dans le texte deux phrases complexes.

b. Combien y a-t-il de phrases simples dans le premier paragraphe ?

J'écris

8 Yanis veut sortir dehors avec un camarade. Sa mère refuse. Chacun argumente pour convaincre l'autre.

Imagine le dialogue entre Yanis et sa mère. Emploie des phrases simples et des phrases complexes.

– Je ne veux pas que tu sortes à cette heure-là car la nuit tombe vite, dit la maman.
– Tu connais bien mon copain et tu sais qu'il est raisonnable, répond Yanis…

Je comprends

Lis ces phrases et réponds aux questions.

1 Le vent souffle**,** les branches des arbres se balancent.

Combien de verbes conjugués cette phrase contient-elle ? Combien de propositions contient-elle ? Par quel signe de ponctuation ces propositions sont-elles séparées ? Pourquoi les appelle-t-on des propositions juxtaposées ?

Place le signe de ponctuation qui convient entre ces deux propositions juxtaposées : *!* **ou** ,
La pluie tombe … les automobilistes roulent prudemment.

2 Le médecin est venu voir mon grand-père **car** il est malade.

Combien de verbes conjugués cette phrase contient-elle ? Combien de propositions contient-elle ? Par quel mot sont séparées ces propositions ? Pourquoi les appelle-t-on des propositions coordonnées ?

Complète la phrase par la proposition coordonnée de ton choix.
J'ai cueilli des fleurs **et** … .

3 **a.** Théo mange du fromage **et** il prendra un dessert.
b. Alban veut du camembert **mais** il ne mangera pas de gâteau.

Par quel mot en gras sont reliées les propositions de la phrase *a* ? Par quel mot en gras sont reliées les propositions de la phrase *b* ? Qu'est-ce qui te permet de savoir que Théo mange plus qu'Alban ?

Complète la deuxième phrase avec une conjonction de coordination : *ou*, *et*.
J'hésite. Je regarderai la télévision … je lirai une BD.

J'apprends

- Lorsque les propositions d'une phrase complexe sont séparées par une **virgule**, ce sont des **propositions juxtaposées**.
  *Le chat dort**,** les souris dansent.*

- Lorsque les propositions d'une phrase complexe sont reliées par une **conjonction de coordination**, ce sont des **propositions coordonnées**.
  *Mon chien est agité **mais** il est affectueux.*

- Les **conjonctions de coordination** sont : **mais**, **ou**, **et**, **donc**, **or**, **ni**, **car**.
Les conjonctions de coordination ont des sens différents.
  *Ma sœur est bonne en maths **et** elle réussit aussi en anglais.*
  *Mon frère aime l'histoire **mais** il ne s'intéresse pas à la géographie.*

Je m'entraîne

1 * Écris pour chaque phrase complexe si les propositions sont juxtaposées ou coordonnées.

a. Mon camarade a sonné à la porte et il est entré.
b. La nuit tombe, je rentre.
c. Le réveil sonne et mon frère se cache sous l'oreiller.
d. Il neige donc nous organisons une bataille de boules de neige.
e. Il est 18 heures, Philippe quitte la salle de sports.

2 * Recopie chaque phrase. Puis souligne les propositions en bleu, et les conjonctions ou les virgules en vert.

a. Il participa à la compétition et remporta le premier prix.
b. Le train s'est arrêté brusquement mais les portes sont restées fermées.
c. La mer est agitée, les vagues sont énormes et se fracassent contre les rochers.
d. La souris se faufile, elle grignote le morceau de gruyère sous la table.
e. La route est gelée car il fait moins cinq degrés.

3 ** Complète les propositions par la conjonction de coordination qui convient : *mais, et, ou, donc, car.*

a. Tu arrives … tu repars ?
b. Mets tes bottes … il pleut.
c. Ce jeu est cher … je peux l'acheter avec mes économies.
d. Tatiana a rangé sa chambre … a passé l'aspirateur.
e. Cyril craint les coups de soleil … il porte une casquette.

4 ** Associe les propositions de la série 1 avec celles de la série 2 et récris les phrases juxtaposées obtenues. N'oublie pas la virgule.

Série 1 : Le renard est affamé – Ma cousine est venue hier – Le vent souffle fort – Il s'est trompé de chemin – Le chien du berger surveille le troupeau.
Série 2 : les arbres perdent leurs feuilles – les moutons le craignent – nous avons joué toute la journée – il dévorera le premier animal qu'il rencontrera – il fallait aller à droite.

5 ** Complète la proposition donnée par une proposition juxtaposée de ton choix.

a. Le soleil brille, … .
b. Les adversaires chantent, … .
c. La température baisse, … .
d. Un film d'aventures est projeté ce soir, … .

6 * Complète les deux propositions juxtaposées avec une proposition coordonnée. Varie les conjonctions de coordination employées :** *mais, ou, et, donc, or, ni, car.*

a. Cindy ramasse une pomme, l'essuie … .
b. Le cheval et son jockey s'impatientent, le cheval s'élance … .
c. Le joueur intercepte le ballon, entre dans la zone de tir … .
d. Grand-père entretient son jardin, il ôte les mauvaises herbes … .
e. Les fruits de cet arbre sont juteux, ils sentent bon … .

Je lis

7 Lis ce texte et réponds aux questions.

La veille du jour de l'an, une petite fille se retrouve dans la rue, la tête et les pieds nus.

Elle avait bien faim et bien froid, bien misérable mine. Pauvre petite ! Les flocons de neige tombaient dans ses longs cheveux blonds, si gentiment bouclés autour de son cou ; mais songeait-elle seulement à ses cheveux bouclés ? Les lumières brillaient aux fenêtres, le fumet des rôtis s'exhalait dans la rue, c'était la veille du jour de l'an : voilà à quoi elle songeait.

Elle s'assit et s'affaissa sur elle-même dans un coin, entre deux maisons. Le froid la saisissait de plus en plus, mais elle n'osait pas retourner chez elle…

Hans Christian Andersen, *La Petite Fille aux allumettes*.

a. Relève deux propositions juxtaposées.
b. Relève les propositions coordonnées.

J'écris

8 Écris un court récit dans lequel tu devras insérer ces deux phrases complexes.

Phrase 1 : Le vent se lève, la tempête est proche.
Phrase 2 : Le pêcheur lance ses filets et attend avec patience.

Je me souviens

— Une phrase est une suite de mots qui a un sens. En général, elle contient un **sujet**, un **verbe**, et parfois des **compléments**.

— Une **phrase** commence par une **majuscule** et se termine par un **point**.
La pluie s'arrête de tomber.

— Une **phrase** se met soit à la **forme affirmative**, soit à la **forme négative**.
*Vous **avez** raison. Vous **n'avez pas** raison.*

— Une **phrase** peut être **interrogative** : ***Que** faites-vous **?***
Elle peut aussi être **injonctive** : *Sortez de cette pièce !*

— Une **phrase** peut être composée d'**une seule proposition** : elle a un seul verbe conjugué. C'est une **phrase simple**.
Le boulanger vend des brioches.

— Une **phrase** peut être composée de **plusieurs propositions** : elle a plusieurs verbes conjugués. C'est une **phrase complexe**.

- Les propositions d'une **phrase complexe** peuvent être **juxtaposées**.
  Pablo a un perroquet, il parle espagnol.
- Les propositions d'une **phrase complexe** peuvent être **coordonnées**.
  *Tu es en retard **et** tu cours.*
  (et : conjonction de coordination)

Je m'exerce

1 * Recopie uniquement les phrases qui contiennent un verbe conjugué.

a. L'enfant pleure.
b. Le promeneur fatigué.
c. Tu ne t'amuses plus.
d. Penses-tu lire ce livre ?
e. La découverte fantastique.

2 * Recopie ce texte en ajoutant la ponctuation. Retrouve les sept phrases du texte et n'oublie pas les majuscules au début de chaque phrase.

le petit déjeuner est un moment important dès que mon réveil sonne je me lève aussitôt je me dirige vers la cuisine je sors mes céréales du placard mon bol est déjà sur la table je verse ensuite un peu de lait froid c'est vraiment très agréable de se réveiller en douceur

3 * Transforme chaque phrase déclarative en phrase interrogative en inversant le sujet et le verbe, ou en utilisant la forme *est-ce que…*

a. Elle est heureuse.
b. Tu écris une histoire.
c. Vous assistez à la remise des prix.
d. Les librairies fermeront le lundi.
e. Les pluies envahiront les régions du Nord.

4 * Recopie chaque phrase et souligne les négations.

a. N'avez-vous pas bientôt fini ?
b. N'y a-t-il personne dans ce musée ?
c. Vous n'avez vraiment rien entendu.
d. Il ne sourit jamais.
e. On ne nous a pas prévenus de son retour.

5 ** Transforme chaque phrase affirmative en phrase négative en utilisant les mots : *ne… aucun, ne… rien, ne… personne, ne … plus, ne … jamais, ne… guère.*

a. Il vient encore avec nous.
b. Mon camarade comprend toujours les problèmes.
c. Tu as tout réussi.
d. Il lui faudra plusieurs essais.
e. Grand-mère a vu quelqu'un se sauver.
f. Raphaël apprécie le café.

6 ** Écris à la forme affirmative chaque phrase injonctive négative.

a. Ne me donnez pas la réponse !
b. N'est-il pas trop tôt ?
c. Ne bougeons plus !
d. N'écoute pas ces histoires drôles !
e. Ne prenez plus ce chemin !
f. Ne venez pas !

7 ** Écris, pour chaque phrase, si elle est *déclarative, interrogative* **ou** *injonctive*. **Puis précise si elle est** *affirmative* **ou** *négative*.

a. Inventes-tu des chansons ?
b. Tu ne crois plus en ta bonne étoile.
c. Avance plus vite !
d. Ne réponds pas ainsi !
e. Les chameaux ont deux bosses.
f. Cet air est entraînant.

8 ** Complète chaque phrase à ta façon.

a. La nuit, dans cette ville … .
b. J'écris cette lettre … .
c. Tu dois respecter … .
d. Le concours est terminé, j'espère … .
e. … sortent toujours les premiers de la classe.
f. …, les feuilles tombent … .

9 ** Relève les conjonctions de coordination.

Dans ce village vivent des personnes âgées et de jeunes enfants. La population est peu élevée mais très dynamique. Anciens et jeunes organisent des rencontres de jeux ou d'animations. L'ambiance est chaleureuse et l'entraide est constante. Les jeunes couples restent au village car l'ambiance est agréable.

10 ** Écris, pour chaque phrase, si elle est simple ou complexe.

a. Elle écoute toujours son professeur.
b. Dans la liste des mots à apprendre, certains sont difficiles.
c. Il ne faut pas courir en traversant car cela est dangereux.
d. La descente est rapide mais elle est bien signalée.
e. Dans deux ans, je serai au collège.

11 ** Supprime des groupes de mots afin d'obtenir une phrase simple. Recopie-la.

a. Ce n'est pas la peine de revenir car vous ne pourrez pas assister à la représentation.
b. Cette famille vit dans la pauvreté car les deux parents sont au chômage.
c. Elle assiste au match mais elle n'apprécie pas ce sport.
d. L'ordinateur de mon camarade possède une mémoire importante et il a un grand écran.
e. Sur le sommet de la montagne, la neige persiste or il fait grand soleil.

12 * Écris, pour chaque affirmation, si elle est vraie ou fausse.**

a. *mais, donc, ni, or* sont des prépositions.
b. *qui* et *que* sont des pronoms relatifs.
c. Une phrase qui ne possède qu'un verbe est appelée phrase simple.
d. Il y a deux verbes conjugués dans une phrase simple.
e. Une phrase commence toujours par une majuscule.

13 * Recopie ce texte puis souligne les phrases complexes. Entoure une proposition coordonnée et une proposition juxtaposée.**

J'aimerais bien que mon chat parle. J'ai lu une histoire dans laquelle le chat parlait. Ce serait formidable si cela m'arrivait. Je confierais à mon chat Mistigri mes secrets, je lui demanderais des conseils. Je le regarde endormi sur mon lit et je l'imagine en train d'articuler des mots. C'est alors que j'aperçois les yeux de Mistigri qui me fixent étrangement. Il ouvre en grand sa bouche mais aucun son n'en sort. Mon chat n'a donc rien d'exceptionnel. Je l'aime voilà tout.

Le verbe

1 Recopie les phrases, puis entoure les verbes et souligne les sujets.

a. Le chien aboie souvent à la vue des passants.
b. Tu lis ton livre avec intérêt.
c. Les enfants s'amusent sur la place.
d. Tous les touristes apprécient le beau temps.
e. Ces véhicules neufs coûtent vraiment trop cher.

2 Écris la question que l'on pose après chaque verbe pour obtenir en réponse le groupe de mots en gras : *quoi, à qui, à quoi*.

a. La crémière vend **du beurre de qualité**.
b. La cuisinière prépare **de bons petits plats**.
c. Il apporte des fleurs **à sa mère** pour sa fête.
d. Vous pensez **que c'est un gentil garçon**.
e. Line ressemble **à un pantin** dans son costume.

Le sujet

3 Recopie les phrases puis souligne le ou les sujets.

a. Tu avances vite.
b. Alain et Séverine sortent de la séance enthousiasmés.
c. Les animaux du zoo appartiennent parfois à des espèces en voie d'extinction.
d. Patrick et moi allons à la patinoire.
e. Une des plus grandes joies de Timothée a été son voyage au Kenya.

4 Complète les phrases avec le ou les sujets qui conviennent. Il y a parfois plusieurs choix possibles.

a. La piscine est-… profonde ?
b. La nuit, … sont souvent écrasés par les voitures.
c. Dans ce restaurant, … ne sont pas trop élevés.
d. … me protègent bien du soleil.
e. … a besoin de la banquise pour survivre.

L'accord du sujet et du verbe

5 Recopie les phrases en conjuguant les verbes au présent.

a. Quand (*commander*)-tu ce livre ?
b. Vous (*fournir*) de réels efforts.
c. Olivier et Nicolas (*partir*) en randonnée à l'aube.
d. Les promesses d'un travail (*attirer*) les jeunes.
e. Les éclairages de cette avenue (*être*) exceptionnels.

6 Recopie les phrases en les complétant avec un verbe de ton choix.

a. L'aventurier … un site inconnu.
b. L'orage …. car les éclairs remplissent le ciel.
c. Les arbres fruitiers … beaucoup de fruits cette année.
d. Sur ce lac, des cygnes … .
e. Nous … le monument que vous allez visiter.

Les compléments d'objet direct et indirect

7 Recopie les phrases en les complétant avec l'un des groupes nominaux COD suivants : *une poésie – la radio – votre achat – du pain – l'autobus*.

a. Il écoute … .
b. Les collégiens attendent … .
c. Les élèves récitent … .
d. Malo lance … aux canards.
e. Vous oubliez … à la caisse.

8 Recopie les phrases en les complétant avec l'un des groupes nominaux COI suivants : *aux enfants – de ton arrivée – de mon chapeau – de sa voisine de classe – à son maître*.

a. Ma sœur se plaint … .
b. Ces informations ne s'adressent pas … .
c. Je n'ai pas été prévenu … .
d. Le chien obéit … .
e. Pourquoi te moques-tu … ?

9 Recopie les phrases en les complétant avec un groupe nominal COD ou COI de ton choix.

a. Maman prépare … pour mes camarades.
b. Grand-mère raconte une histoire … .
c. Les élèves font une bonne réponse … .
d. Le libraire commande … pour les collégiens.
e. Elle accompagne … à sa leçon d'équitation.

10 Recopie les verbes en les classant en deux colonnes : *verbes suivis uniquement de COD* **et** *verbes suivis uniquement de COI*.

se moquer – répondre – boire – prendre – s'adresser – discuter – finir – trouver – rire – rêver – plaire – accomplir.

Les pronoms personnels

11 **Écris les noms remplacés par les pronoms personnels en gras.**

a. Ce jeune garçon commence à marcher. **Il** n'a pas une démarche assurée.
b. Je demande à mes parents si je peux m'acheter un jeu. Je **leur** précise qu'il s'agit d'un jeu de stratégie.
c. Cette année, nous sommes partis à la montagne. Chaque matin, nous **la** regardons avec admiration de notre fenêtre.
d. Ma sœur est plus âgée que moi mais je **lui** prête souvent mes affaires scolaires.
e. Tu imagines un décor pour la pièce de théâtre et tu **le** représentes sous la forme d'une maquette.

12 **Recopie les pronoms personnels en gras, puis précise s'ils sont complément d'objet ou sujet.**

Eliot a fait un drôle de rêve cette nuit. **Il** traversait les murs et personne ne **le** voyait. **Il** essayait de parler à ses parents mais **ils** ne le remarquaient pas. Cependant, **il** gesticulait en tous sens et agaçait le chat qui fuyait devant **lui**. Les parents grondaient le chat qui miaulait sans raison et **ils** finissaient par le sortir dans le jardin. Lorsqu'Eliot **m'**a raconté ce rêve, **il m'**a confié qu'**il** aurait bien aimé que ce soit la réalité.

Les compléments circonstanciels

13 **Recopie les groupes de mots en gras puis indique s'il s'agit d'un complément circonstanciel de lieu, de temps ou de manière.**

a. **Dans le ciel**, la lune brille intensément.
b. **Au lever du jour**, les animaux s'abreuvent **dans le ruisseau**.
c. Le magicien effectue ses tours **avec beaucoup d'adresse**.
d. **L'été**, les touristes affluent **dans le sud de la France**.
e. **Dans deux jours**, c'est mon anniversaire.

14 **Recopie les groupes de mots en gras puis indique s'il s'agit d'un complément circonstanciel de lieu, de temps ou de manière.**

a. L'artiste peintre est installé **face à la mer**.
b. **Dans quelques jours**, je rentre **au collège**.
c. Cet oiseau migrateur vole **plusieurs semaines** et **sans s'arrêter**.
d. **Dans cette boulangerie**, il n'y a plus de pain **après 16 heures**.
e. L'agent secret place **discrètement** un micro **sous la chaise**.

15 **Recopie les phrases puis indique la fonction de chaque groupe de mots soulignés** : *sujet, COD, COI ou complément circonstanciel.*

a. Dans l'air, flotte une odeur de muguet.
b. Un gros nuage noir encombre le ciel.
c. Sur le circuit, des voitures de course s'affrontent.
d. Au mois de juin, l'équipe locale rencontre l'équipe départementale.
e. Elle écrit souvent à ses grands-parents.

Les adverbes

16 **Écris l'adverbe correspondant à chaque définition (attention, il y a deux intrus)** : *ici, bien, parfois, maintenant, gentiment, largement, trop.*

a. Exprime une quantité excessive.
b. Signifie qu'on agit au moment où l'on parle.
c. Adverbe formé à partir de l'adjectif gentil.
d. Indique un lieu.
e. Se dit de quelque chose qui se fait quelquefois.

17 **Recopie les phrases en ajoutant un adverbe de ton choix après les mots en gras.**

a. L'homme **s'arrête** pour contempler le coucher de soleil puis **reprend** sa marche.
b. Les vacances m'ont semblé **courtes** cette année.
c. Il a **vraiment** travaillé son solfège.
d. Grand-père me raconte l'histoire de sa vie quand il était **jeune**.
e. Vous avez **beaucoup** de timbres.

Les verbes d'état, les verbes d'action, l'attribut du sujet

18 **Recopie chaque phrase, souligne les verbes puis indique s'il s'agit de verbes d'état ou de verbes d'action.**

a. Ils paraissent heureux quand ils chantent.
b. Vous trouvez qu'ils sont paresseux ?
c. Le jour de la kermesse, les enfants s'amusent et les parents discutent.
d. À la piscine, je ne reste pas sur le bord, je nage sans m'arrêter.
e. Pour cette fête, nous resterons une heure et nous rentrerons.

19 **Récris les phrases avec les sujets proposés ; accorde les verbes et les adjectifs quand c'est nécessaire.**

a. Tu es un artiste célèbre. Ils … .
b. Les enfants semblent joyeux. Elle … .
c. La grenouille reste immobile. Elles … .
d. Le conte est invraisemblable. Les contes … .
e. Cette voiture a l'air neuve. Ces voitures … .

20 **Recopie les phrases, souligne les verbes puis indique pour chaque mot ou groupe de mots en gras s'il s'agit d'un COD ou d'un attribut du sujet.**

a. Cette femme restait **discrète**.
b. L'herbe envahissait **le jardin**.
c. Tous ces gestes sont **amicaux**.
d. Une sorcière terrorisait **les habitants**.
e. La route semble **longue**.

Les noms

21 **Trouve le mot qui se cache sous la devinette.**

a. Je suis un nom commun féminin.
Je désigne un lieu d'habitation.
Poules et canards se promènent dans ma cour.
Je suis … .
b. Je suis un nom propre. Je suis un personnage féminin d'un conte. Je rencontre sept nains.
Je suis … .
c. Je suis un nom commun masculin.
Je désigne une grande étendue de sable brûlant.
Je suis … .
d. Je suis un nom propre. Je suis un immense océan qui borde les côtes brésiliennes.
Je suis … .
e. Je suis un nom commun. Je désigne un sport.
On y joue avec une grande raquette et une balle, sur un terrain séparé en deux par un filet.
Je suis … .

22 **Recopie le texte en le complétant avec des noms communs de ton choix.**

J'aime les champignons comme les … . Mon … dit souvent qu'il faut éviter de cueillir des … dans les bois. Le … nous a bien informés des dangers. Il a pris son … dans une vitrine et nous a montré tous ceux qui sont mortels. Ma … a ensuite pris cette décision : demain, personne n'ira ramasser des … en … .

Les déterminants et les adjectifs qualificatifs

23 **Relève les adjectifs possessifs et démonstratifs.**

a. Cet élève parle trop fort.
b. Ton chien court après sa balle.
c. J'hésite à acheter ce jeu.
d. Chaque jour tu te couches à huit heures.
e. Ces monuments m'impressionnent.

24 **Recopie les phrases et complète-les avec un déterminant lorsque c'est nécessaire.**

a. Plus tard, je serai … pompier.
b. … animaux vivent en … liberté.
c. … poules picorent … graines.
d. Vous jonglez avec … maladresse.
e. Tu as habité rue Coquelet : c'est … ancienne adresse.

25 **Recopie chaque phrase en la complétant avec l'un des adjectifs suivants** : *vives – poussiéreux – électroniques – superbe – filantes*.

a. Les jouets … ont remplacé les jeux en bois.
b. Nous avons admiré un … coucher de soleil.
c. Le coffre … contenait une carte aux trésors.
d. Les étoiles … sont souvent bien visibles l'été.
e. Dans ce magasin, des couleurs … égaient les murs.

L'accord dans le groupe nominal

26 **Recopie les phrases en accordant les mots entre parenthèses lorsque c'est nécessaire. Indique si ce sont des adjectifs qualificatifs ou des adverbes.**

a. Il a stoppé (*net*) devant le chevreuil.
b. Les photographies exposées sont très (*net*).
c. Ces hommes sont (*fort*).
d. Elle est (*fort*) contente des résultats.
e. Les (*grand*) terrains ne me conviennent pas.
f. Il voit (*grand*) pour l'avenir de son fils.

27 **Récris les phrases en remplaçant les groupes nominaux soulignés par un autre groupe nominal de ton choix.**

a. <u>L'homme</u> arrêta <u>sa voiture</u> près du monument.
b. <u>Un long imperméable</u> était accroché au portemanteau.
c. <u>L'étoile</u> brille dans le ciel.
d. <u>Ces marchandises</u> sont des denrées fragiles.
e. J'aime donner des graines <u>aux nombreux oiseaux</u> sur la place.

Le complément du nom

28 Récris chaque phrase en la complétant avec l'un des mots suivants : *cacao – roulettes – jouets – garde – cuir.*

a. J'ai l'intention d'acheter un cartable à … .
b. Dans cette ville, de nombreux habitants travaillent dans une usine de … .
c. La vitrine du magasin présente des vestes en … .
d. Ce chien de … est un doberman.
e. Les graines de … donnent de beaux fruits à maturité.

29 Récris chaque phrase en lui donnant un nouveau sens : pour cela change les prépositions.

a. Il joue avec son chien.
b. La serveuse ramasse les miettes sous la table.
c. Claire se promène sans son amie.
d. Tu as mis ton mouchoir hors de ta poche.
e. Maman pose un tapis devant la porte.

La proposition relative

30 En t'aidant du dictionnaire, rédige une définition comportant une proposition relative pour chacun des mots suivants : *vipère – koala – baleine – pingouin – boa.*

Exemple : *kangourou : animal de la famille des Marsupiaux qui possède une poche sur le ventre.*

31 Récris chaque phrase en remplaçant l'adjectif qualificatif en gras par une proposition relative de même sens.

a. Cet adolescent **fiévreux** est alité depuis plusieurs jours.
b. Nous recherchons les lieux **ombragés**.
c. Il faut se séparer des objets **inutiles**.
d. Les volatiles **apeurés** s'envolent brusquement.
e. Le soldat **courageux** a été blessé au combat.

La nature et la fonction du mot

32 Indique la nature de chaque mot en gras.

Dans **cet aquarium** d'eau de mer, **les** couleurs sont magnifiques. Les poissons ont *des reflets bleus, verts, rouges et jaunes*. Les plantes ont **également** *d'éclatantes nuances*. Observer **ce** milieu marin en réduction **est** *apaisant*. Cela peut **nous** entraîner dans des rêveries sur le thème de la planète *à sauvegarder*.

Indique ensuite la fonction des groupes de mots en italique.

La phrase

33 Indique le nombre de phrases que contient chaque série.

a. Elle ricanait. Son amie ne se vexait pas mais ne manquait pas de la taquiner aussi.
b. Dans cette demeure, les propriétaires ont aménagé un espace pour les oiseaux.
c. Mon oncle a décidé de cultiver des tomates rondes. Il espère en récolter plusieurs kilos qu'il vendra ensuite sur le marché.
d. La douceur de la température me convient parfaitement ; donc je me baigne, je me sèche sur la plage et je rentrerai en fin de journée.
e. Le parasol me protège du soleil et du vent.

34 Écris pour chaque affirmation si elle est vraie ou fausse.

a. Nous naviguons depuis plusieurs heures.
C'est une phrase simple.
b. La silhouette que tu distingues au loin est celle de ma mère.
C'est une phrase complexe.
c. Quand tu rentres en retard, tes parents te grondent.
C'est une phrase simple.
d. Sortira-t-elle ou restera-t-elle chez elle ?
C'est une phrase simple.
e. Elle est décidée, elle ne reviendra plus et elle ne le regrettera sûrement pas.
C'est une phrase complexe.

35 Complète ces dialogues en associant chaque phrase de la série 1 à la phrase de la série 2 qui convient.

Série 1 : a. Que cette petite fille est jolie !
b. Je n'aime pas le café.
c. Ne la partage pas en quatre.
d. Invite-le ce soir.
e. Que va-t-il penser de toi ?

Série 2 : 1. propose ma mère.
2. dit Théo en buvant.
3. s'exclame ma tante en voyant ma petite sœur.
4. s'interroge mon père.
5. interrompt ma cousine en apercevant mon couteau.

36 **Récris chaque série en formant des phrases complexes.**

a. La souris se faufile … .
b. Tu viendras me rendre visite … .
c. Dans quelques jours, tu pars … .
d. Si nous rencontrons l'équipe départementale, … .
e. Aujourd'hui, mon cartable est très lourd … .

37 **Construis un tableau en quatre colonnes** : *phrase interrogative affirmative, phrase interrogative négative, phrase injonctive affirmative, phrase injonctive négative.* **Classe les phrases dans le tableau en indiquant leur lettre.**

a. Court-elle vite ?
b. Ne viens pas !
c. Attrape ce ballon !
d. Ne crois-tu pas qu'il s'agit d'une fausse pièce ?
e. En quoi puis-je vous être utile ?
f. Quelle décision a-t-elle prise ?
g. N'avance pas plus loin !
h. Ne vois-tu pas qu'il te cache quelque chose ?

38 **Invente une phrase à la forme négative avec chacune des négations proposées** : *ne… pas – ne… jamais – ne… plus – ne… rien – ne… guère.*

Les propositions juxtaposées et coordonnées

39 **Recopie chaque phrase, souligne les propositions puis entoure celle dont l'action se déroule en premier.**

a. Tu as mal aux dents donc tu es allé chez le dentiste.
b. On va refaire ce toit car il a été abîmé par la tempête.
c. Il ne sait pas ce qu'il fait donc vous lui pardonnerez.
d. Elle a souri car vous êtes drôle.
e. Il ignore tout du résultat donc il s'informe.

40 **Récris chaque phrase en remplaçant** *donc* **par** *car.* **Attention ! Les deux propositions doivent être inversées.**

Exemple : *Je suis tombé donc j'ai mal.* → *J'ai mal car je suis tombé.*

a. J'ai dormi **donc** je suis reposé.
b. Vous voyagez beaucoup **donc** vous connaissez beaucoup de choses.
c. Sylvaine a bien arrosé la terre **donc** les plantes sont en fleurs.
d. Le commerçant est aimable **donc** la clientèle est satisfaite.
e. Tu as pris ton parapluie **donc** tu n'es pas mouillé.

41 **Associe chaque début de phrase de la série 1 à la fin de phrase de la série 2 qui lui correspond.**

Série 1 : Il voulait rentrer, … – Timothée s'est couché tôt … – Tiphaine viendra en voiture … – Je te téléphonerai dès mon arrivée … – Ton père t'attendra à la sortie … .

Série 2 : si tu es à l'heure. – sinon tu seras inquiète. – ou elle prendra le train. – mais la porte était fermée à clef. – car demain il part au lever du jour.

42 **Récris chaque série en remplaçant les deux phrases simples par deux propositions coordonnées.**

a. Elle réfléchit. Elle ne trouve pas.
b. Vous partez en vacances. Vous restez là.
c. Les hommes ne craignent pas les dauphins. Ils s'en approchent.
d. Cette chanson m'obsède. Je ne l'ai entendue qu'une fois.

43 **Indique pour chaque proposition soulignée si elle est coordonnée ou juxtaposée.**

a. Tu es sorti mais tu n'avais pas l'autorisation.
b. Vous êtes convaincu ou vous êtes sceptique.
c. Les enfants jouent au ballon ; ils l'envoient dans le jardin du voisin.
d. Céline malaxe la pâte et la fait cuire.
e. C'est promis, il viendra le voir pendant ses vacances.

44 **Récris chaque phrase en la complétant par une proposition de ton choix. Puis entoure la conjonction de coordination.**

a. … mais tu m'aides.
b. … et tu réussis bien à l'école.
c. … car le froid est vif ce matin.
d. … ou vous pensez partir en vacances.
e. … et les oiseaux migrent vers des pays plus chauds.

CONJUGAISON

Je comprends

Lis ces phrases et réponds aux questions.

1 **a.** Hier, les élèves ont observé des documents sur le Moyen Âge.
b. En ce moment, ils préparent une exposition sur cette période historique.
c. À la fin de la semaine, leurs parents viendront la voir.

Dans quelle phrase l'action se situe-t-elle au présent ? Au passé ? Au futur ? Quels sont les mots ou groupes de mots qui indiquent quand s'est déroulée l'action ?

Indique si les actions de ces phrases se déroulent au passé, au présent ou au futur.
Dimanche prochain, vous emménagerez dans votre nouvelle maison. – La semaine dernière, la banque était fermée. – Ce matin, le soleil brille. – Le magasin a ouvert ses portes le mois dernier. – Le week-end prochain, Julie participera à un concours de danse.

2 Le renard saute sur sa proie. Il l'a repérée et guettée. Ses petits se régaleront.

Qu'est-ce que le renard a fait en premier ? Et ensuite ? Comment le sais-tu ? Dans chaque phrase, ajoute un mot qui indique le moment de l'action.

Indique pour chaque phrase si les verbes sont conjugués au passé, au présent ou au futur. Ajoute un mot qui indique le temps de l'action.
L'avion traversera des nuages. – Je déteste le papier peint de ma chambre. – Le marteau piqueur a fait un trou dans le trottoir. – Les rayons de notre bibliothèque seront remplis de livres. – Il a oublié la liste des courses sur la table. – Il dévore son goûter.

J'apprends

- Le **verbe conjugué** permet de situer les actions dans le temps.
  *La voiture **a ralenti** (passé). Elle **s'arrête** (présent) au feu rouge. Elle **redémarrera** (futur) au feu vert.*

- Dans une phrase, les **indicateurs de temps** permettent aussi de savoir si les actions se déroulent dans le **passé**, dans le **présent** ou dans le **futur**. Les indicateurs de temps sont des mots comme : *hier, avant, maintenant, tout de suite, plus tard…*
  ***Hier**, j'ai appris ma poésie. **Ce matin**, je la relis. **Tout à l'heure**, je la réciterai devant mes camarades.*

CONJUGAISON

Je m'entraîne

1 * Recopie chaque histoire (*a* et *b*) en la remettant dans l'ordre chronologique où elle s'est déroulée. Indique après chaque phrase si l'action est au passé, au présent ou au futur.

a. La semaine prochaine nous nous entraînerons tous les jours. L'entraîneur nous a remis nos licences. Maintenant, nous pouvons jouer.
b. Au dessert, ils auront de la mousse au chocolat. Il est midi, nos invités s'installent à table. Ce matin, maman a cuisiné un rôti de veau. Ensuite, ils prendront un café.

2 * Recopie les phrases. Souligne en bleu celles dont l'action se situe au passé et en vert celles dont l'action se situe au futur.

a. Mon frère sera très fatigué ce soir. Il court actuellement le marathon de Paris. Il s'est beaucoup entraîné avant la course.
b. Le colleur d'affiches a encollé le mur. Il pose l'affiche et la déroule avec son balai. Il recommencera tout à l'heure sur un autre mur.
c. Les pompiers évacuent les habitants de la maison. Ils seront relogés dans un hôtel. L'incendie s'est déclaré il y a deux heures.

3 * Recopie les phrases dont l'action se situe au présent.

a. Hier, ma sœur a appris les gestes fondamentaux de secourisme. Aujourd'hui, elle s'entraîne sur moi. Elle me bande la cheville.
b. Tout à l'heure, le spéléologue est arrivé dans la grotte. Il braque maintenant sa lampe sur les parois.
c. Mon grand-père est arrivé avant midi. Il déjeune avec nous. Après le repas, il fera une sieste.
d. Peu à peu, les nuages se sont amoncelés. Le ciel est tout noir. Il pleuvra bientôt.

4 ** Recopie les phrases en les classant selon leur temps (passé, présent ou futur). Puis souligne les verbes.

Nous déjeunerons à six heures. – Tu bois un thé glacé. – Le train entrera en gare avec du retard. – Elle achète du pain bio. – Elle a oublié ses clés de voiture. – Il a repeint son vélo. – Vous découvrirez un nouveau personnage.

5 * Recopie chaque phrase en ajoutant un indicateur de temps et souligne le verbe.**

a. … l'hélicoptère a décollé, … il survole la forêt à la recherche de l'enfant égaré.
b. … ma grand-mère me racontera des contes.
c. … le vent a beaucoup soufflé, … il se calme.
d. … les écoliers parisiens seront en vacances.
e. … tu achèteras le dernier CD de ta chanteuse préférée.

Je lis

6 Lis ce texte puis recopie les phrases soulignées en indiquant si l'action se déroule au présent, au passé ou au futur.

C'est la dernière nuit que Vanessa, ses parents et son chat passent à Tigali, en Algérie.

<u>Vanessa s'est endormie</u>. <u>Le chat ne cesse de tourner dans sa cage</u>. Sonia a posé sa tête sur mon épaule et ses pensées sont parallèles aux miennes… Les souvenirs filent dans le noir, la plage minuscule près de Béjaia, les balades dans la montagne des Singes, les virées à Bou-Saada, aux portes du Mzab…

La nuit avance au rythme des bruits qui la peuplent, les plaintes des chacals sont déjà loin, plus loin que le braiement des ânes. <u>Bientôt les coqs réveilleront le muezzin qui appellera les habitants de Tigali à la prière et au travail</u>.

Didier Daeninckx, *Le Chat de Tigali*, © Syros jeunesse.

J'écris

7 Observe l'illustration. Où se déroule la scène ? À quel moment ? Que font les personnages ? Raconte ce qui s'est passé avant et ce qui va se passer à l'arrivée du maître.

Je comprends

Lis ces phrases et réponds aux questions.

1 « Je viendrai à la sortie de l'école, et nous irons faire des courses », dit maman à Tom et Léo.

Qui est désigné par les **pronoms personnels** à la première personne : *je* et *nous* ?

Complète avec un pronom personnel à la première personne du singulier ou du pluriel.
Laura écrit : … suis bien arrivée. Élodie, Sarah et moi, … sommes ensemble.

2 « Vous ne prendrez pas le bus ce soir. Toi, Yann, tu n'iras pas chez John. »

Qui est désigné par les pronoms personnels à la deuxième personne : *vous* et *tu* ?

Indique si les pronoms personnels sont à la deuxième personne du singulier ou du pluriel.
« Ton copain et toi, Alan, vous bavardez trop. » dit la maîtresse. – « Vous avez perdu votre portemonnaie » dit Anna à la vieille dame. – « Tu cours trop vite ! » dit Noémie à son frère.

3 « Sophie viendra aussi. Elle nous rejoindra avec une amie. Elles quittent le collège seulement à 18 heures. On se retrouvera au supermarché. »

À qui renvoient les pronoms personnels à la troisième personne : *elle* et *elles* ? Combien de personnes sont désignées par *elle* ? Par *elles* ? Quels pronoms personnels seraient employés si on parlait de *Yann* et *son ami* ? Par quel pronom personnel pourrait-on remplacer *on* ?

Complète avec un pronom à la troisième personne du singulier ou du pluriel :
As-tu vu les gendarmes ? … contrôlent. – La fillette a froid, … grelotte. – Les nageuses plongent, … nagent vite. – Le président arrive, … prend la parole.

J'apprends

Le **pronom personnel** remplace le **nom**. Il permet de désigner, sans la nommer, la personne qui parle, la personne à qui l'on parle ou la personne (ou la chose) dont on parle.

Personne désignée	Pronom personnel
celui ou celle qui parle ceux ou celles qui parlent	**je** (1re personne du singulier) **nous** (1re personne du pluriel)
celui ou celle à qui l'on parle ceux ou celles à qui l'on parle	**tu** (2e personne du singulier) **vous** (2e personne du pluriel)
celui, celle ou ce dont on parle ceux, celles ou les choses dont on parle	**il**, **elle** (3e personne du singulier) **ils**, **elles** (3e personne du pluriel)

⚠ **Vous** peut désigner aussi la 2e personne du singulier, lorsque l'on s'adresse à une personne que l'on connaît peu.

On, pronom de la **3e personne du singulier**, peut parfois être employé à la place de **nous**.
***On** va à la piscine cet après-midi.*

Je m'entraîne

1 * Recopie chaque groupe nominal (*a*) en l'associant au pronom personnel qui lui correspond (*b*).

a. Les spectateurs – Mes parents et moi – Ton frère et toi – Toi et moi – Léa et Mathilde – Sarah.
b. elle – nous – vous – ils – on – elles.

2 * Recopie les pronoms soulignés de chaque phrase et écris les noms des personnes qu'ils désignent.

a. « Nous courons ? », dit Laurent à ses amis.
b. « Où étiez-vous cachés, José et toi ? » demande Pierre à Romain.
c. « Laurent, sa mère et moi, nous allons à la piscine le mercredi, on s'amuse bien », dit Anne à Line.
d. « Vous reprendrez bien un peu de café, je vais en refaire », dit Mme Lemoine à sa voisine.
e. « Tu vas chez le coiffeur ? » demande Anne à Lisa.

3 * Recopie les phrases en les classant en deux colonnes suivant la personne désignée par le pronom souligné : personnes du singulier et personnes du pluriel.

Vous faites des progrès. – Ils exposent leurs toiles dans une galerie. – Tu fêteras ton anniversaire dans trois jours. – J'ai bien fait de vous parler de mon problème. – Nous apprenons à utiliser un logiciel. – La navette est prête, elle décollera dans trois jours.

4 ** Recopie et complète chaque phrase avec le pronom personnel qui convient.

a. Les écureuils aiment les noisettes. … les emportent dans leur cachette.
b. L'oiseau est tombé du nid, … appelle sa mère.
c. Les hirondelles se rassemblent, … vont partir.
d. La lune éclaire le paysage, … est presque ronde.
e. Les chasseurs sont assis à la lisière de la forêt, … attendent le passage du gibier.

5 ** Recopie le pronom personnel de chaque phrase et indique sa personne.

a. Fatigué, il se laisse tomber dans son fauteuil.
b. Nous préparons le carnaval.
c. Je ferme les volets roulants tous les soirs.
d. Avec cette pluie, elles hésitent à sortir.
e. Vous filmez votre fils sur son vélo.
f. Tu es toujours le dernier pour mettre la table.
g. Elle range ses affaires méticuleusement.

6 * Recopie les pronoms soulignés et écris le nom de la personne qu'ils désignent.**

Lucas et Émilie sortent de la classe. Ils bavardent :
– Papa et moi, hier, nous sommes allés à la cafétéria du supermarché, dit Lucas à Émilie.
– J'y suis allée plusieurs fois déjà avec mon grand frère, répond-elle. On a adoré les glaces.
– Ce que j'ai préféré, c'est le hamburger. Vous en avez mangé aussi ? demande-t-il.
– Non. Vous aimeriez un jour venir avec nous ? Tu pourrais demander à ton père. Ce serait bien qu'il accepte.
Lucas n'a pas le temps de répondre, ils sont arrivés dans la cour et déjà plusieurs de ses copains se précipitent :
– Nous voulons jouer aux billes, lui disent-ils.

Je lis

7 Lis ce texte et indique qui est désigné par chaque pronom souligné.

Ludovic et sa copine Lou arrivent chez un savant. Ils veulent lui confier un chat.

Un gros bonhomme sort de la maison.
– Que voulez-vous ? demande-t-il avec un drôle d'accent étranger.
– Nous venions voir le savant, réplique Lou.
– Le professeur part en voyage. Vous voyez bien. On ne peut pas le réveiller.
– Nous voulions juste lui donner un petit chat, insiste Lou, en montrant la boîte avec le minet.
L'homme a un sourire :
– C'est très gentil, ça ! Je le donnerai au professeur quand il sera réveillé.
– Il s'appelle Loulou, dit Ludovic en rougissant.

Michel Piquemal, *Un chaton dans la souricière*,
© Syros Jeunesse.

J'écris

8 Tu es avec tes camarades dans la cour de récréation. Vous ne savez pas à quoi jouer. Soudain, tu as une idée : tu leur proposes un jeu et tu l'organises en disant à chacun ce qu'il fera.
Choisis le jeu et rédige ce que tu leur dis en essayant d'employer les pronoms des différentes personnes.

Je comprends

Lis ces phrases et réponds aux questions.

1 **a.** Ce film passera prochainement à la télévision.
b. Julien a passé toute la journée au lit.
c. La matinée passe vite.

Dans quelle phrase l'action se situe-t-elle au passé ? Au présent ? Au futur ? Quels mots te permettent de répondre ? Pourquoi le verbe change-t-il ? À quels temps est-il conjugué ?

Relève les verbes et complète les phrases.
Tu allumes et tu souffles les bougies. Hier, tu … . Demain, tu … .
Nous finissons notre travail. Hier, nous … . Demain, nous … .

2 **a.** Ce couteau coupe bien.
b. Tu coupes du pain.
c. Pour aller plus vite, nous coupons à travers champs.

Quel mot de la phrase change avec la personne ? Ce changement s'entend-il toujours ? À quelles personnes est conjugué le verbe ?

Relève les verbes et complète les phrases.
Tu habites au rez-de-chaussée. Nous … . Il … . / Il va en forêt. Vous … . Je … . / J'escalade le rocher. Nous … . Ils … .

3 **a.** Mes deux frères entrent en 6e.
b. Nous entrons en classe en silence.
c. La clé entrait dans la serrure avec difficulté.

Quelle partie est commune aux différentes formes du verbe conjugué ? Quelles sont les terminaisons ?

Relève le radical et indique la terminaison de chaque verbe en gras.
Il **court** vite mais nous **courons** plus vite que lui. – Tu **jouais** au ballon pendant que nous **jouions** aux billes. – Tu **partiras** le premier, vous **partirez** cinq minutes plus tard.

J'apprends

- Le verbe change suivant **le temps** auquel il est conjugué :
  il court (présent) → *il a couru* (passé composé) → *il courait* (imparfait) → *il courra* (futur).
- Le verbe change suivant **la personne** à laquelle il est conjugué :
  je *chant**e*** → ***vous*** *chant**ez*** ; ***il*** *parl**ait*** → ***nous*** *parl**ions*** ; *tu jou**eras*** → *ils jou**eront***.
- Le verbe se compose d'un **radical** et d'une **terminaison** :
  Je descend [s], *nous descend* [ons], *tu descend* [ais], *il descend* [ra].
  (radical) (radical) (radical) (radical)

Je m'entraîne

1 * Recopie ensemble les phrases qui ont le même verbe conjugué. Souligne les verbes.

Il attrape une souris. – Vous avez choisi une glace à la fraise. – Ils ont admiré le ciel. – Nous aurons très faim. – Je parlerai à ma sœur. – Nous avons de la chance. – Vous choisissez bien. – Il a attrapé la grippe. – Je parle trop. – J'ai parlé fort. – Ils admireront le spectacle. – Il attrapera le ballon. – Tu admireras le paysage. – Nous avons eu chaud. – Vous choisirez un livre.

2 * Recopie ensemble les phrases qui ont le même verbe conjugué. Souligne les verbes.

Les touristes quittent leur hôtel. – Tu bois un verre de lait. – Nous quittons le village. – Elle va à la patinoire. – Nous buvons ses paroles. – Vous allez bien. – Grand-mère boit beaucoup d'eau. – Ils vont chez le médecin. – Je quitte l'école.

3 * Recopie et complète chaque phrase avec le verbe au temps qui convient.

a. En ce moment, il … sur le quai de la gare. Mercredi dernier, elle … toute la journée. (*a attendu – attend*)
b. Tout à l'heure, je … les couches de mon petit frère. Hier j'… de place. (*ai changé – changerai*)
c. L'année dernière, vous … en classe de neige. Cette année, vous … en classe de mer. (*êtes partis – partirez*)
d. Quand tu reviendras de la forêt, tu … ton VTT. Toutes les semaines, tu … ta voiture. (*laves – laveras*)
e. Hier, on … une poésie. Aujourd'hui, on … un chant. (*a appris – apprend*)

4 * Recopie et complète chaque phrase avec le verbe à la personne qui convient. Souligne le radical et la terminaison des verbes.

a. Nous … d'aller au cinéma. Je … d'aller me promener seule. (*décide – décidons*)
b. Vous … une nouvelle policière. Nous … avec un stylo plume. (*écrivez – écrivons*)
c. Le navigateur … le tour du monde. Elles … une tarte. (*feront – fera*)
d. Le cheval … la haie. Nous … tous les obstacles. (*franchira – franchirons*)
e. Les oiseaux migrateurs … . Nous … aujourd'hui. (*repartons – repartent*)

5 ** Recopie le (ou les) verbe(s) de chaque phrase.

Nous arrivons devant la porte, nous appuyons sur la sonnette et nous rentrons. – Les athlètes remporteront des médailles, les entraîneurs seront contents. – Aux dernières nouvelles, les gendarmes ont arrêté le voleur. – Cet éleveur nourrit les poulets avec du maïs. – Je ferme la porte, je descends les escaliers en trombe et je cours vers la station de métro. – Le chien rassemble le troupeau, il court autour des moutons.

6 * Recopie le verbe de chaque phrase, puis récris la phrase en remplaçant le verbe par un synonyme.**

Nous finirons l'année par une journée de kermesse. – Vous demeurez en ville. – Le muguet a embaumé le salon. – À ce jeu, tous les gagnants empochent une grosse somme. – L'hiver, tu grelottais de froid sous ta couette. – Le boucher tranche la viande. – Le joueur de foot met ses chaussettes. – Mon voisin de table remue sans arrêt.

Je lis

7 Lis ce texte et recopie tous les verbes.

Sarah a une amie, Elsa, qu'elle appelle Za.

Za, elle, est vraiment fille unique. Elle vit seule avec sa mère dans une petite maison que j'adore, juste à côté de chez moi, dans une rue minuscule. Sa mère, Aline, travaille chez elle. Elle est toute la journée sur son ordinateur et, parfois, quand le travail presse trop, elle y passe même la nuit. Elle est super, sa mère, toujours disponible pour nous. Depuis la naissance d'Elsa, elles vivent là. La maison est calme et ouverte aux amis, aux voisins : Aline aime qu'on la dérange un peu, c'est sa façon de faire une petite pause.

Claire Nadaud, *Avis de tempête*, © Syros jeunesse.

J'écris

8 Comme Sarah dans le texte précédent, présente ton meilleur ami ou ta meilleure amie : *où il (elle) habite, ce que font ses parents, ce que tu aimes faire avec lui (elle)…*

Je comprends

Lis ces phrases et réponds aux questions.

1 Alexandre monte sur le plongeoir ; avant de sauter, il hésite. À leur tour, ses copains monteront, hésiteront aussi et sauteront.

Dans la première phrase, quels sont les verbes conjugués ? Quel est le verbe qui n'est pas conjugué ? Nomme les verbes conjugués en utilisant leur infinitif. À quel groupe appartiennent-ils ?

Trouve les verbes et donne leur infinitif.
Tu dégustes ta glace. – Le torrent dévale la montagne. – Il ferme son livre et le range. – Nous visitons une maison, nous l'achèterons peut-être. – Vous observez les abeilles.

2 **Fleurir** v. : produire des fleurs.
Sentir v. : connaître des choses par des sensations.

Sous quelle forme trouve-t-on les verbes dans un dictionnaire ? À quels groupes appartiennent les verbes *fleurir* et *sentir* ? Comment reconnais-tu les verbes du deuxième groupe ? À quel groupe appartiennent les verbes *connaître* et *produire* ?

Parmi ces verbes, lesquels sont du deuxième groupe ?
courir – agir – réfléchir – partir – atterrir – mentir – fournir.

3 **a.** Il a eu chaud mais dans la grotte, il aura froid.
b. Nous sommes fatigués et demain, nous le serons encore plus.
c. Je vais à l'école à vélo, vous irez en bus.

Quels sont les infinitifs des trois verbes de ces phrases ?

Trouve les verbes et donne leur infinitif.
Tu vas au gymnase et tu es en retard. – J'ai la moyenne à ce contrôle. – Vous avez du talent. – Il est content, il a eu son permis. – Ils vont à l'extérieur pour fumer.

J'apprends

Pour nommer un verbe, on utilise son **infinitif**. Dans le dictionnaire, les verbes sont écrits à l'infinitif.

Les verbes sont classés en **trois groupes** selon la terminaison de leur infinitif :
- les verbes du **1er groupe** ont leur infinitif qui se termine par **-er** : *parler, chanter, jouer*… ;
- les verbes du **2e groupe** ont leur infinitif qui se termine par **-ir**. Leur radical se termine par **-iss** à certaines personnes du présent ou de l'imparfait : *finir* → *nous finissons* ;
- tous les autres verbes sont des verbes du **3e groupe** :
  partir, boire, dire, faire, pouvoir, prendre, rendre, savoir, venir, voir, vouloir…

⚠ Le verbe **aller** est un verbe du 3e groupe.

Les verbes **être** et **avoir** sont employés comme **auxiliaires** dans les temps composés. Ils n'appartiennent à aucun groupe.

Je m'entraîne

1 * Recopie uniquement les verbes du 1er groupe.

entendre – rester – écrire – perdre – écouter – nommer – aller – occuper – compter – descendre – annoncer – refuser – tendre – battre – traverser – assister – soutenir – satisfaire.

2 * Recopie les verbes en les classant en deux colonnes : verbes du 2e groupe et verbes du 3e groupe.

pâlir – mourir – ouvrir – réussir – obéir – sortir – dormir – entretenir.

3 * Recopie chaque phrase dans la colonne qui convient : verbe *être*, verbe *avoir* et verbe *aller*.

Ils sont sages. – Vous serez polis. – J'ai soif. – Ils ont faim. – Je vais au musée. – Tu as du courage. – Tu vas à l'hôpital. – Tu es debout. – Ils vont bien. – Vous irez plus tard. – Vous aurez des enfants.

4 ** Relève les verbes, écris leur infinitif et leur groupe.

Si mes amis arrivent, je les recevrai sur la terrasse. – Ce spectacle demeure inoubliable. – Tu boiras du thé chaud. – Vous suivez nos conseils. – Quand tu fais une bêtise, tu rougis. – Le coureur accélère l'allure, il arrive avant les autres concurrents. – Elle ne voit plus bien clair, elle devient aveugle. – Ce cascadeur ignore la peur.

5 ** Relève les verbes conjugués et écris leur infinitif.

Dans cette grotte, des dessins d'animaux décorent les murs. – Le conducteur présente ses papiers au policier. – Tu as un superbe déguisement de pirate. – Tous les passagers ont mis leur ceinture de sécurité. – De nombreuses mouettes rieuses survolent la Seine. – Cette pierre rouge est un rubis. – Le maître recommence ses explications. – Vous viendrez à toutes les rencontres de tennis. – Les colibris ont un bec fin comme une aiguille.

6 * Trouve les verbes du 1er groupe dont voici la définition.**

Reproduire, faire comme quelqu'un. – Mettre en pile. – Enlever la poussière avec un balai. – S'installer dans un nouveau logement. – Rendre plus moderne. – Déplacer d'un endroit à un autre.

7 * Fais correspondre un verbe à chaque nom.**

Exemple : *la construction* → *construire.*

le sauvetage – l'agitation – la réunion – le respect – la prévention – la réflexion – l'installation – le dessin – le voyage – le travail – un remerciement.

8 * Relève les verbes conjugués, écris leur infinitif, puis écris à l'infinitif un verbe ayant le même sens. Tu peux t'aider du dictionnaire.**

Elle a égaré son portemonnaie. – Nous pénétrons dans le jardin. – Ils ont expédié un colis à leurs correspondants. – Léa a enlevé son bonnet. – Il a vaincu son adversaire.

Je lis

9 Lis ce texte et recopie les verbes à l'infinitif soulignés. Puis écris à quel groupe ils appartiennent.

<u>Entrouvrir</u> le rideau pour les petites hirondelles
<u>Laisser</u> un trou dans la fenêtre pour que les mouches puissent <u>partir</u>
<u>Abandonner</u> dix grains de riz pour laisser leur part aux souris
<u>Éteindre</u> la lampe à huile pour <u>sauver</u> la vie des phalènes

Su Dong-po, cité par Claude Roy dans *L'Ami qui venait de l'an mil*, © Gallimard.

J'écris

10 Écris un code du cycliste en t'aidant de l'illustration et en utilisant des verbes à l'infinitif.

Quand on est sur un vélo, il faut…

Je me souviens

— Dans une phrase, les **indicateurs de temps** et les **verbes** permettent de savoir si les actions se déroulent dans le **passé**, dans le **présent** ou dans le **futur**.
***Hier**, il a pris froid. **Aujourd'hui**, il tousse. **Demain**, il n'ira pas à la piscine.*

— Le verbe change suivant **le temps** auquel il est conjugué :
tu as dormi → tu dormais → tu dors → il dormira.

— On utilise des **pronoms personnels** différents selon la personne qui parle, la personne à qui l'on s'adresse ou la personne (ou la chose) dont on parle :

je (1re personne du singulier)	**nous** (1re personne du pluriel)
tu (2e personne du singulier)	**vous** (2e personne du pluriel)
il, elle, on (3e personne du singulier)	**ils, elles** (3e personne du pluriel)

— Le verbe change suivant **la personne** à laquelle il est conjugué :
***je** joue → **nous** jouons – **tu** parles → **vous** parlez – **il** danse → **ils** dansent – **elle** crie → **elles** crient.*

— Le verbe se compose d'un **radical** et d'une **terminaison** :
tu répond|s|, nous répond|ons|, tu répond|ais|, il répond|ra|.
radical radical radical radical

— Pour nommer un verbe, on utilise son **infinitif**.
Les verbes sont classés en **trois groupes** selon leur infinitif :

Verbes du 1er groupe -er	Verbes du 2e groupe -ir (radical en -iss)	Verbes du 3e groupe (tous les autres verbes)
parler, chanter	*finir → nous finissons*	*partir, boire, dire, aller…*

— Les verbes **être** et **avoir** sont employés comme **auxiliaires** dans les temps composés. Ils n'appartiennent à aucun groupe.

Je m'exerce

1 * Recopie les verbes soulignés et indique s'ils sont au passé, au présent ou au futur.

a. Cette nuit, elle a rêvé, elle s'est réveillée plusieurs fois et ce matin, elle somnole en classe.
b. Le pirate part à la recherche du trésor mais il ne le trouvera pas.
c. Ma cousine habite ce département depuis peu, j'irai la voir aux vacances prochaines.
d. Cet auteur a écrit beaucoup de romans historiques, il se lance désormais dans le roman policier.
e. Le président inaugurera le musée demain, il est arrivé hier en fin de soirée, il était en retard ; aujourd'hui, il passe la journée au salon du livre.

2 * Recopie et complète chaque phrase avec un indicateur de temps.

…, le téléphone a sonné. – …, nous aurons une interrogation écrite en Histoire. – …, il est l'heure de partir. – …, le temps s'améliorera. – …, je prenais souvent le métro.

3 * Relève les verbes conjugués et écris à quelle personne ils sont conjugués.

Ils ont suivi l'itinéraire-bis pour éviter les bouchons. – J'ai entendu du bruit dans le jardin. – Le cycliste se mit à l'abri. – Mes parents et moi montons dans le train. – Vous lavez la voiture. – Tu aimes aller au cinéma. – Mes copains et moi, on ne rate jamais le bus.

4 ** **Recopie et complète les phrases avec les pronoms personnels qui conviennent. Écris à quelle personne correspond chaque pronom personnel.**

a. « C'est une glace que … manges ? » demande Enzo à sa sœur. « … aimerais bien en avoir une aussi. »
b. Arthur et Adrien se précipitent sur le téléphone. … veulent parler à leur père tous les deux.
c. « … suis allée à Eurodisney avec mes grands-parents et en rentrant … sommes tombés en panne », raconte Margaux à Charlotte.
d. « Où allez-… si vite ? » demande maman à ses deux garçons. « … êtes bien pressés ! »

5 ** **Relève les verbes conjugués, écris leur infinitif et précise leur groupe.**

La première semaine de vacances, nous ferons des excursions à bicyclette. – Comme tous les ans, à la kermesse, nous vendons des billets de tombola. – Trois lustres de cristal éclairent le salon de ce château. – Les militaires établissent leur camp près de l'aéroport. – L'araignée tisse sa toile entre deux poutres. – Notre réfrigérateur ne refroidit plus.

6 ** **Recopie uniquement les verbes de chaque série.**

a. reculer – casser – verger – enlever – premier – habiter – résister – berger – achever – couler.
b. obéir – subir – cuir – franchir – haïr – fakir – nourrir – fuir – saisir.
c. boire – tiroir – voir – histoire – croire – savoir – falloir – couloir – vouloir.
d. prendre – entendre – rendre – cendre – foudre – vendre – coudre – fendre.

7 ** **Recopie les verbes conjugués en les classant en deux colonnes : conjugué avec *être* ou conjugué avec *avoir*.**

Nous serons fatigués. – Ils ont souvent raison. – Vous êtes sûrs de sa bonne foi ? – Tu as une angine. – Elles sont plus grandes que moi. – Mon frère a les yeux bleus. – Elle a eu son bac à 16 ans. – Le mur de la maison est en torchis.

8 *** **Écris l'infinitif des verbes soulignés. Vérifie dans le dictionnaire.**

Vous éteignez la lampe. – Léna découvre la vérité. – Ses parents lui achètent une console de jeux. – Cette plante meurt à la fin de l'automne. – Ici nous ne craignons rien.

9 *** **Écris une phrase contenant :**

a. un verbe du premier groupe conjugué à la première personne du pluriel.
b. un verbe du deuxième groupe conjugué à la troisième personne du singulier.
c. un verbe du troisième groupe conjugué à la deuxième personne du pluriel.

10 *** **Écris à l'infinitif les verbes dont voici les définitions. Précise leur groupe.**

a. Empêcher de respirer.
b. Mettre en contact avec de l'eau.
c. Donner à manger.
d. Ne pas dire la vérité.
e. Rendre rond.
f. Mettre ensemble des choses différentes.

11 *** **Recopie les phrases et souligne les verbes conjugués.**

Avant de se coucher, elle retire ses lunettes et les pose sur la table de nuit. – Pouvez-vous me citer trois fleuves de France ? – Nous prévenons les voyageurs que l'Eurostar aura du retard. – Lisa fait de l'équilibre sur sa chaise, elle risque de tomber. – Corentin a marqué un but, mais son équipe a perdu quand même.

12 *** **Trouve les verbes qui correspondent à ces noms. Écris leur infinitif et précise leur groupe. Tu peux t'aider du dictionnaire.**

choix – buveur – frisson – écriture – vente – construction – réponse – permission – peinture.

13 *** **Relève les verbes conjugués de ce texte, écris leur infinitif et précise leur groupe.**

Et me voilà encore dans le pré ; je fais sur la paille fraîche quelques jolies cabrioles ; j'aperçois un papillon blanc qui voltige dans un chaume. Je cours, je cours après, avec mes cheveux au vent… et paf ! me voilà encore dans le fossé du Puits à roues.

Oh ! Mes belles fleurs jaunes ! Elles étaient toujours là, fières, au milieu de l'eau. Je descends bien doucement, bien doucement sur le talus ; je place mes petons bien ras, bien ras de l'eau, j'envoie la main, je m'allonge, je m'étire tant que je peux… et patatras ! je tombe dans la vase jusqu'au derrière…

D'après **Frédéric Mistral**, *Mémoires et Récits*.

Je comprends

Lis ces phrases et réponds aux questions.

1 **a.** Je t'écris aujourd'hui pour te dire qu'il fait un temps épouvantable.
b. Je suis inquiet. Il pleut beaucoup et le niveau de la rivière monte.

Que se passe-t-il le jour de l'écriture de cette lettre ? Retrouve les verbes. À quel temps sont-ils conjugués ?

Relève les verbes conjugués au présent.
Hier mon chien a été opéré. Il dort maintenant dans son panier. De temps en temps, il ouvre les yeux et relève la tête. Il me regarde d'un air triste. Je le caresse doucement. Demain, il ira déjà mieux.

2 Hier, Léna a rencontré Loïc et Romain à la fête foraine. Ils lui ont demandé : « Nous **avons** trois tickets pour le train fantôme, tu **montes** avec nous ? ».

Dans ce récit au passé, pourquoi les verbes en gras sont-ils au présent ?

Relève les verbes conjugués au présent.
Léna est montée avec eux. Elle a eu un peu peur. Elle leur a demandé : « J'ai dix euros. Vous voulez une barbe à papa ? » Les garçons ont répondu : « Nous préférons une glace. »

3 Chaque année nous **louons** une petite maison au pied du mont Blanc.
Le mont Blanc **est** la plus haute montagne de France.

Quel temps est employé pour présenter ces informations qui restent vraies tout le temps ou qui se répètent ?

Invente des phrases donnant des informations qui restent vraies tout le temps.

J'apprends

Le **présent de l'indicatif** est utilisé pour :

- Exprimer un fait qui se passe **au moment où il est raconté**.
  *Nous **prenons** le petit train et nous **montons** à la mer de Glace.*
- Énoncer, dans un dialogue, ce que fait le personnage d'un récit **au moment où il parle**.
  *Thomas a demandé : « Vous **prenez** le bus avec moi ? »*
- Exprimer **des faits qui restent tout le temps vrais** ou des faits **habituels**, **répétitifs**.
  *La Loire **prend** sa source au mont Gerbier-de-Jonc.*
  *Le matin, elle **déjeune** vers 8 heures.*

Je m'entraîne

1 * Recopie les phrases dont le verbe est au présent.

Inès est au centre aéré. Elle confectionne un tableau avec des coquillages. Elle les a ramassés hier sur la plage. Elle choisit les plus petits et elle les colle sur le carton. Quand le tableau sera terminé, elle l'offrira à sa tante.

2 * Recopie les verbes conjugués au présent.

Lors de nos dernières vacances nous avons découvert une petite rivière : la Veulette. Près de sa source, son eau glisse lentement sur les cailloux, plus loin, elle roule avec fracas entre des gorges. Dans la plaine, elle ralentit et de nombreux pêcheurs trempent leurs lignes dans ses eaux. Un jour, à vélo, nous avons suivi ses rives sur plusieurs kilomètres.

3 ** Dans ces dialogues, recopie les groupes de mots soulignés dont le verbe est au présent.

a. <u>Pierre a demandé</u> à son ami :
« <u>Tu souffres</u> encore de ta jambe ?
– Non, <u>a répondu celui-ci,</u> mais <u>je marche</u> doucement et <u>je ne cours pas</u> encore. »
b. « <u>Nous louons</u> une petite maison dans le village pour l'été, <u>a dit Isabelle</u> quand <u>elle a rencontré</u> Laura.
– Moi, <u>j'habite</u> ici toute l'année, <u>a répondu Laura</u>.
– <u>Tu as</u> de la chance ! <u>Tu nages</u> tous les jours ? »

4 * Recopie chaque verbe au présent. Puis écris à côté la lettre qui correspond au rôle du présent.**

A : *Le fait se passe au moment où on le raconte.*
B : *Le fait se passe au moment où la personne parle.*
C : *Le fait est vrai tout le temps.*

a. Sur les toits, les girouettes indiquent la direction du vent.
b. « Surveille la cuisson de la tarte pendant que je mets la table », a ordonné Élodie à Guillaume.
c. Le photographe arrive et les élèves posent pour la photo.
d. Les crabes ont des pinces gigantesques.
e. « Ma fille est malade, elle reste à la maison aujourd'hui », a dit Mme Arthus à la maîtresse ce matin.

5 * Recopie les verbes au présent en deux colonnes :** *les faits se passent au moment où ils sont racontés – les faits sont tout le temps vrais.*

a. La bosse du chameau constitue une réserve d'eau.
b. Nous sommes partis il y a une heure ; nous arrivons au stade, le car stoppe, nous descendons et je cours vers les vestiaires.
c. Le Rhône et la Saône arrosent la ville de Lyon.
d. Les sapins gardent leurs aiguilles toute l'année.
e. Il a tellement de travail en ce moment qu'il déjeune à son bureau.

Je lis

6 Lis ce texte puis recopie les verbes au présent.

Pendant l'été, une fille écrit tous les jours une lettre au garçon qu'elle aime et lui raconte ce qu'elle fait, mais ses lettres restent sans réponse.

Vendredi
Numéro 15
Voilà. Moi je continue à t'écrire parce qu'on a juré.
Mais je suis en colère.
Ou triste.
Ou je ne sais pas, à cause de : pas de lettre. Je suis obligée d'enlever de temps en temps ta bague. Elle me serre trop.
Je la mettrai au petit doigt.
La chatte du garçon d'à côté vient tous les jours.
Elle reste avec moi quand je suis dans le jardin le matin.

Geva Caban, *Je t'écris, Je t'écris…*, © Gallimard Jeunesse.

J'écris

7 Écris quelques phrases pour indiquer des actions que tu fais tous les jours. Aide-toi des illustrations.

Le présent de l'indicatif (2)

Je comprends

Lis ces phrases et réponds aux questions.

1 Soudain, un animal hurle, tu cries et je sursaute.

Quels sont les verbes conjugués ? À quel temps ? Quels sont leur infinitif et leur groupe ? Pour chaque verbe, indique le radical et la terminaison. Dis, puis écris cette phrase avec les personnes du pluriel correspondantes. À quelles personnes observes-tu des différences à l'oral ? À l'écrit ?

Conjugue chacun de ces verbes au présent avec le sujet proposé.
Je danse → Ils ... . – Vous pensez → Elle ... . – Il saute → Tu ... . – Elle crie → Je ... .

2 **a.** Vous **longez** le bord de la rivière, vous **avancez** prudemment.
b. Nous **longeons** le bord de la rivière, nous **avançons** prudemment.

Quel est l'infinitif de chaque verbe conjugué au présent ? Quel est le radical de chaque verbe dans la phrase *a* ? Dans la phrase *b*, que constates-tu en ce qui concerne le radical ? Explique la présence du « e » et de la cédille.

Conjugue chaque verbe à la première personne du pluriel.
Je dirige le débat. – Ils effacent le tableau. – Vous voyagez. – Elle engage la conversation. – Tu lances la balle.

3 Elle **distingue** ce détail à l'œil nu. Nous **distinguons** ce détail à la loupe.

Quel est l'infinitif du verbe conjugué ? Quel est son radical dans la première phrase ? Dans la seconde ? Que remarques-tu à la première personne du pluriel en ce qui concerne le radical ?

Conjugue le verbe « naviguer » au présent à toutes les personnes.

J'apprends

– Au **présent** de l'indicatif, les **terminaisons** des verbes du 1er groupe sont :

Personnes du singulier	Personnes du pluriel
je ...**e**	nous ...**ons**
tu ...**es**	vous ...**ez**
il/elle/on ...**e**	ils/elles ...**ent**

⚠ Les terminaisons ne s'entendent pas toujours à l'oral ; il ne faut pas les oublier à l'écrit.

– La plupart des verbes du **1er groupe** ont le **même radical à toutes les personnes**.
***chant**er* → *il **chant**e* → *nous **chant**ons.*

– Certains verbes ont une particularité :
- dans les verbes en **-cer**, le **c** prend **une cédille** devant **-ons** : *nous fonçons.*
- dans les verbes en **-ger**, il y a un **e** entre **g** et **-ons** : *nous plongeons.*

⚠ dans les verbes en **-guer**, le **u** du radical reste devant **-ons** : *nous distinguons.*

Je m'entraîne

1 * Écris toutes les phrases possibles en associant un pronom de la liste *a* et un verbe de la liste *b*. Écris l'infinitif de chaque verbe.

a. Je – Tu – Nous – Vous – Elle – Ils.
b. ... recopies le texte. – ... gardons notre calme. – ... cligne des yeux. – ... demandez à boire. – ... éclatent de rire.

2 * Recopie chaque verbe avec sa terminaison au présent. Écris l'infinitif des verbes.

Je calcul... rapidement. – Les mécaniciens vérifi... les freins. – Nous chant... bien. – Tu prépar... un exposé. – On particip... à la course. – Vous utilis... Internet. – Tu respect... la signalisation.

3 * Recopie les phrases en ajoutant un groupe nominal. Souligne les verbes et écris leur infinitif.

... réparent la voiture. – ... sautille. – ... passionne les spectateurs. – ... volent. - ... soignent les malades. – ... répare la tondeuse à gazon. – ... souffle ses bougies d'anniversaire. – ... rangent leur chambre. – ... aboient. – ... téléphone.

4 * Écris chaque phrase avec le verbe entre parenthèses au présent.

Nous (*songer*) aux vacances. – Vous (*engager*) la discussion. – Nous (*lancer*) des fléchettes. – Tu (*remplacer*) la pile. – Le journaliste (*rédiger*) un article. – Nous (*protéger*) notre peau. – Nous (*foncer*) vers l'arrivée. – L'hirondelle (*commencer*) à bâtir son nid.

5 ** Récris chaque phrase au présent. Souligne les verbes et écris leur infinitif.

Nous avons mangé dans le wagon restaurant. – Vous inviterez votre cousin au restaurant. – L'étudiante fermait les yeux pour mieux réfléchir. – Je lui ai confié un secret. – Tu caressais souvent le chien. – Nous naviguerons sur le Nil. – Elle a conjugué deux verbes au présent. – Les pêcheurs ont préparé tout leur attirail.

6 ** Écris des phrases en conjuguant les verbes suivants au présent. Varie les personnes auxquelles tu conjugues ces verbes.

convoquer – tracer – bouger – créer – naviguer.

7 * Récris le texte en remplaçant *je* par *nous* puis par *elles*.**

Quelle journée ! Vite, je rentre, je referme la porte. Je tourne la clé. Ouf, me voici à la maison. Tout d'abord, je retire mes chaussures et j'enfile mes pantoufles. Quel bonheur ! J'allume la télévision, j'attrape un jus de fruit dans le réfrigérateur, je grignote un croûton de pain et je plonge dans le canapé.

Je lis

8 Lis ce texte, puis recopie les verbes du premier groupe conjugués au présent et écris leur infinitif.

L'air se moque des frontières. D'une région à l'autre, les vents transportent des poussières, des cendres, des grains de sable ou du pollen mais aussi des éléments polluants produits par les activités humaines.

Les voitures sont de plus en plus nombreuses en ville. Les gaz rejetés par les pots d'échappement se dispersent plus ou moins bien, et certains jours, on tousse beaucoup !

Certains polluants rejetés par l'industrie ou les transports se transforment dans l'air et retombent avec la pluie : les pluies acides entraînent la mort de forêts entières.

Valérie Guidoux, *Protéger la nature...*, DR.

J'écris

9 Écris ce que tu peux faire pour dépenser moins d'énergie et donc lutter contre la pollution. Aide-toi des illustrations. Emploie des verbes du premier groupe conjugués au présent.

Je comprends

Lis ces phrases et réponds aux questions.

1 Je **réfléchis** et je **réussis** à trouver la solution du problème.

Quel est l'infinitif des verbes en gras ? Leur groupe ? Conjugue ces verbes à toutes les personnes. Compare les terminaisons à l'oral et à l'écrit. Que remarques-tu au niveau du radical ?

Conjugue ces verbes du deuxième groupe au présent.
Je (*obéir*) au maître – Ils (*subir*) un échec. – Nous (*choisir*) un livre. – Elle (*agir*) vite.

2 – « On se **voit** ce soir ! » **dit** Pierre et il **part** en courant. « Nous **pouvons** encore être à l'heure. » – « Moi, je **prends** le bus, vite je l'**aperçois** ! », dit Élodie.

Quel est l'infinitif de chaque verbe en gras ? Son groupe ? Conjugue ces verbes aux autres personnes. Que constates-tu en ce qui concerne les terminaisons ? Que remarques-tu pour le verbe *pouvoir* ? Compare le radical de chaque verbe à celui de son infinitif. Que constates-tu ? Que remarques-tu pour le verbe *apercevoir* ?

Récris chaque phrase avec les sujets proposés.
Je fais la vaisselle. (*nous, vous, il*) – Vous voulez de l'eau. (*tu, elle, ils*) – Nous disons au revoir. (*vous, je, on*) – Tu viens. (*je, elles, il*)

3 Tu **vas** chez le dentiste. Tu **es** en retard, tu **as** un peu peur.

Quels sont les infinitifs des verbes en gras ? Conjugue-les à toutes les personnes. Que constates-tu en ce qui concerne le radical ? Les terminaisons ?

Complète en conjuguant ces verbes au présent.
Ils … chaud. (*avoir*) – Ils … sages. (*être*) – Ils … à l'école. (*aller*)

J'apprends

Au **présent de l'indicatif**, les terminaisons des verbes du **2e groupe** et de la plupart des verbes du **3e groupe** sont :

Personnes du singulier	Personnes du pluriel
je …**s**	nous …**ons**
tu …**s**	vous …**ez**
il/elle/on …**t**	ils/elles …**ent**

⚠ Les terminaisons ne s'entendent pas toujours à l'oral, il ne faut pas les oublier à l'écrit.

Les verbes du **2e groupe** n'ont pas le même radical à toutes les personnes :
- personnes du singulier : *je* ***chois****is, tu* ***chois****is, il* ***chois****it.*
- personnes du pluriel : *nous* ***choisiss****ons, vous* ***choisiss****ez, ils* ***choisiss****ent.*
- La plupart des verbes du 3e groupe ont un radical qui varie selon la personne.

Certains verbes du **3e groupe** ainsi que les verbes **être** et **avoir** ont une conjugaison particulière. Pour la connaître, reporte-toi aux tableaux de conjugaison, pp. 204-211.

Je m'entraîne

1 * Recopie et complète chaque verbe avec sa terminaison au présent.

Je veu... un petit animal. – Nous pren... cette direction. – Je fai... un dessin. – Mes amies vienn... à mon anniversaire. – Nous fais... la fête. – Jules réussi... tout ce qu'il fai... . – Vous suiv... les panneaux. – Tu entend... un bruit.

2 * Recopie et complète chaque phrase en conjuguant les verbes proposés au présent.

a. *comprendre – surprendre – apprendre*
Vous ... le jeu. – On ... le voleur. – Ils ... leurs leçons.
b. *prévenir – intervenir – provenir*
On ... les pompiers et ils ... tout de suite. – Ces oranges ... du Maroc.
c. *défaire – refaire*
En rentrant de voyage, vous ... votre valise. – Le matin, vous ... votre lit.

3 * Recopie les phrases en ajoutant un groupe nominal sujet. Écris l'infinitif de chaque verbe.

... envahissent le jardin. – ... franchit la ligne d'arrivée. – ... applaudit à la fin du concert. – ... atterrissent. – ... pétrissent la pâte.

4 * Conjugue les verbes au présent à la première personne du singulier puis du pluriel.

mentir – aller – ralentir – voir – courir – frémir – partir – avoir – prévoir – être.

5 * Écris chaque phrase en conjuguant le (ou les) verbe(s) entre parenthèses au présent.

Mon père (*entendre*) un bruit, il (*prendre*) une lampe et il (*descendre*) à la cave. – Julien (*perdre*) des billes. – Il (*mettre*) ses affaires n'importe où. – Le chien (*attendre*) à la porte. – Maman (*étendre*) le linge sur le balcon. – Le bûcheron (*abattre*) un arbre.

6 ** Recopie et complète chaque phrase en conjuguant les verbes au présent.

a. (*vieillir, mourir*) Les arbres de mon jardin ... et ... .
→ L'arbre ...
b. (*construire, détruire*) Nous ... un château de sable, les vagues le ... . → Je ..., la mer ...
c. (*recevoir, répondre*) Elle ... une lettre et elle y ... .
→ Vous ...

7 ** Récris les phrases en mettant les sujets au pluriel.

a. Elle est à l'hôpital, elle a une forte fièvre, elle ne va pas très bien.
b. Tu peux marcher dans l'eau mais tu fais attention.
c. Tu dis bonjour et tu ressors aussitôt.
d. Il poursuit le petit poisson et l'engloutit.

8 * Récris ce texte en mettant les sujets au singulier.**

Les écrevisses ont des habitudes nocturnes. Le jour, elles se cachent sous les pierres à l'abri du soleil. La nuit, elles partent à la recherche de leur nourriture. Elles saisissent les larves d'insectes entre leurs puissantes pinces. En automne, les femelles pondent environ 200 œufs.

Je lis

9 Lis ce texte puis recopie les verbes écrits au présent. Écris leur infinitif.

À l'école, on a une directrice, Mme Michat. On la voit rarement : elle est toujours dans son bureau. Parfois, elle passe dans les couloirs : une ombre grise et deux taches de couleur. Les taches de couleur ce sont ses chaussettes. Elle en a des dizaines de paires différentes : vert pomme, bleu tendre, rayées, imprimées, brodées...
Le matin, chacun s'interroge : « Qu'est-ce qu'elle a comme chaussettes aujourd'hui ? » Parce que les chaussettes de Mme Michat ont un secret : elles veulent dire quelque chose. L'ennui, c'est qu'on ne sait pas quoi...

Bernard Friot, *Histoires pressées*, © Milan Poche junior.

J'écris

10 Continue ce récit au présent. Utilise les verbes suivants ou d'autres si tu veux : *s'endormir, entendre, bondir, sortir, descendre, apercevoir, suivre, faire, être, avoir, courir...*

Léo et ses camarades étaient en classe de mer. Sur le trajet du retour, le car tombe en panne en pleine campagne. Ils sont hébergés pour la nuit dans un vieux château. C'est le soir, Léo est dans son lit...

Je comprends

Lis ces phrases et réponds aux questions.

1 a. « **Descends** immédiatement de l'échelle ! », ordonne Alexandre.
b. « **Marchons** doucement, **faites** attention au verglas, Marie ne **cours** pas ! », recommande Papa aux enfants.

Quel ordre donne Alexandre ? Quels conseils donne Papa ? À qui ? Qu'interdit-il à Marie ? Quel est l'infinitif des verbes en gras conjugués au présent de l'impératif ? À quelles personnes du présent de l'impératif sont-ils conjugués ? Comment le sais-tu ?

Recopie les phrases dont les verbes sont conjugués au présent de l'impératif.
Prenez du sirop tous les soirs. – Je prends du sirop tous les soirs. – Nous traversons dans les passages pour piétons. – Traversez dans les passages pour piétons.

2 « **Prenez** vos livres, dit la maîtresse. **Lisons** ensemble l'énoncé. Théo, **réfléchis** bien et **trouve** la solution tout seul. »

Quels sont les infinitifs des verbes en gras ? Quel est leur groupe ? Compare la terminaison de ces verbes à l'impératif à celle du présent de l'indicatif. Que constates-tu à la deuxième personne du singulier pour les verbes du premier groupe ?

Conjugue les verbes suivants aux trois personnes de l'impératif.
être poli – avoir le moral – aller dans la rue – faire de la place – dire merci.

J'apprends

Le présent de l'impératif sert à donner un **ordre**, un **conseil**, à formuler une **interdiction**. À l'impératif, il n'y a que **trois personnes**. Le sujet n'est pas exprimé.

2e personne du singulier	1re personne du pluriel	2e personne du pluriel
*sor**s***	*sort**ons***	*sort**ez***

Les verbes du **1er groupe** ont les mêmes terminaisons au présent de l'impératif qu'au présent de l'indicatif sauf à la 2e personne du singulier où ils ne prennent pas de **-s** :
*chant**e**, chant**ons**, chant**ez**.*

Les verbes des **2e** et **3e groupes** se conjuguent au présent de l'impératif comme au présent de l'indicatif :

2e personne du singulier	1re personne du pluriel	2e personne du pluriel
*obéi**s*** *par**s***	*obéiss**ons*** *part**ons***	*obéiss**ez*** *part**ez***

⚠ ***avoir** → aie – ay**ons** – ay**ez** / **être** → sois – soy**ons** – soy**ez** / **aller** → va – all**ons** – all**ez**.*

Je m'entraîne

1 * Recopie les verbes, écris à quelle personne ils sont conjugués et donne leur infinitif.

Entrons dans la salle sans bruit. – Soyez à l'heure. – Va à la bibliothèque avant trois heures. – Tiens bien le guidon. – Apporte ton maillot de bain. – Ayons de la patience. – Franchissez l'obstacle en douceur.

2 * Recopie uniquement les phrases à l'impératif. Souligne les verbes, écris leur infinitif.

Va à la douche. – Tu vas à la douche. – Vous êtes sages. – Soyez sages. – Finissons notre travail. – Nous finissons notre travail. – Écoute bien ce chant. – Tu écoutes ce chant. – Tu viens avec moi. – Viens avec moi.

3 * Récris ces phrases à l'impératif en gardant la même personne.

Tu cries fort. – Tu souris à ton frère. – Tu plies ta serviette. – Tu vérifies les résultats. – Tu réfléchis avant d'écrire.

4 * Écris ces verbes à l'impératif avec *e* ou *s*.

Grimp... plus vite. – Fini... ta glace. – Tourn... à droite. – Di... bonjour. – Saisi... cette corde. – Mont... dans le bus. – Tien... ma main.

5 * Récris ces phrases à la deuxième personne du pluriel de l'impératif. Souligne le verbe, donne son infinitif.

Mets de bonnes chaussures. – Respire calmement. – Rentre à la maison. – Prends le train. – Respecte la limite de vitesse. – Traverse au passage pour piétons. – Viens plus souvent. – Fais un dessin.

6 * Récris ces verbes avec *e* ou *es*. Auparavant, cherche s'ils sont conjugués au présent de l'impératif ou au présent de l'indicatif.

Tu habit... seul. – Mang... proprement. – Arros... les plantes. – Tu regard... le ciel. – Ferm... le robinet. – Tu continu... ton travail. – Frein... au carrefour.

7 ** Écris les verbes proposés à la première personne du pluriel de l'impératif.

avancer prudemment – ranger la chambre – être attentifs – bouger un peu – tracer un cercle – avoir du courage – lancer le ballon plus fort.

8 ** Écris des phrases qui interdisent de faire les actions suivantes en utilisant l'impératif. Tu dois utiliser des phrases négatives.

faire des bêtises – marcher sur les pelouses – laisser la porte ouverte – suivre un inconnu – parler en classe.

9 * Récris ces phrases au présent de l'impératif, à la deuxième personne du singulier.**

Exemple : *Tu prends un gâteau, tu le manges.*
→ *Prends un gâteau, mange-le.*

Tu attrapes le ballon, tu le lances. – Tu écris un mot, tu le soulignes. – Tu traces un carré, tu le découpes. – Tu trouves la réponse, tu l'écris.

Je lis

10 Lis ce poème puis recopie les verbes qui sont au présent de l'impératif.

Danses

[...] Dansons, chansons légères,
En rond. Donnez vos mains,
Cueillons les passagères
Musiques des chemins.

Entrez tous dans la danse,
Jours tendres, jeunes mois,
Enlacez en cadence
Vos souffles à ma voix. [...]

Marie Noël, *Les Chansons et les Heures*, © Gallimard.

J'écris

11 Imagine une potion de sorcière. Écris la recette au présent de l'impératif, en t'aidant de l'illustration.

Je me souviens

Le **présent de l'indicatif** exprime un fait qui se passe **au moment où il est raconté**. Dans un dialogue, le présent de l'indicatif est employé quand le personnage dit ce qu'il fait au moment où il le fait. On utilise aussi le présent pour exprimer des **faits vrais tout le temps** ou des **faits habituels, répétitifs**.

Verbes du 1er groupe	
je ...**e**	nous ...**ons**
tu ...**es**	vous ...**ez**
il/elle/on ...**e**	ils/elles ...**ent**

Verbes du 2e et du 3e groupe	
je ...**s**	nous ...**ons**
tu ...**s**	vous ...**ez**
il/elle/on ...**t**	ils/elles ...**ent**

⚠ Certains verbes du **3e groupe** ainsi que les verbes **être** et **avoir** ont une conjugaison particulière. Pour la connaître, il faut se référer aux tableaux de conjugaison pp. 204-211.

Le présent de l'impératif sert à donner des **ordres**, des **conseils**, à formuler des **interdictions**. Il n'a que **trois personnes**.

Verbes du 1er groupe		
2e pers. sing.	1re pers. pluriel	2e pers. pluriel
-e	**-ons**	**-ez**

Verbe *être*
sois – soyons – soyez

Verbe *avoir*
aie – ayons – ayez

Verbes du 2e et du 3e groupe		
2e pers. sing.	1re pers. pluriel	2e pers. pluriel
-s	**-ons**	**-ez**

Verbe *aller*
va – allons – allez

Je m'exerce

1 * Recopie les phrases dont les verbes sont conjugués au présent de l'indicatif. Souligne les verbes et écris leur infinitif.

Le maître explique l'exercice. – Tu m'as prêté des livres passionnants. – La voisine viendra seule. – J'apprends les tables de multiplication. – Pars sans moi. – Je peux les rejoindre vers midi.

2 * Écris chaque phrase avec le verbe entre parenthèses au présent de l'indicatif.

a. Ces touristes italiens (*admirer*) Notre-Dame de Paris. Ils (*revenir*) tous les ans.
b. Des danseurs du monde entier (*participer*) à ce festival. Ils (*avoir*) du succès.
c. Nous (*annoncer*) le spectacle de l'école dans le journal. Nous (*écrire*) l'article.
d. Les produits chinois (*envahir*) les marchés.
e. Je (*vouloir*) faire du judo. Je (*regarder*) ce sport à la télévision.

3 * Recopie les phrases dont les verbes sont conjugués au présent de l'impératif. Souligne les verbes et écris à quelle personne ils sont conjugués.

Nous n'avons plus de boucher dans notre quartier. – Arrêtez de bavarder. – Demandons notre chemin. – Le camion de déménagement arrive. – Avance plus vite. – Sois vigilant. – Plusieurs voitures stationnent dans la rue. – N'ayez pas peur de tout ! – Va au sous-sol chercher un tournevis.

4 * Recopie chaque verbe dans la colonne qui convient : *présent de l'indicatif* **ou** *présent de l'impératif*. **Écris son infinitif.**

Les Russes utilisent un alphabet différent du nôtre. – Le moteur rugit. – Fais une liste du matériel. – La voiture accélère. – Écrivez votre nom. – Ses brûlures sont graves. – Mets un chapeau. – Mangeons des épinards. – Papa m'a demandé : « Tu vois cette maison là-bas ? ».

5 * **Écris chaque phrase avec le verbe entre parenthèses au présent de l'impératif à la personne indiquée.**

a. (*fermer*) la fenêtre. *2e personne du singulier*
b. (*emporter*) des provisions. *2e personne du pluriel*
c. (*écouter*) de la musique. *1re personne du pluriel*
d. (*prendre*) un parapluie. *2e personne du pluriel*
e. (*aller*) au supermarché. *2e personne du singulier*

6 * **Recopie et complète avec** *être* **ou** *avoir* **conjugué au présent de l'indicatif.**

Tu … un beau gilet. – Les voisins … sous la véranda. – Nous … un grand jardin. – J'… un jeune chien. – On … souvent besoin d'un plus petit que soi. – Je … en ville pour la journée. – Vous … une moto. – Notre invité … là. – Tu … tout rouge. – Nous … nombreux aujourd'hui. – Vous … très émus. – Ils … une imprimante toute neuve.

7 * **Recopie et complète chaque phrase avec un groupe nominal sujet.**

a. … entrent dans le port.
b. … retentit dans le bois.
c. … passent dans le ciel.
d. … vendent leur maison.
e. … arrache les mauvaises herbes.
f. … attendent l'ouverture du théâtre.

8 * **Recopie ce tableau et complète-le.**

infinitif	personne	présent de l'indicatif	présent de l'impératif
aller	2e pers. singulier		
dire	2e pers. pluriel		
faire	2e pers. pluriel		
partir	2e pers. singulier		
mélanger	2e pers. singulier		
prendre	1re pers. pluriel		
venir	2e pers. pluriel		

9 ** **Écris une phrase avec chaque verbe à la 2e personne du singulier, au présent de l'indicatif puis de l'impératif.**

pousser – penser – mettre – donner – partir.

10 ** **Écris une phrase avec chaque verbe, soit au présent de l'indicatif, soit au présent de l'impératif. Indique après la phrase ce que tu as choisi.**

apprendre – refaire – revenir – voir – pouvoir.

11 ** **Conjugue chaque verbe aux trois personnes du présent de l'impératif. Puis écris une phrase avec chacun des verbes conjugués à la personne de ton choix.**

corriger – sortir – effacer – dormir – tracer – nager.

12*** **Récris ce texte à la deuxième personne du singulier du présent de l'impératif.**

Pour faire une bonne salade d'oranges, prenez de belles oranges non traitées. Épluchez-les. Coupez-les en fines rondelles. Mettez-les dans un saladier. Saupoudrez de sucre, ajoutez un peu de cannelle et laissez deux heures au réfrigérateur. Dégustez bien frais.

13*** **Recopie et complète avec** *e*, *es*, *s* **ou** *t*.

Je suppli… mon frère de m'aider. – Elle m'écri… souvent. – Il rougi… de plaisir. – Tout à coup, maman s'écri… : « Attention ! ». – Tu recopi… tes devoirs. – La feuille jauni…. – Il vérifi… ses comptes. – Tu souri… . – On fini… notre travail. – Elle sui… ses camarades. – J'accompli… ma tâche. – Tu oubli… beaucoup de choses.

14*** **Récris ce texte à la deuxième personne du singulier du présent de l'indicatif.**

Pour venir chez moi, prends la rue jusqu'au rond-point. Tourne tout de suite à droite et avance un peu dans l'avenue jusqu'au pont. Après le pont, tourne à gauche, suis cette rue jusqu'au bout, va vers la gauche, continue sur cent mètres et laisse ta voiture sur le parking de la place. Poursuis à pied jusqu'à ma maison au fond de l'impasse.

15*** **Récris ce texte au présent de l'indicatif. Puis récris-le toujours au présent de l'indicatif mais en ne parlant que d'un avion.**

Les deux avions ont laissé derrière eux une traînée blanche. Ils sont passés derrière les nuages. Je n'entendais plus que le bruit des réacteurs. Ce bruit s'affaiblissait peu à peu à mesure que les avions s'éloignaient. Peu à peu ils ont disparu.

Je comprends

Lis ces phrases et réponds aux questions.

1 Demain, le ciel **sera** nuageux et il **fera** plus frais, annonce le communiqué de la météo régionale.

À quel temps sont conjugués les verbes en gras ? Pourquoi ?

Relève les verbes conjugués au futur.

Vous lirez cette page pour lundi. – Il regarde ailleurs. – Ces exercices seront difficiles. – Après les cours, tu retourneras chez toi. – Ils perdront la partie. – Le torrent coule.

2 Comme la température ne **dépassera** pas 15°, tu **emporteras** un pull, je le **plierai** au fond de ton sac à dos.

Quel est l'infinitif et le groupe de chacun de ces verbes ? Conjugue-les à la personne du pluriel correspondante. Quelle lettre retrouve-t-on toujours dans les terminaisons ? Que remarques-tu aux 2e et 3e personnes du singulier et aux 1re et 3e personnes du pluriel ?

Conjugue ces verbes au futur, aux différentes personnes.

remuer – jouer – crier – remercier.

3 Je **réunirai** mes amis, nous **prendrons** nos vélos et nous **partirons**.

Conjugue les verbes en gras aux autres personnes. Quelles sont les terminaisons du futur des verbes du 2e et du 3e groupe ? Compare avec celles des verbes du 1er groupe.
Que constates-tu pour le radical de chaque verbe à toutes les personnes ?

Écris chacune de ces phrases au futur.

Tu es là. – Vous avez le temps. – Il va au cinéma. – Nous voyons un arc-en-ciel.

J'apprends

– Le **futur de l'indicatif** exprime un fait qui se déroulera **plus tard**.
*En septembre prochain, Léo **changera** de classe.*

– Au futur, le **radical** des verbes est le même à toutes les personnes. Les **terminaisons** sont les mêmes pour tous les verbes.

Personnes du singulier	Personnes du pluriel
je ...**rai**	nous ...**rons**
tu ...**ras**	vous ...**rez**
il/elle/on ...**ra**	ils/elles ...**ront**

⚠ Certaines terminaisons se prononcent de la même façon à l'oral mais ne s'écrivent pas de la même façon : ***tu** chante**ras*** / ***il** chante**ra*** ; ***nous** chante**rons*** / ***ils** chante**ront***.

⚠ Le **radical** des verbes du **1er groupe** se termine par un **e** qui ne se prononce pas toujours mais qu'il ne faut pas oublier : *je crierai, tu remercieras, il/elle/on sautera...*

CONJUGAISON

Je m'entraîne

1 * Recopie les verbes conjugués au futur.

J'ai un nouveau VTT. – Notre équipe prendra le départ à 14 heures. – Nous retrouverons la maison avec plaisir. – Ils ont soif. – Il fonçait vers la ligne d'arrivée. – Je reviendrai bientôt. – Après cette opération, tu ne seras plus malade. – Vous partirez avec moi. – Elle trouvera ce qu'elle cherche.

2 * Récris ces phrases en mettant les verbes à la première puis à la troisième personne du pluriel du futur.

Je ferai les comptes à la fin du mois. – Vous serez attentifs aux limites de vitesse. – Il aura des skis à Noël. – Vous prendrez l'avion pour la première fois. – Tu partiras tout de suite.

3 * Écris les verbes entre parenthèses au futur, à la deuxième puis à la troisième personne du singulier.

a. (*aller*) en vacances dans un petit village de montagne.
b. (*pouvoir*) jouer un rôle dans la pièce.
c. (*voir*) des parapentes décoller.
d. (*venir*) m'aider à résoudre ces problèmes.
e. (*vouloir*) un cartable neuf.

4 ** Écris chaque phrase en conjuguant les verbes du premier groupe entre parenthèses au futur. Puis entoure la lettre qui ne se prononce pas mais qu'il ne faut pas oublier.

a. Nous … la carte avant de partir. (*étudier*)
b. Tu … tes lacets. (*nouer*)
c. Elles … les serviettes soigneusement. (*plier*)
d. Elle … ses erreurs. (*rectifier*)
e. Plus tard, j'… la géographie. (*étudier*)
f. Vous … la bouteille avant de l'ouvrir. (*secouer*)

5 ** Écris une phrase au futur avec chaque verbe.

parvenir – prévenir – revenir.

6 ** Récris ce texte en conjuguant les verbes aux autres personnes du singulier.

Quand il sera grand, il aura un chien. Il le nourrira bien et ira le promener. Il le fera vacciner, il prendra bien soin de lui.

7 * Écris ces phrases au futur puis récris-les en changeant le nombre (singulier ou pluriel) des sujets soulignés.**

a. <u>Le clown</u> surgit sur la piste, saute, court, rit et crie d'une voix perçante : « Bonjour les enfants. »
b. <u>Les graines de tournesol</u> poussent, grandissent et deviennent de superbes fleurs.

8 * Conjugue ces verbes à la première personne du pluriel au futur.**

démolir – sourire – crier – dire – oublier – remuer.

Je lis

9 Lis ce texte puis recopie les verbes au futur.

Le Docteur Knock s'adresse à une fermière venue le consulter.

– Il faudra tâcher de trouver une voiture. Vous vous coucherez en arrivant. Une chambre où vous serez seule, autant que possible. Faites fermer les volets et les rideaux pour que la lumière du jour ne vous gêne pas. Défendez qu'on vous parle. Aucune alimentation solide pendant une semaine. Un verre d'eau de Vichy toutes les deux heures, et à la rigueur, une moitié de biscuit matin et soir, trempée dans un doigt de lait. Mais j'aimerais autant que vous vous passiez de biscuit. Vous ne direz pas que je vous ordonne des remèdes coûteux ! À la fin de la semaine, nous verrons comment vous vous sentez.

Jules Romains, *Knock ou le Triomphe de la médecine*, © Gallimard.

J'écris

10 En t'aidant de l'illustration, écris des phrases pour raconter comment tu imagines l'école en 2050.

Je comprends

Lis ces phrases et réponds aux questions.

1 Autrefois, Laura habitait à la campagne. Maintenant elle vit en ville.

Où Laura habite-t-elle aujourd'hui ? Quel verbe exprime un fait du passé ? À quel temps est-il conjugué ?

Recopie les verbes à l'imparfait.
Mon frère a mal, il crie. – Mon chien courait. – L'autobus arrive. – Il coupait.

2 Sophie **était** blonde avec de longs cheveux. Un parc **entourait** sa maison, des arbres **bordaient** les allées. Elle **jouait** souvent dans le parc.

Quelles phrases décrivent Sophie et sa maison ? Quelle phrase explique les habitudes de Sophie ?

Récris ces phrases à l'imparfait.
Tous les jours, la souris grignote du fromage. – L'été, les fourmis envahissent les placards. – L'orage est violent. – La maison est haute. – Ses chaussures sont neuves.

3 Quand j'**allais** chez Céline, je **faisais** des bouquets, je les **plaçais** dans des vases. Je **bâtissais** des cabanes. À l'automne, je **voyais** les arbres changer.

Quels sont les infinitifs et les groupes des verbes en gras ? Que constates-tu à la 1re personne du singulier ? Compare le verbe *faire* conjugué à l'imparfait à l'oral et à l'écrit.
Conjugue ces verbes aux autres personnes. Que constates-tu pour le radical et les terminaisons ?

Récris chaque phrase à l'imparfait avec le sujet proposé.
Je voyais mal. (*Nous*) – Il prenait le journal. (*Vous*) – Ils avaient un chat. (*Nous*) – Vous pouviez courir. (*Je*) – Tu criais. (*Vous*) – Nous distinguions de la fumée. (*Je*)

J'apprends

– **L'imparfait** exprime des **faits passés**. Il permet d'expliquer des **habitudes** et de **décrire** des lieux, des personnages.

– À l'imparfait, le **radical** du verbe est le même à toutes les personnes. Les **terminaisons** sont les mêmes pour tous les verbes.

Personnes du singulier	Personnes du pluriel
je …**ais** tu …**ais** il/elle/on …**ait**	nous …**ions** vous …**iez** ils/elles …**aient**

– Certains verbes du 1er groupe ont une particularité : verbe en **-cer** : *je lan**çais*** ; verbes en **-ger** : *tu plong**eais*** ; verbes en **-guer** : *il distin**guait***.

– Les verbes du 2e groupe ont leur radical en **-iss** : *tu ag**issais***.

⚠ Le radical du verbe **faire** ne s'écrit pas comme il se prononce : *il **fai**sait* [fəzɛ].

Je m'entraîne

1 * Recopie les phrases dont les verbes sont à l'imparfait. Puis écris l'infinitif de ces verbes.

Pendant la Préhistoire, les hommes chassaient pour manger. – En ce moment, tu chantes souvent cette chanson. – Autrefois, les élèves portaient une blouse grise. – Au Moyen Âge, les châteaux forts dominaient les vallées. – Ce matin, vous faites beaucoup trop de bruit. – L'année dernière, on prenait le bus pour aller à l'école.

2 * Récris chaque phrase à la 1re puis à la 2e personne du pluriel.

Il oubliait toujours quelque chose. – J'étudiais la carte avant de partir. – Tu expédiais une lettre chaque jour. – Ils riaient souvent. – Elle ne voyait rien.

3 * Récris chaque phrase à l'imparfait, avec les sujets proposés.

Le soir, nous observions les planètes. (*j', il*) – L'an dernier, vous aviez des correspondants au Canada. (*tu, elles*) – Autrefois, tu adorais le dessin et la danse. (*j', mes cousines*) – Avant, elle prenait du chocolat pour le goûter. (*ils, je*)

4 * Écris chaque verbe à l'imparfait.

Tous les ans, les inondations (*faire*) des dégâts. – Ce chien (*retrouver*) toujours les victimes des avalanches, puis les secouristes (*creuser*) avec une pelle. – Quand j'(*être*) à la maternelle, je (*prendre*) toujours mon doudou avec moi. – La neige (*tomber*) sans arrêt, nous ne (*pouvoir*) pas sortir. – Cindy (*nourrir*) son chat au biberon.

5 * Récris chaque phrase à l'imparfait.

Vous voulez prendre l'itinéraire bis. – Les voitures commencent à ralentir. – Tu es toujours impatient. – Souvent, je prolonge mon séjour. – Le ciel devient gris. – Le feu d'artifice fait beaucoup de bruit. – Nous avons peur. – Vous dites toujours merci. – L'été, on va au lit plus tard. – Tu pâlis à la vue du sang.

6 ** Écris une phrase à l'imparfait avec chaque verbe.

avoir – attendre – comprendre – mettre – donner – être.

7 ** Recopie les phrases en les classant en deux colonnes : *présent de l'indicatif* **ou** *imparfait de l'indicatif*.

a. Nous riions aux éclats.
b. Nous cueillons des cerises.
c. Vous criiez de joie.
d. Nous peignons nos cheveux.
e. Vous gagniez bien votre vie.
f. Nous taillions les rosiers.

8 * Récris ce texte à l'imparfait en remplaçant** *je* **par** *il*, **puis par** *nous*.

Depuis plusieurs jours, il pleut. Je ne peux pas sortir de la maison, je tourne en rond. Je lis une page d'un livre, je regarde par la fenêtre. Je fais des mots croisés, j'écris un mot puis je retourne coller mon front à la vitre. J'attends avec impatience le retour du soleil.

Je lis

9 Lis ce texte et relève les verbes conjugués à l'imparfait.

On raconte que certains jours criblés d'averses, l'hiver, il revenait ruisselant, trempé comme une éponge. On le repoussait dès le seuil.

Alors, il contournait la maison, il gagnait la cuisine, et là, pour se sécher et se réchauffer, il s'asseyait sur la boîte à sel, sous le manteau de la cheminée, dans la flamme presque. Il s'y endormait. Et bientôt sous la force du feu, un brouillard, une buée, s'élevait de ses jambes, de ses flancs, de ses bras, de toute cette masse laineuse gonflée d'eau et l'entourait d'une vapeur continue derrière laquelle il paraissait trembler. « Il fumait comme une charbonnière. » Et les gens souriaient sans souffler mot.

Joseph de Pesquidoux, *Le Livre de raison*, © Bartillat.

J'écris

10 Retrouve une photographie de toi lorsque tu étais à l'école maternelle. Écris ton portrait en commençant par *« Quand j'avais... ans... »*. **Dis aussi quels étaient tes goûts, quel était ton caractère.**

Je comprends

Lis ces phrases et réponds aux questions.

1 Cette année, nous **écrivons** un roman. Hier nous **avons écrit** le portrait du héros. Avant-hier, nous **avions écrit** le début du premier chapitre. Quand on **aura écrit** la totalité, on en fera un livre.

Quel est l'infinitif du verbe en gras ? À quel temps simple est-il conjugué dans la première phrase ? Dans quelles phrases est-il à un temps composé ? Quel verbe est conjugué avant le participe passé ? À quels temps différents est conjugué cet **auxiliaire** ? Reconnais-tu un temps composé que tu as étudié l'an dernier ?

Trouve l'infinitif de ces verbes conjugués à des temps composés. Puis recopie, en les classant dans deux colonnes, l'*auxiliaire* et le *participe passé*.

J'ai traversé. – Elle avait brillé. – Vous aurez dormi. – Tu avais perdu. – Nous avons travaillé. – Ils ont menti. – Il a signé.

2 Hier soir, je **suis allé** au cinéma. L'après-midi j'**étais resté** avec Lisa. Tout à l'heure, quand maman **sera revenue**, nous irons au supermarché.

Quel est l'infinitif de chacun des verbes conjugués à un temps composé ? Avec quel auxiliaire sont conjugués ces verbes ? À quels temps différents est conjugué cet auxiliaire ? Quel est le participe passé de chacun de ces verbes ?

Indique, pour chaque phrase, si les verbes sont conjugués avec l'auxiliaire *avoir* ou l'auxiliaire *être*.

J'ai oublié mon manteau à l'école. – Tu es parti en avance. – Vous êtes restés trop longtemps absents. – Léo a fini ses devoirs. – Ils sont tombés de l'arbre. – Nous étions rentrés avant la nuit. – Vous avez photographié les glaciers.

J'apprends

– Un verbe peut être conjugué à un temps simple ou à un temps composé. Les **temps composés** sont formés de deux parties : l'**auxiliaire** et le **participe passé** du verbe conjugué.

*Je **suis** parti.*

– Les **auxiliaires** sont les verbes **avoir** et **être**. Ils servent à former les temps composés comme le passé composé et le plus-que-parfait.
L'auxiliaire **avoir** est beaucoup plus souvent utilisé que l'auxiliaire **être**.

*Il **a** terminé second, il **avait** pris un bon départ, il **est** resté en tête pendant longtemps ; quand il **aura** fait encore quelques progrès, il deviendra un champion.*

Je m'entraîne

1 * **Recopie les verbes en gras. Écris-les à l'infinitif. Entoure l'auxiliaire et souligne le participe passé.**

Enfin, nous **étions parvenus** au sommet. – Je lui **ai offert** une montre. – Tu **as rangé** les outils. – Ils **ont éclaté** de rire. – Les élèves **ont respiré** l'air marin. – Quand elle **sera montée** dans le train, vous repartirez.

2 * **Recopie le verbe conjugué de chaque phrase. Indique s'il est conjugué à un temps simple ou à un temps composé.**

À la récréation, nous avons discuté. – J'ai poursuivi mon enquête. – Vous étiez dans le couloir. – Tu prendras ta douche le soir. – Ma mère a lu des BD. – Vous grandissez toujours. – L'alpiniste a vu des chamois.

3 * **Recopie ces verbes conjugués en les classant en deux colonnes : verbes conjugués avec l'auxiliaire *avoir* et verbes conjugués avec l'auxiliaire *être*.**

Nico est allé en Espagne. – Tu as ouvert ton livre. – J'ai donné la main à ma sœur. – Le spectacle a plu à tout le monde. – Son cousin est devenu ingénieur. – Vous avez éteint la lumière.

4 ** **Complète chaque phrase en conjuguant l'auxiliaire *avoir* au présent. Recopie le participe passé du verbe conjugué et indique son infinitif.**

Vous … mis la table. – Il … réparé ma voiture. – Le peintre … peint des portraits. – Nous … fait de la purée. – Tu … suivi des cours de karaté. – On … ajouté un timbre. – Nos parents … regardé un film d'épouvante.

5 ** **Recopie et complète le tableau avec les verbes conjugués à un temps composé.**

auxiliaire *avoir* ou *être* conjugué au présent	
auxiliaire *avoir* ou *être* conjugué à l'imparfait	
auxiliaire *avoir* ou *être* conjugué au futur	

Nous avons chanté. – Vous serez sortis quand j'arriverai. – J'étais tombée. – Tu es venu. – On avait reconnu le voleur. – Les danseurs auront commencé quand tu entreras en scène.

6 ** **Recopie et complète chaque phrase en conjuguant l'auxiliaire *être* au présent. Souligne le participe passé du verbe conjugué et indique son infinitif.**

Vous … tombés du lit ce matin ! – Tu … resté au lit jusqu'à midi. – Le coureur … parti comme une flèche. – Nous … repartis au bout de cinq minutes. – Mes voisins … devenus plus calmes. – Je … arrivée avant toi. – Elle … entrée sans frapper.

7 *** **Recopie et complète ces phrases en conjuguant les auxiliaires *avoir* et *être* au présent.**

a. Le maître nageur … intervenu tout de suite.
b. Cette année, les enfants … partis par le train.
c. Nous … vécu dans cette ville.
d. Tu … recouvert tes livres.
e. Je … entrée par la porte de secours.

Je lis

8 **Lis ce texte puis recopie les verbes soulignés. Écris-les à l'infinitif. Indique si le temps composé est formé avec l'auxiliaire *être* ou avec l'auxiliaire *avoir*.**

Le chien Pupuce raconte sa vie de chien.

Un jour, j'ai pris la clé des champs pendant qu'ils regardaient ailleurs, histoire de faire un petit tour dans le bourg pour voir les copains, et, quand je suis revenu à la maison, plus de voiture ! Ils avaient profité de mon absence pour filer en douce.

Des heures après, ils sont revenus ! Et, en plus, au lieu de s'excuser, qu'est-ce qu'ils ont dit ?

– Eh bien, toi, où est-ce que tu étais passé ? On t'a attendu au moins une heure.

Une heure, tu parles ! Je n'en crois pas un mot.

Ils ont ajouté :

– Ça te fera les pattes, on est allés au bord de la mer sans toi.

Évelyne Brisou-Pellen, *La Plus Grosse Bêtise*,

J'écris

9 **Raconte, en faisant parler le chien Pupuce, ce qu'il a pu faire dans le bourg avec ses copains.**

Le passé composé de l'indicatif (1)

Je comprends

Lis ces phrases et réponds aux questions.

1 Le ciel était clair, le soleil luisait. Une lionne a couru vers le troupeau ; elle a sauté sur un zèbre.

La scène se passe-t-elle maintenant ou est-elle déjà passée ? Dans quelle phrase le décor est-il décrit ? À quels temps sont les verbes de cette phrase ? Quels verbes présentent les actions principales ? À quel temps sont-ils ?

Retrouve les verbes au passé composé.
La nuit était belle. – Elle a quitté le bus. – Elle a pris ses clés. – Des étoiles brillaient. – Elle a tourné la clé. – Un lampadaire éclairait l'entrée. – Elle a ouvert la porte.

2 La lionne a été rapide. Elle a emporté sa proie ; j'ai filmé la scène.

Quels sont les infinitifs des verbes conjugués ? Avec quel auxiliaire sont-ils conjugués au passé composé ? À quel temps ? Comment se termine le participe passé des verbes du 1er groupe ? Et du verbe *être* ?

Écris chaque phrase au passé composé.
Le tonnerre gronde. – Je repasse du linge. – Nous sommes gentils. – Le vent arrache des branches. – Nous frappons à la porte. – Les fleurs parfument le jardin.

3 Des éléphants sont arrivés près de l'eau. Un éléphanteau est entré dans l'eau, je suis restée un long moment à le regarder. Des girafes sont allées le rejoindre.

Quels sont les infinitifs des verbes conjugués au passé composé ? Leurs groupes ? Quelles sont les terminaisons des participes passés ? Comment sait-on que « je » désigne un personnage féminin ?

Écris chaque phrase au passé composé avec le sujet proposé.
Je (Clara) suis allée en forêt. → Nous (Clara et Louise) … . – Enzo est monté au grenier. → Enzo et Léo … . – La voiture est passée très vite. → Les camions … .

J'apprends

- Dans un texte, le **passé composé** présente des actions **passées**. Il s'emploie en général avec l'imparfait.

- Le passé composé des verbes **du 1er groupe**, du verbe **être** et du verbe **aller** est formé de l'**auxiliaire avoir** ou **être** au présent et du **participe passé en -é** du verbe conjugué :
  *Il **a** pleuré, il **est** tombé, il **est** allé, il **a** **été** malade.*

- Quand le passé composé est formé avec l'auxiliaire **être**, le participe passé **s'accorde avec le sujet**. Il faut alors chercher le **genre** et le **nombre** du sujet :
  *je (Tom) **suis tombé**, je (Léa) **suis tombée**, ils **sont tombés**, elles **sont tombées**.*

- Quand le passé composé est conjugué avec l'auxiliaire **avoir**, le participe passé **ne s'accorde pas** avec le sujet : *ils **ont** mangé.*

Je m'entraîne

1 * Recopie les phrases dont le verbe est au passé composé. Écris l'infinitif de ce verbe.

L'automobile roulait doucement. L'homme a arrêté le moteur. Il a soulevé le capot. Le moteur fumait. L'homme a téléphoné au garagiste. Celui-ci est arrivé une demi-heure après. Il a réparé la voiture.

2 * Écris cette phrase au passé composé à toutes les personnes.

On a gagné, alors on a levé les bras et on a crié.

3 * Complète chaque phrase avec un ou plusieurs prénoms masculins ou féminins.

a. … dit : « Je me suis déplacée pour t'aider. »
b. … disent : « Nous sommes retournées ensemble. »
c. … disent : « Vous êtes arrivés à 11 heures. »
d. … dit : « Tu es entré après moi. »

4 ** Récris chaque phrase avec le sujet proposé.

a. J'ai serré très fort la main de Clément. (*Elle*)
b. Les concurrents sont arrivés en fin de matinée. (*L'équipe de France*)
c. Le maire a félicité le vainqueur. (*Mes amis*)
d. La plongeuse est remontée à la surface. (*Le plongeur*)
e. Les fillettes sont allées au spectacle. (*Les garçons*)
f. Le chien a été malheureux. (*Les chiens*)

5 ** Écris toutes les phrases possibles.

• Pauline	• ont admiré le palais.
• Les visiteurs	• est allée à la chorale.
• Les deux jeunes filles	• sont montés au 2e étage.
• Le ténor	• a chanté.

6 ** Écris chaque phrase avec les verbes proposés au passé composé.

a. Les passagers … le navire et il … aussitôt. (*quitter – couler*)
b. Marion et Inès … l'exercice et … en récréation. (*terminer – aller*)
c. Charlotte … et elle … . (*sauter – tomber*)
d. Le joueur … dans la balle, elle … sous le filet. (*frapper – passer*)
e. Nous … et nous … la scène. (*saluer – quitter*)

7 * Écris ces phrases au passé composé, puis récris-les avec le sujet proposé.**

a. Nous fermons les volets à la nuit tombée. (*J'*)
b. Le photographe arrive dans l'école. (*Les infirmières*)
c. Le maître a corrigé les cahiers. (*Les professeurs*)
d. Les enfants rentrent de classe verte. (*Émilie*)

8 * Récris ce texte au passé composé. Commence par :** *Hier…*

Amandine et Éva vont dans le grenier. Elles poussent la porte et entrent. Elles avancent vers le fond de la pièce, déplacent des objets et trouvent une malle avec des habits. Elles enfilent des robes et posent des chapeaux sur leur tête. Elles restent dans le grenier jusqu'au soir.

Je lis

9 Lis ce texte puis relève les verbes du 1er groupe au passé composé.

– Un soir, en remontant nos filets, j'ai trouvé, au milieu des poissons, une petite fiole de verre sombre, fermée par un bouchon de liège. En la voyant, Pierre, mon frère aîné, s'est écrié que c'était une fiole à turbulon, et qu'il fallait la rejeter à l'eau, sous peine de malheur ! Yves, mon plus jeune frère, l'a traité d'idiot et de peureux. Il m'a arraché la fiole des mains. Elle faisait : « Tinguelingue ! Tinguelingue ! »

– La mienne fait pareil ! s'exclama Théo.

– Je sais bien.

Yves ne croyait pas un mot de cette histoire de turbulon et de malédiction. En riant, il a fracassé la bouteille contre le bastingage.

Marie-Sabine Roger, *La Fiole à turbulon*, DR.

J'écris

10 Raconte comment Martin a transformé une partie de son jardin en potager. Choisis parmi les verbes suivants et écris-les au passé composé : *bêcher, piocher, ratisser, préparer la terre, semer, arracher, pousser, planter, arroser…*

Je comprends

Lis ces phrases et réponds aux questions.

1 L'homme a fini son déjeuner, il a écrit un mot d'adieu, il a pris son sac et il est sorti.

Quels sont les infinitifs des verbes conjugués au passé composé ? Leurs groupes ? Comment se termine à l'oral et à l'écrit le participe passé du verbe du 2e groupe et ceux des verbes du 3e groupe ? Si tu écris cette phrase en commençant par « La femme », quel participe passé change ? Pourquoi ?

Conjugue chaque verbe au passé composé.
Il sourit. – Tu pars. – Vous dites. – Nous mentons. – Elles suivent. – Il comprend. – On agit.

2 Un copain est venu chez moi, on a pu jouer dehors. Quand on a entendu sonner 17 heures, on a voulu goûter. Ensuite, on a eu le temps de lire.

Quels sont les infinitifs des verbes conjugués au passé composé ? Quel est le groupe des quatre premiers ? Comment se terminent les participes passés, à l'oral et à l'écrit ? Commence la première phrase par « Des copains » et explique l'accord.

Conjugue chaque verbe au passé composé à la personne de ton choix.
répondre – perdre – revenir – obtenir – boire – défendre – lire.

3 J'ai fait un joli bouquet et je l'ai offert à la maîtresse.

Quels sont les infinitifs des verbes conjugués au passé composé ? Leur groupe ? Par quelle lettre se terminent les participes passés ?

Récris chaque phrase à la personne du pluriel correspondante.
J'ai ouvert le coffre. – Elle a défait sa valise. – Le chien est mort hier.

J'apprends

Au **passé composé**, les verbes du **2e** et du **3e groupe** ont des participes passés qui se terminent de façons différentes.

Verbes du 2e groupe : participe passé en **-i**	**Verbes du 3e groupe :** participe passé en **-i**, **-u**, **-t**, **-is** ou **-it**
*il a grand**i** ; nous avons réfléch**i***	*il a ment**i** ; il a suiv**i** ; il a voul**u** ; il a fai**t** ; il a ouver**t** ; il a pr**is** ; il a m**is** ; il a d**it** ; il a écr**it***

Quand le passé composé d'un verbe est conjugué avec l'auxiliaire **être**, le participe passé s'accorde avec le sujet : *elle est venu**e***.

Le verbe **avoir** a son participe passé en **-u**.
*J'ai e**u***.

Je m'entraîne

1 * Récris ces phrases au passé composé, souligne les verbes, indique leur infinitif et leur groupe.

Je maigris. – Vous remplissez le panier. – Les hérissons dorment tout l'hiver. – Nous aplatissons la pâte. – Tu avertis ton camarade. – Le jeune garçon blêmit. – Ils établissent une liste. – On obéit. – Le chien sent la fumée.

2 * Écris les phrases avec les verbes conjugués au passé composé.

a. Vous … vos droits. (*défendre*)
b. Le boulanger … tout son pain. (*vendre*)
c. J' … un satellite. (*voir*)
d. Nous … un album sur les ours. (*lire*)
e. Elle … la lettre *p* et la lettre *b*. (*confondre*)

3 * Écris les phrases en complétant chaque participe passé avec *i*, *is* ou *it*. Pour chaque verbe, indique son infinitif et son groupe.

Elle a suiv… le même chemin que moi. – Le chien a poursuiv… le chat. – Ma sœur a m… la table. – On nous a perm… d'entrer. – Nous avons pr… des billets pour le cirque. – La ville a entrepr… de grands travaux. – Pendant la guerre, des bombes ont détru… des villes entières. – J'ai condu… un engin agricole.

4 * Complète chaque phrase avec l'auxiliaire *être* ou l'auxiliaire *avoir* pour former le passé composé.

Le bébé … dormi toute l'après-midi. – Hansel et Gretel se … perdus dans la forêt. – Les ouvriers … répandu du sel sur la route. – Nous … poursuivi notre route. – Vous … revenus pour nettoyer la salle. – Mon grand frère … parti faire un long voyage à pied.

5 ** Récris chaque phrase avec le sujet proposé. Fais attention aux accords.

a. Un astronaute est parti sur la Lune. (*Plusieurs astronautes*)
b. Le cerf a fui devant les chasseurs. (*La biche*)
c. Les voisins sont revenus de leur promenade. (*Ma voisine*)
d. Tout à l'heure, Lisa est descendue du manège en riant. (*Lucas et Julien*)

6 ** Écris une phrase au passé composé avec chacun de ces verbes.

obtenir – retenir – contenir – maintenir – entretenir.

7 * Classe ces verbes conjugués dans la colonne du tableau qui convient. Écris-les à l'infinitif. Puis cherche et écris dans chaque colonne l'infinitif d'un autre verbe.**

Ils ont reçu une lettre. – Tu as dormi. – Le ragoût a cuit tout seul. – Nous avons appris le nom des fleuves de France. – Vous avez cru mon histoire. – Elle a rougi. – J'ai grossi. – La centrale a produit de l'électricité. – Il a peint.

participe passé en **-i**	participe passé en **-t**	participe passé en **-u**	participe passé en **-is**	participe passé en **-it**

Je lis

8 Lis ce texte puis relève les verbes au passé composé. Écris leur infinitif.

Yasmina attend son frère Rachid avec ses parents sur le quai de la gare.

Ils sont arrivés bien trop tôt. […] Ils sont debout au bout du quai. Ils attendent.

Yasmina n'a pas voulu laisser l'attente l'envahir sinon elle sait qu'elle n'est plus bonne à rien. Tous ces derniers jours, elle a fait en sorte d'oublier la venue de Rachid, de la caler juste dans un coin de sa tête, comme un bonheur à qui on rend visite sans y toucher.

« Voilà le train ! Regarde, regarde le voilà ! »

Dans la foule des voyageurs qui arrivent, elle a tout de suite reconnu Rachid. […]

Elle a couru dans ses bras pour avoir le premier baiser.

Jeanne Benameur, *Pourquoi pas moi ?*, Le Livre de poche, Hachette Jeunesse.

J'écris

9 Un jour, tu as eu une grosse peur. Raconte-la en utilisant des verbes au passé composé.

Je comprends

Lis ces phrases et réponds aux questions.

1 Le soleil brillait, les spectateurs étaient nombreux, ils attendaient. Le sauteur **accéléra**, **planta** la perche, **monta** et **retomba** sans toucher la barre.

Quels verbes présentent les actions principales ? À quel temps sont-ils conjugués ? Donne leur infinitif. À quel temps sont conjugués les autres verbes ? Conjugue les verbes en gras à toutes les personnes.

Retrouve les verbes au passé simple.
Le temps était doux, je partis à la pêche. J'étais bien installé quand mon frère téléphona. Un poisson tira soudain sur la ligne. Le bouchon s'enfonça. Je tirai de toutes mes forces.

2 Un lanceur de marteau **alla** vers la cage de lancer. Je le **regardai**. Il **entra**, **souleva** le marteau, **tourna** sur lui-même et le **lança**.

Quel est l'infinitif et le groupe de chaque verbe en gras ? À quel temps ces verbes sont-ils conjugués ? Avec quel temps ne faut-il pas confondre le passé simple à la 1re personne du singulier ? Conjugue la troisième phrase à toutes les personnes. Que constates-tu pour le radical de chaque verbe ? Que remarques-tu à l'oral entre la 2e et la 3e personne du singulier ? À l'écrit ?

Récris les phrases avec les sujets proposés.
Ce jour-là, tu rentras tard. (*il, elles, je*) – Alors, ils plongèrent. (*elle, tu, nous*) – Ces voyages le fatiguèrent. (*Ce voyage*)

J'apprends

Comme le passé composé, le **passé simple** présente des actions **passées**. Il s'emploie en général avec l'imparfait.

Au passé simple, les **terminaisons** des verbes du **1er groupe** et du verbe **aller** sont :

Personnes du singulier	Personnes du pluriel
je ...**ai**	nous ...**âmes**
tu ...**as**	vous ...**âtes**
il/elle/on ...**a**	ils/elles ...**èrent**

⚠ Certaines terminaisons se prononcent de la même façon à l'oral mais ne s'écrivent pas de la même façon : ***tu** chantas* / ***il** chanta*.
⚠ Il ne faut pas confondre le passé simple ***je** chantai* et l'imparfait ***je** chantais*.

La plupart des verbes du 1er groupe et le verbe **aller** (3e groupe) ont le **même radical à toutes les personnes**.

Certains verbes du 1er groupe ont une particularité.
- Dans les verbes terminés en **-guer**, le **u** du radical reste devant **les terminaisons** : *il distingua*.
- Il ne faut pas oublier la **cédille** dans les verbes en **-cer** : *je lançai*.
- Il ne faut pas oublier le **e** dans les verbes en **-ger** : *tu mangeas*.

CONJUGAISON

Je m'entraîne

1 * Recopie les verbes soulignés en les classant en deux colonnes : *imparfait* **et** *passé simple*.

Tout <u>était</u> tranquille sur la mer. Le navire <u>continuait</u> sa route. Les hommes d'équipage <u>dormaient</u>. Tout à coup, la sonnerie d'alerte générale <u>sonna</u>. Les hommes <u>se levèrent</u>. Le capitaine <u>cria</u> des ordres. Le navire <u>stoppa</u>. Un iceberg <u>flottait</u> non loin de là.

2 * Recopie les phrases et souligne les verbes. Puis indique à quel temps ils sont conjugués et donne leur infinitif.

a. Nous tirâmes la barque hors de l'eau.
b. Dans le sentier, un animal passa rapidement.
c. Je refermai la porte, elle grinça.
d. Tu restas dans ta chambre jusqu'au soir.
e. Quand les voitures arrivèrent dans le virage, elles freinèrent.

3 * Recopie uniquement les verbes qui sont conjugués au passé simple et donne leur infinitif.

Des navigateurs quittèrent l'Europe, ils allèrent en Amérique. – Après le décollage, l'avion monta rapidement. – Pendant le mariage, on a chanté. – Les pompiers évacuèrent les blessés. – Je jetai du grain aux pigeons. – On avait froid et on attrapait facilement un rhume. – On pêcha toute la journée. – Le président inaugura le monument. – Autrefois, je jouais aux petites voitures.

4 ** Écris cette phrase au passé simple à toutes les personnes.

Tu allas prendre une belle pêche, tu l'épluchas et tu la mangeas.

5 ** Récris chaque phrase en conjuguant les verbes entre parenthèses au passé simple.

a. Élodie (*ranger*) sa chambre.
b. Deux chiens (*arriver*) derrière nous.
c. Le chat (*avancer*) doucement.
d. Je (*raconter*) mon aventure.
e. Le bateau (*naviguer*) longtemps.
f. L'arbitre (*annoncer*) le match nul.

6 ** Imagine une suite à chaque phrase en employant un verbe du 1er groupe au passé simple.

a. Mon père roulait tranquillement quand tout à coup … .
b. Nous mangions le dessert, soudain … .
c. Le chien dormait, brusquement … .
d. Comme j'allais m'endormir, … .

7 ** Récris ce texte en remplaçant le passé composé par le passé simple.

Les deux petits cochons sont allés chez le troisième cochon dans sa maison en pierre. Le loup est arrivé, il a soufflé. La maison a résisté. À l'intérieur, les cochons ont allumé un feu et ils ont posé une grande marmite d'eau dessus. Le loup est monté sur le toit et il est tombé dans l'eau bouillante.

8 * Complète avec** *ai* **ou** *ais*.

a. « Autrefois, les machines à laver n'existaient pas, je lav… le linge au lavoir », raconte Mamie.
b. Soudain, le sanglier traversa, je frein… et stopp… .
c. Quand la moto dérapa, je pouss… un cri.
d. Il faisait chaud, nous étions à l'ombre, je regard… des magazines.

Je lis

9 Lis ce texte puis relève les verbes au passé simple et indique à quelle personne ils sont conjugués.

À l'époque j'avais dix ans et je croupissais dans un pensionnat au fin fond du Whiteshire. […] Une lettre de ma mère m'avait rendu nostalgique. Battling Beaumont m'avait coincé dans le placard à chaussures et m'avait tartiné les cheveux de cirage noir. Je m'étais empêtré dans un exercice d'orthographe, et M. Carter m'avait envoyé au coin pour toute la durée du cours avec un bouquin en équilibre sur la tête (sa torture préférée). Jamais je ne m'étais senti aussi malheureux. Je gravai mes initiales dans le plâtre du mur et pris la décision irrévocable de m'évader.

Je m'éclipsai le dimanche suivant pendant l'après-midi. […] J'escaladai la clôture au fond du parc, derrière les arbres, là, on ne risquait pas de me voir et je détalai.

Michaël Morpurgo, *Le Lion blanc*, traduction Noël Chasseriau, « Folio Cadet », © Gallimard Jeunesse.

J'écris

10 Imagine la suite de l'évasion du jeune garçon. Écris-la au passé simple à la troisième personne du singulier. Utilise des verbes du 1er groupe comme : *arrêter*, *arriver*, *demander*, *écouter*, *monter*, *rentrer*, *retourner*, *rouler*, *trouver*.

Le jeune garçon marcha…

Je comprends

Lis ces phrases et réponds aux questions.

1 Les spectateurs **applaudirent** quand le clown **sortit**.

À quels groupes appartiennent ces verbes ? Conjugue le verbe du 2e groupe et celui du 3e groupe au passé simple, à toutes les personnes. Que constates-tu pour les terminaisons et pour le radical à la 1re personne et la 2e personne du pluriel ? Pour le verbe du 2e groupe, compare les trois personnes du singulier au passé simple avec celles au présent de l'indicatif. Que remarques-tu ?

Récris chaque phrase en conjuguant les verbes au passé simple.
Nous bâtissons notre maison. – Il dit des choses désagréables. – Les élèves partent.

2 Le départ **eut** lieu malgré la pluie. Les pilotes **purent** montrer leur adresse. Ce **fut** une belle course. Le gagnant **reçut** une coupe en argent.

Quel est l'infinitif des verbes en gras ? Conjugue le dernier verbe à toutes les personnes. Quelle est la terminaison pour chaque personne ? Quel est le radical ? Que remarques-tu à la 1re personne et la 2e personne du pluriel ?

Écris les verbes au passé simple avec les sujets proposés.
courir → je, elles ; lire → tu, nous ; vouloir → la patineuse, les patineurs.

3 Le ciel **devint** menaçant, l'orage éclata aussitôt.

Comment se termine le radical du verbe en gras à l'oral ? Et à l'écrit ?

Récris chaque phrase au passé simple.
Il parvient à monter. – Il tient la corde. – Elle obtient son diplôme. – Il revient ici.

J'apprends

— Au **passé simple**, les verbes du **2e** et du **3e groupe**, ainsi que les **auxiliaires être** et **avoir**, ont les mêmes terminaisons :

Personnes du singulier	Personnes du pluriel
je …**s**	nous …**mes**
tu …**s**	vous …**tes**
il/elle/on …**t**	ils/elles …**rent**

⚠ Les terminaisons des trois personnes du singulier se prononcent de la même façon à l'oral mais ne s'écrivent pas de la même façon : *je finis, tu finis, il finit*.

⚠ Aux 1re et 2e personnes du pluriel, il ne faut pas oublier l'accent circonflexe : *nous eûmes*.

— La conjugaison des verbes du **2e groupe** et des verbes **dire** et **rire** est la même aux trois premières personnes du singulier du passé simple et du présent de l'indicatif :
je finis, tu finis, il finit ; je dis, tu dis, il dit.

⚠ Il ne faut pas confondre : *vous dites* (présent) et *vous dîtes* (passé simple).

Je m'entraîne

1 * Écris l'infinitif des verbes soulignés.

Elle fit son lit avant de déjeuner. – Un jour, il écrivit une poésie. – Je pus arriver à l'heure. – Ils mirent longtemps à faire leurs devoirs. – Nous fûmes rapidement dehors. – J'eus très mal au ventre. – Elles agirent très vite.

2 * Recopie les phrases, souligne les verbes conjugués et écris-les à l'infinitif.

a. Nos invités eurent le sourire.
b. Elles devinrent jalouses de Cendrillon.
c. Tu courus dans notre direction.
d. De nombreux marins perdirent la vie en mer.
e. Il comprit le problème tout de suite.

3 ** Recopie le tableau et complète-le avec l'infinitif de chaque verbe.

	radical terminé par **-i** *ou* **-î**	radical terminé par **-u** *ou* **-û**	radical terminé par **-in** *ou* **-în**
infinitifs (verbes du 2e groupe)			
infinitifs (verbes du 3e groupe)			
infinitifs (auxiliaires)			

Nous atterrîmes en douceur. – Ils eurent très froid. – Nous crûmes à une farce. – Les sauterelles envahirent le champ. – Il retint sa respiration. – Je vendis de vieux objets. – Tu bus ton café. – Nous perdîmes beaucoup d'argent. – Nous revînmes sur nos pas. – Nous fûmes très en retard.

4 ** Récris cette phrase à la première et à la troisième personne du singulier puis du pluriel.

Tu pris le ballon et tu fis un dribble.

5 ** Récris chaque phrase au passé simple en gardant la même personne.

Il veut un nouveau vélo. – Elle ne peut se retenir de tousser. – Je reviens avec mon frère. – Nous voyons un rayon de lumière. – Ils repartent à pied. – Ce feu d'artifice est magnifique. – Il leur dit : « bonne chance ! ». – Tu es excellent dans ton rôle.

6 ** Écris les verbes suivants au passé simple à la troisième personne du singulier puis du pluriel.

voir une vipère – prendre un bain – faire le ménage – dire aux enfants d'être prudents – mettre la table.

7 * Récris ce texte en parlant seulement de Pierre.**

Pierre et Arthur partirent pour l'école. Ils ratèrent le bus. Alors ils revinrent à la maison et prirent leur vélo. Ils accrochèrent leur sac sur leur vélo comme ils purent. Ils eurent très peur d'être en retard mais ils furent juste à l'heure !

Je lis

8 Lis ce texte puis recopie les verbes au passé simple. Souligne de deux couleurs différentes ceux du 2e groupe et ceux du 3e groupe.

La Chèvre de Monsieur Seguin

Tout à coup le vent fraîchit. La montagne devint violette ; c'était le soir...

– Déjà ! dit la petite chèvre ; et elle s'arrêta fort étonnée.

En bas, les champs étaient noyés de brume. Le clos de M. Seguin disparaissait dans le brouillard, et de la maisonnette on ne voyait plus que le toit avec un peu de fumée. Elle écouta les clochettes d'un troupeau qu'on ramenait, et se sentit l'âme toute triste... Un gerfaut, qui rentrait, la frôla de ses ailes en passant. Elle tressaillit... puis ce fut un hurlement dans la montagne :

– Hou ! hou !

Elle pensa au loup ; de tout le jour la folle n'y avait pas pensé... Au même moment une trompe sonna bien loin dans la vallée. C'était ce bon M. Seguin qui tentait un dernier effort. [...]

Blanquette eut envie de revenir.

Alphonse Daudet, *Lettres de mon moulin.*

J'écris

9 Raconte la fin de l'histoire de la petite chèvre de M. Seguin en employant le passé simple et l'imparfait.

Je me souviens

Le **futur**, l'**imparfait** et le **passé simple**, comme le présent de l'indicatif et de l'impératif, sont des **temps simples**.

- Le **futur de l'indicatif** exprime des faits qui se dérouleront **plus tard**.
- L'**imparfait** et le **passé simple** sont des temps du **passé**.

Quand on raconte une scène, le passé simple présente les actions principales et l'imparfait décrit des lieux, des personnes, des habitudes…

Le **passé composé** de l'indicatif est un temps composé.

- Il est formé des **auxiliaires avoir** ou **être** au présent et du **participe passé** du verbe conjugué : *il* ***a*** *pleur****é****, il* ***a*** *bond****i****, il* ***a*** *di****t****, il* ***est*** *descend****u****, il* ***a*** *pri****s****.*
- Quand le **passé composé** est formé avec l'auxiliaire **être**, le participe passé **s'accorde** avec le sujet : *elle* ***est*** *parti****e****, ils* ***sont*** *mont****és****.*

Indicatif					
Temps simples				**Temps composé**	
Futur	Imparfait	Passé simple		Passé composé	
1er, 2e, 3e groupes	1er, 2e, 3e groupes	1er groupe + *aller*	2e, 3e groupes + auxiliaires	*Exemple :* manger	*Exemple :* partir
je …**rai** tu …**ras** il/elle/on …**ra** nous …**rons** vous …**rez** ils/elles …**ront**	je …**ais** tu …**ais** il/elle/on …**ait** nous …**ions** vous …**iez** ils/elles …**aient**	je …**ai** tu …**as** il/elle/on …**a** nous …**âmes** vous …**âtes** ils/elles …**èrent**	je …**s** tu …**s** il/elle/on …**t** nous …**mes** vous …**tes** ils/elles …**rent**	j'**ai** mang**é** tu **as** mang**é** il/elle/on **a** mang**é** nous **avons** mang**é** vous **avez** mang**é** ils/elles **ont** mang**é**	je **suis** part**i**(**e**) tu **es** part**i**(**e**) il/elle/on **est** part**i**(**e**) nous **sommes** part**i**(**e**)**s** vous **êtes** part**i**(**e**)**s** ils/elles **sont** part**i**(**e**)**s**

→ *Tableaux de conjugaison pp. 204-211*

Je m'exerce

1 * Indique à quel temps chaque verbe est conjugué : futur, imparfait, passé simple. Donne son infinitif.

a. Il défit ses lacets.
b. Je courais.
c. Tu ne mentiras pas.
d. Elle but beaucoup.
e. Nous viendrons.
f. Vous obéissiez.
g. Ils avancèrent.
h. Je dansai.
i. Elles ne disaient rien.

2 * Recopie les verbes dans un tableau sur le modèle suivant, dans la colonne qui convient. À côté de chaque verbe, écris à quel temps il est conjugué.

Le vendeur a renseigné le client. – La fusée décolla. – Des galets brillaient sur le sable. – Je criai. – Nous avions bonne mine. – Tu es allé chez le dentiste. – Elle a vomi. – Elle prit froid. – Le maître a interdit ce jeu brutal. – Ils ont été trop curieux. – Nous voyions le chat guetter l'oiseau. – J'ai pu approcher du chanteur.

Temps simple	Temps composé

CONJUGAISON

3 * **Pour chaque phrase, écris le temps du verbe, son infinitif, son groupe et la personne à laquelle il est conjugué.**

a. Mon chien voulait du sucre.
b. J'ai eu beaucoup d'ennuis.
c. Tu seras à l'aéroport.
d. Ils apprirent l'accident deux jours plus tard.
e. Vous irez à la campagne.
f. Nous avons glissé sur le sol mouillé.
g. Elles verront la cathédrale illuminée.

4 * **Récris les phrases de l'exercice 3 à la personne du singulier ou du pluriel correspondante.**

5 * **Récris chaque phrase avec un pronom sujet qui convient. Fais attention aux accords.**

… échappa aux chiens. – … sont allées sur le lac. – … lancèrent des confettis. – … envahirons le stade. – … mis un chapeau. – … changeai de costume.

6 * **Récris chaque phrase avec les sujets donnés.**

a. Il est venu nous voir. (*ils/elles*)
b. Je voyais les matchs à la télé. (*nous/elles*)
c. Nous rangions notre chambre. (*je/vous*)
d. Il avertira tes parents. (*j'/nous*)

7 * **Recopie le tableau et écris les verbes aux temps et à la personne indiqués.**

Verbe	Personnes	Futur	Imparfait	Passé simple	Passé composé
Voir	2e pers. du sing.				
Surprendre	1re pers. du plur.				
Aller	2e pers. du plur.				
Avertir	3e pers. du sing.				
Oublier	3e pers. du plur.				
Pouvoir	1re pers. du sing.				
Dire	2e pers. du plur.				
Jouer	1re pers. du sing.				

8 ** **Recopie chaque phrase et entoure *être* ou *avoir* quand ils sont employés comme auxiliaires.**

Elle a faim. – Le bébé est dans son berceau. – Elles sont allées en classe de mer. – Les vendangeurs ont coupé le raisin. – Le ciel est nuageux. – J'ai aimé ce jeu. – Elle a nagé en souplesse. – Ils sont toujours présents. – Ils ont raison.

9 ** **Récris chaque phrase avec le verbe qui convient conjugué au temps indiqué.**

saluer – passer – tenir – remplacer – entreprendre – conduire.

a. Elles … leurs promesses. (*passé composé*)
b. Nous … de grands travaux pour rénover la maison. (*passé simple*)
c. Tu … une voiture jaune. (*futur*)
d. Il … notre maîtresse. (*imparfait*)
e. Je … le public à la fin du spectacle. (*futur*)
f. Les deux garçons … par là. (*passé composé*)

10 ** **Écris la suite du texte au passé simple.**

Cendrillon pleura. Sa marraine arriva. Elle lui donna de beaux habits et un carrosse. Cendrillon put aller au bal. Quand les douze coups de minuit …

11 *** **Repère les phrases qui ne sont pas à l'imparfait. Récris-les à l'imparfait.**

Vous taillez les rosiers. – Je chantais juste. – Nous cueillions des cerises. – Nous crions notre joie. – Je traversai. – Vous gagniez souvent au loto. – Vous croyez au père Noël.

12 *** **Recopie le texte en remplaçant *nous* par *on*.**

Nous partîmes nous baigner dans la rivière. Nous commençâmes à nous déshabiller. Nous avions notre maillot de bain sous notre pantalon. Nous ôtâmes nos vêtements un à un. Nous choisîmes un endroit sec, nous les pliâmes et nous les déposâmes avec soin. Ensuite nous plongeâmes. Nous ressortîmes quelques minutes après car nous avions froid.

13 *** **Écris ces infinitifs dans la colonne qui convient. Puis rédige une phrase avec chacun d'eux au passé composé à la troisième personne du pluriel.**

sortir – expliquer – entrer – recevoir – partir – savoir – remplir.

Se conjugue avec *être* au passé composé	Se conjugue avec *avoir* au passé composé

14 *** **Récris ce texte au passé composé.**

Un matin, des ennemis du seigneur attaquèrent le château fort. Les habitants du château coururent se réfugier dans le donjon. On remonta le pont-levis et on ferma la herse. Le seigneur donna des ordres à ses guerriers. Ils allèrent à leur poste et commencèrent à défendre le château.

Identifier le verbe : temps, personnes, infinitif, groupes

1 Recopie les phrases, puis souligne les verbes. Indique s'ils sont au passé, au présent ou au futur.

J'habite en Corse, pas très loin de la mer. – Pour ses quatorze ans, mon frère aura un scooter. – La machine à écrire a été inventée en 1873. – La semaine dernière, nous avons regardé un film sur la pollution. – Vous timbrez toujours vos lettres avec un timbre orné d'un cœur. – Il y a trente ans, les Français ne consommaient pas de céréales au petit-déjeuner. – Aux vacances prochaines, les contrôles sur la route seront renforcés.

2 Recopie les verbes soulignés dans un tableau sur le modèle suivant. Puis écris leur infinitif.

Nous partirons demain. – Mon animal préféré est le chat. – Ma sœur et moi avons la même robe. – Elles parlent d'une voix forte. – L'hiver, les loups devenaient féroces. – Par cette petite ouverture, on entre dans la grotte. – Vous révisez pour les évaluations. – Il passe des journées entières sur ce banc. – Tu as peur des souris. – Ton frère et toi mangiez beaucoup de pain.

	1re personne	2e personne	3e personne
singulier			
pluriel			

3 Indique à quelles personnes sont conjugués les verbes soulignés. Donne leur infinitif.

Lucas aime les bords du canal. Il y va souvent avec ses parents. Ils observent les bêtes aquatiques. Je les accompagne parfois. Des hérons prennent leur envol dès que nous approchons. « Vous savez, dit toujours le père de Lucas, quand j'étais petit, les hérons étaient peu nombreux, je n'en voyais presque jamais. »

4 Indique qui est désigné par les pronoms personnels sujets soulignés.

À la fin du match de foot, Paul est fou de joie. Il crie à ses parents :
– « Vous avez vu, j'ai marqué un but moi aussi ! »
Dylan vient vers Paul :
– « Tu as marqué un beau but, je te félicite ! »
Florian et Louis arrivent ensuite :
– « Nous avons inscrit les deux premiers buts ! »
– « Vous avez marqué trois buts, c'est bien. » dit l'entraîneur.

5 Relève les verbes conjugués et classe-les dans un tableau suivant leur groupe.

La forêt occupe le quart de notre territoire. 136 espèces d'arbres poussent le long des sentiers et des cours d'eau. Les forêts produisent de grandes quantités d'oxygène et retiennent les poussières. Des dangers les menacent cependant : les incendies et la pollution. Certains champignons ou insectes qui envahissent la végétation peuvent aussi causer des dégâts.

6 Pour chacun des verbes suivants, trouve un verbe ayant le même sens. Écris l'infinitif puis une phrase avec chacun des verbes trouvés. Tu peux t'aider du dictionnaire.

défendre – finir – dissimuler – causer – demeurer – mijoter.

7 Pour chacun des verbes suivants, trouve un verbe ayant le sens opposé. Écris l'infinitif puis donne le groupe de chacun des verbes trouvés. Tu peux utiliser le dictionnaire.

défendre – finir – augmenter – se taire – échouer – récompenser.

Le présent de l'indicatif

8 Récris ces phrases en remplaçant *tu* par *vous*.

Tu me fais bien plaisir. – Tu prévois l'avenir. – Tu endors ta petite sœur. – Tu revends cet ordinateur. – Tu deviens de plus en plus rapide. – Tu es encore à la gare. – Tu veux encore des bonbons. – Tu subis une opération. – Tu as une console de jeux.

9 Récris ces phrases en remplaçant *nous* par *je*.

Nous tondons la pelouse. – Nous comprenons bien l'anglais. – Nous buvons du thé. – Nous avons une mèche rebelle. – Nous conduisons trop vite. – Nous sommes en retard. – Nous écrivons dans la marge. – Nous applaudissons. – Nous louons un chalet à la montagne.

10 Remplace les sujets au singulier par des sujets au pluriel, en gardant la même personne.

Le chauffeur de taxi conduit prudemment. – Le médicament a un goût amer. – Je place le bureau à côté de la fenêtre. – Le cerf prend la fuite. – Pour goûter, je mange des biscottes. – L'élève fait des erreurs. – Tu peux répondre. – Le chasseur surprend le gibier. – Il va dans la piscine. – La cloche retentit. – L'acrobate perd l'équilibre.

11 **Récris les phrases en conjuguant les verbes au présent de l'indicatif.**

a. Je (*remercier*) le chauffeur et je (*descendre*) de la voiture.
b. Nous (*lancer*) la balle et nous la (*rattraper*).
c. Les sangliers (*venir*) dans les champs et (*gratter*) la terre.
d. Ils (*avoir*) besoin de se reposer, ils (*dormir*) dans la journée.
e. Avec un seau, une pelle et du sable, les enfants (*devenir*) des bâtisseurs.
f. Vous (*prendre*) une paille et vous (*siroter*) votre orangeade.

12 **Récris chaque phrase en remplaçant les mots soulignés par un verbe de même sens.**

Ils <u>deviennent plus gros</u>. – Tu <u>fais prisonnier</u> cet animal sauvage. – Il <u>donne une punition</u>. – Nous <u>détruisons</u> la maison. – L'alpiniste <u>gravit</u> la montagne. – Ils <u>donnent la définition de</u> ce mot. – Le fleuve <u>recouvre d'eau</u> la campagne. – Nous <u>ne connaissons pas</u> son nom.

13 **Récris les phrases en conjuguant les verbes proposés au présent de l'indicatif.**

a. La sentinelle … une lueur inhabituelle. (*apercevoir*)
b. L'avion … au loin. (*disparaître*)
c. Ils … plusieurs kilomètres par jour. (*parcourir*)
d. Je ne … pas où il se trouve. (*savoir*)
e. Vous … bien cet homme. (*connaître*)
f. Ces arbres … des fruits exquis. (*produire*)
g. On … que l'automne approche. (*sentir*)

14 **Récris ce texte en commençant par** *Les caméléons…*

Le caméléon est un animal étrange. Il vit en Afrique du Nord. Il peut changer de couleur selon le lieu où il se trouve. Il a une longue langue collante avec laquelle il capture ses proies. La femelle pond une trentaine d'œufs qu'elle enterre. Le caméléon doit prendre garde aux serpents qui sont ses ennemis.

15 **Récris ces phrases au présent de l'indicatif.**

a. Le prix de l'essence a augmenté, alors nous avons préféré prendre les transports en commun.
b. Les différents pays voudront limiter la pollution, ils inciteront les fabricants à récupérer les déchets.
c. Les ouvriers ont arrêté de travailler, ils ont manifesté pour l'amélioration de leurs conditions de travail.
d. Le parlement des enfants a réuni des élèves de CM2. Les enfants ont pris la place des députés.

Le présent de l'impératif

16 **Recopie le tableau et classe les phrases dans la colonne qui convient. Indique l'infinitif de chaque verbe.**

Regarde par la fenêtre. – Finissez votre bricolage. – Lavons la voiture. – Ne traversez pas. – Lis lentement. – Prenons à gauche. – Va dans ta chambre.

2e personne du singulier	1re personne du pluriel	2e personne du pluriel

17 **Écris ces phrases aux trois personnes du présent de l'impératif.**

Être audacieux – Avoir bon cœur – Protéger la forêt.

18 **Écris ces phrases à la 2e personne du singulier du présent de l'impératif.**

Parler moins fort. – Brancher le grille-pain ici. – Aller directement à l'hôtel. – Vérifier les freins. – Voir où il est parti. – Avertir le propriétaire. – Ranger les valises au grenier.

19 **Écris ces phrases à la 2e personne du pluriel du présent de l'impératif.**

Faire un essai d'abord. – Boire beaucoup d'eau. – Avoir tout le matériel pour lundi. – Quitter cette maison sinistre. – Colorier le dessin. – Revenir avant minuit. – Donner les clés de l'appartement au voisin.

20 **Recopie les phrases en indiquant si les verbes sont conjugués au présent de l'indicatif ou au présent de l'impératif.**

a. Le maître nageur explique […] : « plie […] les genoux et respire […].
b. Dis-le-nous […], nous sommes […] discrets.
c. Réfléchis […] bien, tu peux […] réussir.
d. Tiens […] bon, on arrive […].
e. Tu es […] la meilleure en sprint, crois-moi […].
f. Écris lisiblement […] sinon personne ne parvient […] à te lire.

21 **Récris les phrases en conjuguant les verbes au présent de l'impératif.**

a. (*prendre*) votre sac de plage et (*venir*) avec nous.
b. (*faire*) notre gymnastique matinale.
c. (*boire*) ton jus d'orange et (*courir*) à l'école.
d. (*poser*) ton verre et (*continuer*) tes devoirs.
e. (*chanter*) notre chanson préférée.

22 **Recopie puis complète le tableau. Il doit y avoir, pour chaque ligne, le même verbe à la même personne.**

présent de l'impératif	présent de l'indicatif
	tu as
ayez	
	nous sommes
sois	
	tu cries
va	
	tu ris
souriez	
	tu joues

23 **Récris le texte au présent de l'impératif, à la 2e personne du singulier.**

Pour être en bonne santé : avoir une nourriture équilibrée ; manger des légumes verts et boire beaucoup d'eau ; ne pas fumer ; pratiquer un sport ; faire une marche quotidienne ; dormir de dix à douze heures ; ne pas veiller trop tard le soir.

Le futur de l'indicatif

24 **Recopie le tableau puis complète-le en écrivant les verbes au futur de l'indicatif.**

	nous	ils	je	vous
diminuer				
trahir				
dire				
vouloir				
effacer				
voir				
subir				
confier				

25 **Récris les phrases au futur de l'indicatif.**

Nous mangeons de bon appétit. – Partez à sa rencontre. – Elles sont allées au spectacle de marionnettes. – J'aide un malvoyant à traverser la rue. – Vous faites des mots croisés. – Les campeurs installaient leur tente près de la rivière.

26 **Récris les phrases en conjuguant les verbes au futur de l'indicatif.**

a. Je (*colorier*) cette carte.
b. Elle (*confier*) ses économies à la banque.
c. Le taxi (*venir*) nous chercher.
d. Ils (*remercier*) gentiment leur ami.
e. Tu (*apprécier*) le panorama.
f. Vous (*étudier*) le corps humain.
g. Nous (*rougir*) dès que nous (*entendre*) notre nom.

27 **Écris l'infinitif des verbes de chaque phrase.**

Nous reviendrons. – Vous le saurez. – Nous le reverrons. – Ira-t-elle au cinéma ? Tu voudras bien. – Je le retiendrai. – Elle aura vingt ans. – Que feras-tu ? – Elles ne pourront pas.

28 **Reconstitue les phrases de chaque série et écris-les.**

Nous	photographieront	cette chanson	quand	tu	apportera	les maillots.
Ils	répéterons	leur équipe	quand	l'entraîneur	auras	la partition.

Je	repartirez	avec vous	dès que	vous	arriverai.
Vous	repartirai	avec moi	dès que	j'	arriverez.

Tu	ira	à tes parents	lorsque	tu	sera	à la gare.
Elle	téléphoneras	au cinéma	lorsqu'	elle	seras	prête.

29 **Récris les phrases en ajoutant un verbe de ton choix au futur.**

a. Je préparerai du café et nous … .
b. Vous terminerez cette lettre et je … .
c. À la plage, Anaïs se baignera et … .
d. Mercredi tu joueras dans le jardin et tu … .
e. Ils descendront du bus et … .

30 **Écris ces verbes à la 3e personne du singulier du futur. Entoure les verbes qui doublent le *r* au futur.**

dire – courir – faire – voir – apercevoir – accourir – revoir.

31 **Récris ce texte au futur.**

Longe le stade. Traverse la voie ferrée et contourne un groupe de sapins. Suis le chemin sablonneux entouré de haies puis va jusqu'à la lisière du bois. Fais attention à ce que personne ne te suive. Emprunte le sentier à gauche. Un peu plus loin près d'un petit pont de pierre, creuse pour trouver le trésor.

L'imparfait de l'indicatif

32 **Recopie et complète le tableau.**

	présent de l'indicatif nous	imparfait de l'indicatif nous
agir		
avoir		
vendre		
être		
venir		
voir		
crier		
aller		
jouer		

33 **Recopie le tableau. Indique, par une croix, à quel temps le verbe est conjugué. Puis écris l'infinitif du verbe.**

	présent	imparfait
a. Vous oubliiez votre chapeau.		
b. Nous désignons notre chef.		
c. Nous signons la lettre.		
d. Vous fuyez à l'arrivée de votre ennemi.		
e. Nous obtenions une récompense.		
f. Vous interrompiez votre discours.		
g. Nous habillions la poupée en rose.		
h. Vous liiez les paquets ensemble.		

34 **Récris les phrases en conjuguant les verbes à l'imparfait.**

Nous prévoy... de manger dans le jardin car il fais... chaud. – Vous oubli... toujours vos clés ; alors vous sonn... chez moi. – Mon père prépar... toujours le poisson qu'il pêch... . – Pendant les vacances, j'aid.... maman, j'épluch... les légumes, je lav... les fruits, je mett... la table. – Tu connaiss... l'homme dont la victime parl... .

35 **Récris les phrases à l'imparfait.**

Pierre range toujours ses maquettes sur l'étagère. – Le chien dort dans sa niche tous les soirs. – Le matin, je prends des céréales avec du lait. – Tu refais le même exercice plusieurs fois. – En grandissant, vous devenez de plus en plus fort. – Nous recevons beaucoup de courrier. – Tu saisis le ballon et tu le lances dans le panier.

36 **Récris les phrases en conjuguant les verbes à l'imparfait.**

a. Cet enfant (*être*) difficile, il (*commencer*) à pleurer dès son réveil.
b. Après la tempête, les arbres (*barre*) les routes, la boue (*envahit*) les trottoirs.
c. Chaque fois que mon cousin (*venir)* nous voir, il (*apporter*) des chocolats.
d. Je (*marcher*) quatre heures le matin, je (*manger*) et je (*faire*) une sieste.
e. Quand nous (*aller*) chez notre grand-mère, elle nous (*raconter*) des histoires.
f. Depuis quelque temps, tu (*dormir*) mal, tu (*dire*) que tu (*avoir*) mal à la tête.
g. Vous (*inviter*) vos amis et vous (*jouer*) aux cartes.

37 **Construis un tableau sur le modèle suivant, puis classe les verbes avec leurs sujets.**

verbes du 1er groupe	verbes du 3e groupe

Tu grandissais vite. – Je sortais tôt. – Il avertissait les secours à chaque alerte – Vous palissiez de colère – Nous guérissions rapidement – Elle revenait de la gare à pied.

38 **Récris ce texte en commençant par** : *Quand nous...*

Quand j'étais petit, le matin de Pâques, je courais dans le jardin. Je fonçais vers le massif de fleurs jaunes, je ramassais les œufs en chocolat. Je commençais à en croquer quelques-uns. Ensuite, j'allais, je venais, je cherchais sous les buissons pour trouver la traditionnelle poule en chocolat. Je lui mangeais la tête. J'examinais tous les recoins du jardin, je ne voulais rien oublier.

39 **Récris ce texte à l'imparfait en commençant par** : *Autrefois...*

Grand-mère se lève la première. Elle allume le feu dans la cuisinière avec du papier puis elle met du bois. Elle fait le petit-déjeuner pour toute la famille. Elle réveille les enfants. Ensuite, elle va dans la basse-cour, elle donne du grain à la volaille, elle coupe de l'herbe pour les lapins.

40 **Cherche dans ton dictionnaire comment se conjuguent les verbes suivants à l'imparfait. Puis emploie chacun de ces verbes dans une phrase à l'imparfait, à la 1re personne du singulier.**

éteindre – peindre – craindre – plaire.

Le passé composé de l'indicatif

41 **Recopie les phrases, souligne les verbes et écris leur infinitif.**

Vous avez beaucoup hésité. – J'ai reçu des lettres. – Théo nous a écrit régulièrement. – As-tu pris tes lunettes ? – Nous ne sommes pas venues par le train. – Tom est tombé d'une échelle hier après-midi.

42 **Récris les participes passés en les complétant avec *é, ée, és* ou *ées*.**

a. Nous avons pos... une question.
b. « Nous sommes all... dans le grenier et nous avons trouv... de vieilles robes », disent les trois fillettes.
c. Elle est entr... dans le musée il y a deux heures.
d. Il est rest... auprès de son cousin toute la journée.
e. Des vents forts ont souffl... toute la nuit.
f. Les hirondelles sont arriv... tard cette année.

43 **Recopie le tableau puis complète-le en écrivant les verbes au passé composé.**

	monter sur le manège	crier et rire
Mathéo		
Je *(Anna)*		
Nous *(les élèves)*		
Noémie et Julie		
Tu *(Corentin)*		

44 **Récris les phrases en mettant les verbes au passé composé de l'indicatif.**

a. Il (*aller*) en Angleterre et il (*photographier*) le pont de Londres.
b. J'(*avoir*) peur de l'orage et j'(*dormir*) dans la chambre de mes parents.
c. Elle (*venir*) pour prendre un rendez-vous et elle (*repartir*) aussitôt.
d. Nous (*voir*) de superbes animaux dans cette réserve, nous (*faire*) de nombreuses photographies.
e. Ils (retourner) en vacances au même endroit et ils (*apprécier*) leur séjour.
f. Elle (*avoir*) une maladie grave et elle (*maigrir*) de cinq kilos.
g. Vous lui (*faire*) des excuses car vous (*être*) grossiers.

45 **Récris ce texte au passé composé.**

En 1923, le confiseur français Georges Évrard invente la sucette. Il en a l'idée en voyant des enfants manger des sucres d'orge. Il fixe un bâton à un bonbon en forme de fer de lance. Très vite il varie les parfums. Puis un Espagnol, Enrique Bernard, invente en 1958 la sucette ronde et fonde la marque Chupa Chups.

Le passé simple de l'indicatif

46 **Écris l'infinitif des verbes soulignés, et indique s'ils sont conjugués à l'imparfait ou au passé simple.**

Quand j'<u>étais</u> malade, je <u>passais</u> mon temps à regarder par la fenêtre. Un jour, je <u>remarquai</u> une étrange agitation chez les voisins d'en face. Des voleurs <u>pénétraient</u> dans la maison. Je <u>téléphonai</u> alors à la police qui <u>arriva</u> sur les lieux aussitôt.

47 **Recopie et complète le tableau.**

	imparfait	passé simple	présent	futur
je (*crier*)				
nous (*annoncer*)				
tu (*protéger*)				
vous (*dire*)				
on (*rire*)				
ils (*distinguer*)				

48 **Lis les phrases puis écris les verbes conjugués au passé simple dans un tableau sur le modèle suivant.**

a. Un jour à la télévision je vis un film sur le Sahara.
b. Une équipe de télévision survola la forêt amazonienne en montgolfière.
c. Les renardeaux entendirent du bruit derrière eux.
d. Nous vécûmes heureux dans cette petite maison.
e. Bientôt tu ne pus plus résister.

verbes conjugués	personne	singulier ou pluriel	infinitif	groupe

49 **Recopie les phrases en les complétant avec un verbe de ton choix au passé simple.**

a. Il ne faisait pas de bruit, mais soudain il ... .
b. La voiture roulait à vive allure quand un piéton ... .
c. Je courus et brusquement je ... .
d. Nous avancions doucement quand nous ... .
e. Tu attendais devant l'école puis tu ... .

50 **Récris les phrases au passé en utilisant l'imparfait et le passé simple.**

Huit heures sonnent. Ludivine sursaute. Vite, elle finit son déjeuner, attrape son cartable et dévale les escaliers. D'habitude, elle prend son temps pour se rendre à l'école. Mais là, elle court tout le long du chemin. Elle franchit le portail du collège avec quelques autres élèves retardataires. Elle n'a pas trop de retard.

ORTHOGRAPHE

Je comprends

Lis ces mots et réponds aux questions.

Quelle aide pour choisir l'écriture d'un son ?

1 **a.** une c**ai**sse – un c**ai**ssier – un c**ai**sson – une c**ai**ssette – enc**ai**sser
b. la n**ei**ge – n**ei**ger – l'enn**ei**gement – n**ei**geux

Pourquoi, dans les mots de la liste *a*, le son [ɛ] s'écrit-il toujours de la même façon ? Et dans la liste *b* ? Que peux-tu en conclure ?

Trouve d'autres mots de la famille de *blanc* **et** *dent*.

Quelle écriture particulière ?

2 **a.** **h**eureux – mal**h**eureux – bien**h**eureux – **h**eureusement
b. **compt**er – **compt**eur – **compt**age – dé**compt**er – re**compt**er

Lorsqu'un mot d'une famille a une écriture particulière, que se passe-t-il pour les autres mots de cette famille ?

Trouve d'autres mots de la famille de *descendre*.

Quelle lettre muette à la fin d'un mot ?

3 une cliente → un client – un tapissier → un tapis – galoper → un galop – méchante → méchant – grosse → gros – froide → froid

Relève les lettres qui ne se prononcent pas à la fin des mots.
Quelle aide peux-tu avoir pour trouver les lettres finales de ces mots ?

Trouve un mot de la même famille que : *rond – front – saut – gras*.
Aide-toi du dictionnaire.

in ou *un* ?

4 un mat**in** → une matinée – un pat**in** → il patine – chac**un** → chacune

Quelle aide t'apporte un mot de la même famille pour écrire le son [ɛ̃] ?

Complète les mots avec *in* **ou** *un*.
une petite lapine → un petit lap... – aucune robe → auc... costume.

ORTHOGRAPHE

J'apprends

— Un **son s'écrit** toujours de la **même façon** dans les **mots d'une même famille** :
une ***dent*** *→ un* ***dent****iste → un* ***dent****ier – une d****an****se → un d****an****seur → d****an****ser.*
Tous les mots d'une même famille ont la **même écriture particulière** :
*un co****mp****te → un co****mp****teur → un co****mp****tage.*

— On peut souvent trouver la **lettre finale muette** d'un mot en cherchant un **mot de la même famille** :
*le tro****t*** *du cheval → le cheval tro****tt****e.*

— Quand on doit choisir entre **plusieurs écritures d'un son**, un **mot de la même famille** permet parfois de trouver de quelle manière écrire ce son :
*une cr****i****nière → un cr****in****.*

Je m'entraîne

1 * **Récris les mots en t'aidant de la liste suivante :** *le vent – une plante – un peintre – rincer.*

un v…tilateur – un év…tail – pl…ter – une pl…tation – un r…çage – p…dre – une p…ture.

2 ** **Trouve un mot de la même famille que celui entre parenthèses pour compléter chaque phrase.**

a. Le … va bientôt se marier. (*la comtesse*)
b. Le caissier a trouvé le bon … . (*le comptage*)
c. Cette télévision représente une grosse … pour mon oncle. (*dépenser*)
d. Je bois du … bien chaud. (*une théière*)
e. La … a très bien chanté. (*un chœur*)

3 ** **Trouve la lettre finale muette des mots et écris-les.**

Il y a eu un brui… terrible dans la rue hier soir. – Les enfants aiment jouer dans un ta… de sable. – Le bon… du kangourou est étonnant. – Le san… est rouge. – Un outi… de jardinage peut être dangereux. – Il est impruden… de se pencher par la fenêtre. – L'océan Atlantique est profon… .

4 ** **Pour chaque mot, trouve un mot de la même famille avec une lettre finale que l'on n'entend pas.**

camper → un … – à droite → tout … – la billeterie → un … – Elle est épaisse → Il est … – Elle est lourde → Il est … – une poterie → un … – la seconde → le … – frontal → un … .

5 *** **Choisis entre** *in*, *un* **ou** *um* **pour écrire chaque mot.**

du v… – chac… – un mat… – un grat… – auc… – un sap… – il est coqu… – un parf… .

6 **Complète chaque liste de mots. Quelles sont celles que tu peux écrire sans te tromper ? Pourquoi ? Apprends les autres par cœur.**

a. chac… – un gam… – un coqu… – un pat… .
b. un coli… – un radi… – un ca… – une souri… .
c. un pla… – un renar… – un comba… – un ta… .

J'écris

7 **Récris des phrases complètes en reconstituant chacun de ces mots.**

a s u s t t ô i

t n i e t ô b

ô t t

a. … le travail terminé, je vous retrouve à la piscine.
b. Le beau temps va … revenir.
c. Il faudra se lever … car le train part de bonne heure.

Choisis un de ces mots et invente une phrase.

Je comprends

Lis ces mots et réponds aux questions.

Qu'entends-tu ?

1 **a.** J'ai mis ma **chaîne** en or autour du cou. – Le **chêne** est un arbre.
b. Le marin jette l'**ancre** en arrivant au port. – Je n'ai plus d'**encre** dans mon stylo.

Comment se prononcent les mots en gras dans les groupes de phrases *a* et *b* ? Que remarques-tu concernant l'orthographe de ces mots ? Quelle est la nature de chacun de ces mots ? Comment appelle-t-on les mots qui se prononcent de la même façon, mais qui n'ont pas la même écriture ni le même sens ?

Complète les phrases suivantes avec les noms en gras de l'encadré bleu ci-dessus.
L'… d'un bateau est accrochée au bout d'une … . – Le bûcheron marque le vieux … avec de l'… noire car il faudra bientôt l'abattre.

Quelle nature de mots ?

2 **a.** Les enfants **ont** besoin de dix heures de sommeil. – **On** doit les coucher tôt.
b. Nous irons **à** la campagne pour les vacances. – Mon ami Paul **a** envie de venir avec nous.

Comment se prononcent les mots en gras dans les groupes de phrases *a* et *b* ? Quelle est la nature de chacun de ces mots ?

Invente une phrase comprenant *on* **et** *à*.

Quelles aides pour trouver la bonne écriture ?

3 **a.** Le **chant** des oiseaux est souvent très beau. – Ce **champ** de blé est immense.
b. Donne-moi le **sel**. – Le cavalier pose la **selle** sur son cheval.
c. Il y a plusieurs chanteurs dans un **chœur**. – Julie a mal au **cœur** en voiture.

Que peux-tu faire pour trouver la lettre muette finale des mots en gras dans le groupe de phrases *a* ? Quel est le genre des noms en gras dans le groupe de phrases *b* ? Où peux-tu chercher de l'aide pour trouver l'orthographe des mots en gras dans le groupe de phrases *c* ?

Complète les phrases suivantes avec des noms en gras de l'encadré bleu ci-dessus.
La … du vélo se démonte. – Nous avons labouré le … ce matin. – Nous avons appris à écouter les battements de notre … .

J'apprends

— Les mots **homophones** se prononcent de la même façon mais s'écrivent différemment : *un champ – un chant.*
Ils ont des **sens différents** :
un champ (champêtre) – un chant (une chanson).

— Les homophones peuvent être de **même nature** : *un chêne (nom) – une chaîne (nom) ;*
ou de **nature différente** : *a (verbe) – à (préposition).*

— Pour trouver l'orthographe des homophones, on peut s'aider :
- d'un mot de la **même famille** : *un chant* → *un chanteur ;*
- du **genre des noms** : *un bout – la boue ;*
- de la connaissance de la **nature des mots** : *on (pronom) – ont (verbe) ;*
- du **dictionnaire** : *un cœur – un chœur.*

Je m'entraîne

1 * Recopie chaque mot en gras en le faisant précéder de l'article *un* ou *une*.

a. Ma sœur aime aller au **bal**. – Il n'y a plus de **balle** dans le panier.
b. Le professeur donne son **cours** d'anglais. – Que de bruit dans cette **cour** de récréation !
c. Sans **fil** on ne peut pas coudre. – Quelle **file** de voitures !

2 ** Recopie chaque phrase avec le nom qui convient. Aide-toi des lettres finales.

a. *un phare – un fard*
Les dames mettent quelquefois trop de … sur leur visage. – Le … aide les marins à se repérer lorsqu'ils sont en mer.

b. *un port – un porc*
Il y a beaucoup de bateaux dans les … de pêche. – On fait du jambon avec le … .

3 ** Recopie chaque phrase avec le nom qui convient. Aide-toi du dictionnaire.

a. *un cygne – un signe*
Le… est un animal tout blanc. – Le policier a fait … de s'arrêter.

b. *un maître – un mètre*
Il y a 100 centimètres dans un … . – Le … écrit les leçons à apprendre au tableau.

4 * Recopie et complète chaque phrase avec *et* *(conjonction de coordination)* ou *est* *(verbe être)*.**

Pour partir, j'ai pris un sac … une valise. – De quelle couleur … la voiture de tes amis ? – Mon frère … ma sœur sont dans la même école que moi. – Papa … allé chercher des billets de train. – Le professeur … absent car il … malade. – Le pêcheur a pris des sardines … des maquereaux.

5 * Recopie et complète chaque phrase avec *a* *(verbe avoir)* ou *à* *(préposition)*.**

Théo … un frère qui … trois ans. – … la campagne, il y … de jolies fleurs dans les champs. – Dans la cour, les filles jouent … la corde … sauter. – La machine … laver le linge … débordé.

J'écris

6 Écris une phrase qui comprend les verbes *panser* (mot de la même famille qu'un pansement) et *penser* (mot de la même famille qu'une pensée).

ORTHOGRAPHE

Je comprends

Lis ces mots et réponds aux questions.

Comment s'écrit le son [k] ?

1 quitter – manquer – lorsque – un bouquet – raconter – rencontrer – une coquille – une lecture – marquer – un contrôle – un cirque – écarter – une raquette – un capitaine – un facteur – le public – une chorale – un orchestre – un kilomètre

Quelles sont les différentes écritures du son [k] ?
Lesquelles sont les plus fréquentes ?

Classe ces mots en quatre colonnes suivant l'écriture du son [k] :
un requin – un paquet – un parc – un écho – une équipe – un caractère – un coureur – un anorak – une pancarte – un kilomètre.

c ou *qu* ?

2 **a.** un camarade – une écrevisse – un éclat – une locomotive – un écureuil
b. une quinzaine – une équipe – une plaque – un paquet – une querelle

Quelles lettres suivent le son [k] quand il s'écrit **c** dans la liste *a* ?
Quelles lettres suivent le son [k] quand il s'écrit **qu** dans la liste *b* ?

Complète chaque mot avec *c* ou *qu*.
un re...ord – un é...art – une atta...e – une bou...le – un bé...ille – un par...et.

c ou *que* à la fin des noms ?

3 un choc – un lac – un bec – un bouc / une flaque – une barque – une plaque

Quel est le genre des noms qui se terminent par **c** ? Quel est le genre des noms qui se terminent par **que** ?

Complète chaque nom avec *c* ou *que*.
un sa... – une ti... – un du... – une bouti... – une bara... – un éche...

Les verbes en *-quer*

4 **a.** fabriquer → il fabrique, nous fabriquons, il fabriquait
b. piquer → elle pique, nous piquons, elle piquait

Quel est l'infinitif de ces verbes ?
Pourquoi garde-t-on **-qu-** dans la conjugaison de ces verbes ?

Conjugue ces deux verbes au présent avec *nous* et *vous* : *critiquer, marquer.*

J'apprends

- Le son [k] s'écrit le plus souvent **c** ou **qu**.

c → a : *une **c**a**rte***
c → o : *une **c**o**rde***
c → u : *un **c**u**be***
c → r : *un **cr**abe*
c → l : *une **cl**asse*

qu → e : *une **qu**e**stion***
qu → i : *une bé**qu**i**lle***

⚠ *quatre, quand, pourquoi, une qualité, un quartier…* ⚠ *cinq, un coq.*

Il s'écrit très rarement **ch**, **k** : *une **ch**orale, un **k**imono.*

- Le son [k] s'écrit le plus souvent **c** à la fin des noms **masculins** et **que** à la fin des noms **féminins** : ***un** sa**c**, **une** bouti**que**.*

⚠ *un moustique, un chèque, un élastique…*

- Les verbes dont l'infinitif se termine par **-quer** conservent **-qu-** dans toute leur conjugaison : *man**qu**er, je man**qu**ais, nous man**qu**ons.*

Je m'entraîne

1 * **Écris chaque mot avec *c* ou *qu*.**

une …estion – la politi…e – une …ondition – brus…ement – un parti…ulier – un …ombat re…uler – une in…iètude – un mousti…e.

2 * **Recopie ensemble les mots d'une même famille.**

quarante – une chorale – skier – accompagner – un skieur – un choriste – quarantaine – un ski – un accompagnateur – un chœur – quarantième – skiable – un accompagnant.

3 ** **Recopie ensemble les formes d'un même verbe.**

craquer – il craquait – nous remarquions – manquer – ils craquaient – il remarquait – il manquait – je manquais – remarquer – nous craquons – nous manquons – elles remarquaient.

4 ** **Écris chaque mot avec *c* ou *qu*.**

a. Le bou… est le mâle de la chèvre.
b. Les petits aiment jouer dans une fla… d'eau.
c. Il faut souvent repeindre la co… d'un bateau.
d. À la montagne, il faut quelquefois tailler dans le ro… pour faire des routes.

5 **Recopie et complète chaque liste de mots. Quelles sont celles que tu peux écrire sans te tromper ? Pourquoi ? Apprends les autres par cœur.**

a. …atre – …arante – …arantaine – …atorze.
b. une mar…e – une – é…ipe – une …ille – une …erelle.
c. dé…ouvrir – ra…onter – re…uler – é…arter.
d. un …imono – un s…i – le …araté – un …ilomètre.

J'écris

6 **Récris des phrases complètes en reconstituant chacun de ces mots.**

| i | p | o | r | q | u | o | u |

| n | a | q | u | d |

| t | c | m | o | m | e | n |

a. … s'appelle ta grand-mère ?
b. Il fait froid. … ne mets-tu pas un pull ?
c. … vas-tu chez ton oncle ?

Choisis un de ces mots et invente une phrase.

Je comprends

Lis ces mots et réponds aux questions.

Quelle écriture pour le son [e] ?

1

au début du mot	à l'intérieur du mot	à la fin du mot	
• une **é**toile • une **é**chelle	• un m**é**decin • un p**é**tale	• la libert**é** • un invit**é** • du papi**er**	• march**er** • vous march**ez** • il a march**é**

Comment s'écrit le son [e] selon sa place dans le mot ?
Que remarques-tu pour la terminaison des verbes du premier groupe à l'infinitif ?
As-tu une aide pour savoir quand écrire **ez** ?

Classe ces mots comme dans le tableau ci-dessus en fonction de la place du son [e].
un écran – vous cherchez – il a apporté – un épi – une réponse – donner – une création – un café – un décor – un framboisier.

L'infinitif des verbes en *-er*

2 **a.** Il peut **laver** son pull. → Il peut *faire quoi* ? **laver** (verbe à l'infinitif).
b. Il peut **laver** son pull. → Il peut **prendre** son pull (verbe du 3e groupe à l'infinitif).

Dans la phrase *a*, quelle question poses-tu pour trouver le verbe à l'infinitif ?
Dans la phrase *b*, pourquoi est-ce une aide de remplacer un verbe du 1er groupe par un verbe du 3e groupe ?
Quelle méthode préfères-tu (*a* ou *b*) pour trouver l'infinitif des verbes en **-er** ?

Complète le mot avec la terminaison qui convient, en utilisant les deux méthodes.
Il veut décor... sa chambre.

Le participe passé en *-é*

3 **a.** Il **a lavé** son pull. → *Il a fait quoi ?* Il **a lavé** (participe passé du verbe *laver*).
b. Il **a lavé** son pull. → Il **a pris** son pull (participe passé d'un verbe du 3e groupe).

Dans la phrase *a*, quelle question poses-tu pour trouver le participe passé du verbe conjugué ?
Dans la phrase *b*, par quoi as-tu remplacé le verbe se terminant par le son [e] pour trouver l'écriture du participe passé ?
Quelle méthode préfères-tu (*a* ou *b*) pour trouver le participe passé des verbes en **-er** ?

Complète le mot avec la terminaison qui convient, en utilisant les deux méthodes.
Il a décor... sa chambre.

J'apprends

– Le son [e] s'écrit :

au début du mot	à l'intérieur du mot	à la fin du mot
é-... : un *écran*	...-é-... : *la météo*	...-é : *la liberté – il a lavé* ...-er : *du papier – laver* ...-ez : *vous lavez*

⚠ *chez, un nez, assez / un pied.*

– À la fin des verbes du 1er groupe, le son [e] peut s'écrire
- **-er** à l'infinitif
- **-é** au participe passé
- **-ez** avec *vous*

– Pour ne pas confondre **-er** (infinitif) et **-é** (participe passé) à la fin des verbes du 1er groupe, on peut :
- Pour l'**infinitif**, poser la question « Faire quoi ? » : *Il aime nager.* → *Il aime* ***faire quoi ?*** *nager.*
– remplacer le verbe du 1er groupe par un verbe du 3e groupe : *Il aime nager.* → *Il aime* ***apprendre.***
- pour le **participe passé**, poser la question « Il a fait quoi ? » : *Il a nagé.*
– remplacer le verbe du 1er groupe par un verbe du 3e groupe : *Il a nagé.* → *Il a* ***appris.***

Je m'entraîne

1 * Classe ces mots en deux colonnes selon ce que tu entends : [e] ou [ɛ].

une écharpe – une règle – une étoile – zéro – un cinéma – une rivière – une flèche.

2 * Recopie chaque mot avec la bonne écriture du son [e].

des ...pinards – vous cuisin... – un tr...teau – d...m...nager – vous cherch... – un ...levage – op...rer – un cong...lateur – vous arriv... .

3 ** Écris et complète chaque verbe.

a. Qu'a fait Jules ? Il a achet... une voiture neuve. (*acheter – acheté*)
b. Que veulent faire les enfants ? Ils veulent ... avant de travailler. (*goûter – goûté*)
c. Que doivent-ils apporter à l'école ? Ils doivent ... leur cartable. (*apporter – apporté*)

4 * Écris chaque verbe du 1er groupe. Pour t'aider, remplace-le d'abord par un verbe du 3e groupe.**

Les fleurs ont gel... cet hiver. – Le papa a chauff... le biberon du bébé. – Cet enfant aime regard... les belles voitures. – Alexis sait jou... au tennis, moi, je sais nag... . – J'ai aid... Léa à travaill... .

5 Complète chaque liste de mots. Quelles sont celles que tu peux écrire sans te tromper ? Pourquoi ? Apprends les autres par cœur.

a. une ...chelle – une ...pine – une ...ponge.
b. du caf... – un degr... – un canap... .
c. ch... – un n... – un pi... – ass... .
d. un cin...ma – un l...gume – du m...nage.
e. vous nag... – vous arriv... – vous déménag... .

J'écris

6 Récris des phrases complètes en reconstituant chacun de ces mots.

c t ô é   z c e h

a s e z s

a. Il n'y a plus ... de farine pour faire un gâteau.
b. À ... de la mairie, il y a un grand supermarché.
c. ... le docteur, il faut attendre dans la salle d'attente.

Choisis un de ces mots et invente une phrase.

Je comprends

Lis ces mots et réponds aux questions.

Comment écrit-on le son [g] ?

1 une **gu**itare – une **gu**êpe – un **g**arage – une man**gu**e – une **gu**erre – une **g**roseille – un ai**gl**e – une **g**outte – une fi**g**ure – une **gu**enon – une **gu**irlande – une **g**aufre

Quelles sont les différentes écritures du son [g] ?

Classe les mots de l'encadré bleu ci-dessus en deux colonnes selon les différentes écritures du son [g].

g ou *gu* ?

2 **a.** un **g**arage – une fi**g**ure – un **g**ramme – un **g**land – une **g**ourde
b. un **gu**ide – une lan**gu**e – une ba**gu**ette – une an**gu**ille

Quelles lettres suivent le son [g] quand il s'écrit **g** dans la liste *a* ?
Quelles lettres suivent le son [g] quand il s'écrit **gu** dans la liste *b* ?

Complète chaque mot avec *g* **ou** *gu*.
un re…ard – une …outte – …érir – du mu…et – une …itare – dé…uster.

Les verbes en *-guer*

3 tan**gu**er → il tan**gu**e, nous tan**gu**ons, je tan**gu**ais

Quel est l'infinitif de ce verbe ? Pourquoi garde-t-on **gu** dans la conjugaison de ce verbe ?

Conjugue ces deux verbes au présent avec *nous* **et** *vous* : *naviguer – larguer.*

g en fin de mot

4 **a.** un gan**g** – un puddin**g** – un joggin**g**
b. du san**g** – c'est lon**g**

De quelle origine sont les mots de la liste *a* ? Quel son entends-tu à la fin de ces mots ?
Pourquoi y a-t-il un **g** qui ne se prononce pas à la fin des mots de la liste *b* ?

Cherche un mot de la même famille :
un poing → … – un rang → …

J'apprends

— Le son [g] s'écrit :

g →
- a : *un garçon*
- o : *une goutte*
- u : *une figure*
- r : *une grotte*
- l : *un aigle*

gu →
- e : *une figue*
- i : *une guitare*

⚠ *une seconde / aiguë, ambiguë.*

— Les verbes dont l'infinitif se termine par **-guer** conservent le **u** dans toute leur conjugaison, même lorsque le **g** est suivi de **a** ou de **o** : *je me fatiguais, nous nous fatiguons.*

— Quelques mots se terminent par un **g** qui **ne se prononce pas** : *un rang, un étang...*
Souvent, un mot de la même famille permet d'expliquer le **g** : *du sang* → *sanguin.*

Je m'entraîne

1 * **Écris chaque mot avec *c* ou *g*.**

un ...ramme – un ...râne – un ...outeau – un ...ouffre – une a...rafe – une ...ravate – un ma...asin – une ...uenon – un é...riteau – un o...re – un ...lou – une ...revasse.

2 ** **Recopie ensemble les formes d'un même verbe.**

blaguer – il se fatiguait – je blaguais – se fatiguer – narguer – il blaguait – nous narguons – nous blaguons – il narguait – nous nous fatiguons – je narguais – ils se fatiguaient.

3 ** **Écris chaque mot avec *g* ou *gu*.**

Le berger ...arde les vaches dans les pâturages en été. – La lon...e ...erre de 1914-1918 a fait beaucoup de morts. – En voiture, il faut mettre son clignotant pour tourner à ...auche. – Pour se dé...iser, Caroline a mis une élé...ante robe de fée.

4 *** **Récris chaque phrase avec le nom qui convient. Aide-toi du dictionnaire.**

a. *le point – le poing*
Le ... est formé des doigts repliés sur eux-mêmes.
À la fin d'une phrase il faut mettre un ... .

b. *le coin – le coing*
Mon père a rangé ses outils dans un ... de la cave.
Le ... est un bon fruit pour faire de la confiture.

5 *** **Classe les mots suivants en deux colonnes selon que tu entends le son [g] ou non.**
Pour chaque mot où tu n'entends pas le son [g], trouve un mot de la même famille.

ping-pong – long – un rang – un zigzag – du sang.

6 **Complète chaque liste de mots. Quelles sont celles que tu peux écrire sans te tromper ? Pourquoi ? Apprends l'autre par cœur.**

a. une ba...e – un g...ide – une ...êpe – ...érir.
b. le pin...-pon... – un étan... .
c. une vir...ule – un ré...al – ...onfler – un ai...le.

J'écris

7 **Récris des phrases complètes en reconstituant chacun de ces mots.**

n g e p o t m s l

e r c â g   é m l a g r

a. ... à ton courage, tu as réussi à grimper en haut de la montagne.
b. ... le mauvais temps, la balade a été très réussie.
c. Depuis très ..., il y a des hommes sur la Terre.

Choisis un de ces mots et invente une phrase.

Je comprends

Lis ces mots et réponds aux questions.

Comment écrit-on le son [ɛ̃] ?

1 le jardin – chacun – un bain – un poussin – demain – un coussin – une dinde – du raisin – soudain – une cymbale – une peinture – un pinceau

Quelles sont les différentes écritures du son [ɛ̃] ?
Quelles sont les écritures les plus fréquentes ?

Classe les mots de l'encadré bleu en cinq colonnes selon les différentes écritures du son [ɛ̃].

in, im, ein ou *ain* ?

2

au début du mot	à l'intérieur du mot	à la fin du mot
• une **in**vitation	• une p**in**tade	• un pat**in**
• c'est **im**buvable	• un t**im**bre	• un cop**ain**
• une **im**primerie	• une p**ein**ture	• un r**ein**
• c'est **im**mangeable	• une cr**ain**te	

Que remarques-tu lorsque le son [ɛ̃] se trouve en début de mot ? À l'intérieur du mot ? À la fin du mot ? Pourquoi **in** s'écrit parfois **im** ? Quelles lettres trouves-tu alors derrière **im** ?

Complète chacun de ces mots.
c'est ...possible – un c...tre – une ...vitation – un cop... – une ...bécillité.

Comment écrit-on le son [jɛ̃] ?

3 le mien – bien – le sien – rien – un mécanicien

Comment s'écrit le son [ɛ̃] dans ces mots ? Quel son le précède ? Comment s'écrit ce son ?

Complète les mots avec *in* ou *ien*.
un ch... – un gard... – un p...ceau – b...tôt – un vois... – le s...gulier – un coméd...

ain ou *in* à l'intérieur des mots ?

4 un bain → une baignoire / il est vilain → elle est vilaine
un matin → une matinée / un chagrin → chagriner

Quelle aide t'apporte un mot de la même famille pour trouver l'écriture du son [ɛ̃] ?

Complète les mots avec *ain* ou *in*.
loint... – un Rom... – un médec... – un mar... – un hum...

ORTHOGRAPHE

J'apprends

- Le son [ɛ̃] s'écrit :

in	ain	en	ein	un
un jardin	*du pain*	*bien*	*un peintre*	*lundi*

- Le son [ɛ̃] s'écrit **im** lorsqu'il est suivi des lettres **b**, **p**, **m** : *un timbre, simple, immangeable.*
- Le son [ɛ̃] s'écrit toujours **in** ou **im** en **début de mot** : *un invité, une imprimerie.* ⚠ *ainsi.*
- Le son [jɛ̃] s'écrit toujours **ien** : *un chien.*
- Un mot de la **même famille** peut aider à savoir s'il faut écrire **ain**, **in** ou **un**.
la graine → le grain – la matinée → le matin – chacune → chacun.

Je m'entraîne

1 * **Recopie chaque mot et entoure en vert les mots où tu entends [ɛ] et en bleu ceux où tu entends [ɛ̃].**

un singe – une lèvre – quinze – un coussin – une veste – une perle – un vainqueur – un veston.

2 * **Écris les mots avec *in* ou *ain*.**

Un sap... ne perd pas ses épines en hiver. – Un châtel... habite un château. – Le proch... spectacle est dans longtemps. – Il est cert... d'avoir réussi. – Mon vois... a un beau jard... . – C'est agréable d'avoir un cous... de son âge. – J'aime regarder des poissons rouges dans un bass... .

3 ** **Récris chaque phrase avec le mot qui convient. Aide-toi d'un mot de la même famille et du dictionnaire.**

a. *fin – faim*
J'arrive à la ... de mon livre. – On dit que la ... fait sortir le loup de sa tanière.

b. *pain – pin*
Le ... est encore chaud. – Le ... maritime est un très bel arbre.

c. *pinson – pinçon*
Je me suis fait un ... en fermant la porte sur mon doigt. – Le ... chante merveilleusement.

4 *** **Écris les mots avec *ein* ou *ien*.**

le m... – une c...ture – la p...ture – la b...venue – une t...turière – un pl... d'essence – un music... – un acar... – un vaur... – un fr... – un bohém... – ét...dre.

5 **Complète chaque liste de mots. Quelles sont celles que tu peux écrire sans te tromper ? Pourquoi ? Apprends les autres par cœur.**

a. un câl... – un cr... – un gam... – du ven... .
b. une c...ture – une t...ture – un fr... – p...dre.
c. une cr...te – un tr... – une pl...te – un terr... .
d. ...scrire – ...viter – ...téresser – ...terdire.

J'écris

6 **Récris des phrases complètes en reconstituant chacun de ces mots.**

t i t a n a m e n

i s n a i   n e m i a l d e n

a. ... il faut que j'aille me coucher car il est tard.
b. Nous partirons en voyage le ... de mon anniversaire.
c. C'est ... qu'il faut peindre pour ne pas faire de tache.

Choisis un de ces mots et invente une phrase.

Je comprends

Lis ces mots et réponds aux questions.

Comment écrit-on le son [ʒ] ?

1 un visage – aujourd'hui – un projet – une agitation – un danger
une majuscule – une intelligence – un jardin

Quelles sont les différentes écritures du son [ʒ] ?
Y a-t-il une écriture du son [ʒ] plus fréquente ?

Classe ces mots en deux colonnes selon l'écriture du son [ʒ].
une girafe – un jambon – un genou – une journée – une étagère – une jupe.

g ou *j* ?

2 **a.** ajouter – projeter – jardiner – des jumelles – changer – agiter – un gymnaste
b. une girafe – un magicien – une gifle – l'agilité

Quelles lettres suivent le son [ʒ] dans les mots de la liste *a* ?
Que remarques-tu pour le son [ʒi] dans les mots de la liste *b* ?

Complète ces mots avec *g* ou *j*.
un ...ouet – du ...ibier – c'est ...aune – un ...ilet – un ...uge – c'est fra...ile.

Le son [ʒ] à la fin des mots

3 une orange – une plage – une grange – elle bouge – il longe

Comment s'écrit le son [ʒ] à la fin de ces mots ?

Complète ces mots avec *g* ou *j*.
un visa...e – un personna...e – une ...oue – la ...alousie – un arrosa...e.

gea ou *geo* dans le mot

4 **a.** un plongeoir – un bourgeon – une orangeade
b. ranger → il range – nous rangeons / manger → tu manges – il mangeait

Quelles sont les lettres qui suivent **ge** dans les noms de la liste *a* ?
Pourquoi faut-il écrire **ge** ? Que remarques-tu pour le son [ʒ] dans les verbes en **-ger** ?

Complète ces mots avec *g* ou *ge*.
nous chan...ons – il déran...ait – ils char...aient – tu ran...es – vous ju...ez.

ORTHOGRAPHE

J'apprends

- Le son [ʒ] s'écrit **g** ou **j**.

j → e : *jeter* ; a : *jamais* ; o : *joie* ; u : *jupe*

g → e : *genou* ; i : *girafe* ; y : *gymnastique*

ge → a : *une orangeade* ; o : *un bourgeon*

- Le son [ʒi] s'écrit toujours **gi** : *une **gi**rafe, c'est ma**gi**que.*
- Le son [ʒ] s'écrit toujours **ge** en fin de mot : *une ima**ge**.*
- Les verbes se terminant par **-ger** à l'infinitif conservent le **g** quand ils sont conjugués ; le **g** est suivi d'un **e** la plupart du temps.

*na**ger** – il na**ge** – nous na**ge**ons – il na**ge**ait.*

Je m'entraîne

1 * Écris chaque mot avec *ch* ou *j*.

un …ou – une …oue – une …onquille – un bou…on – un …eune – un …eveu – une …ute – la …ustice.

2 * Écris chaque mot avec *g* ou *j*.

un …ymnase – rou…e – un …ilet – …aune – bon…our – une bou…ie – un sé…our – une ti…e – du …ivre – une ima…e – un …ournal.

3 * Recopie ensemble les mots de la même famille.

jeune – dangereusement – gentil – jeunesse – rajeunir – le gel – gentiment – le danger – la gelée – dangereux – le dégel – la gentillesse.

4 ** Observe et continue comme sur le modèle : *ranger → il rangeait – nous rangeons.*

bouger – changer – voyager – dégager.

5 ** Écris chaque mot avec *g* ou *ge*.

a. Cet été, cette famille log…ait dans un studio.
b. Les bour…ons éclatent au printemps.
c. « La ven…ance est un plat qui se man…e froid » dit le proverbe.
d. Les na…eurs montent sur les plon…oirs pour le départ de la course.
e. Nous avons commandé un …igot avec des fla…olets.
f. …illes a renversé son verre d'oran…ade.

6 * Complète chaque phrase avec le nom qui convient. Aide-toi du dictionnaire.**

a. *jet – geai*
Malik arrose sa sœur avec un … d'eau. – J'aime le chant du … .

b. *jars – jarre*
On met des aliments dans une … . – Le … est le mâle de l'oie.

7 Complète chaque liste de mots. Quelles sont celles que tu peux écrire sans te tromper ? Pourquoi ? Apprends l'autre par cœur.

a. une …irafe – un …itan – ma…ique – éner…ie.
b. une ma…uscule – la …oie – un …ardin.
c. un …enou – un …eton – une …elée – …eudi.

J'écris

8 Récris des phrases complètes en reconstituant chacun de ces mots.

s a j i m a — s t r o j o u u — o i d ' u j h u r a u

a. Louise n'est … à l'heure.
b. Les fleurs viennent … avant les fruits.
c. Quel jour est-on … ?

Choisis un de ces mots et invente une phrase.

Je comprends

Lis ces mots et réponds aux questions.

Comment s'écrit le son [ɛ] ?

1 un escalier – septembre – une dizaine – un berceau – un jouet – un concert – une échelle – une toilette – la paresse – une caisse – une maison – la grammaire – un dessert – la neige – une règle – une bête

Quelles sont les différentes écritures du son [ɛ] ? Y a-t-il des écritures plus fréquentes que d'autres ?

Classe ces mots selon les différentes écritures du son [ɛ].
une personne – une pierre – une veste – un paquet – une reine – un Anglais – un père.

Où trouve-t-on le son [ɛ] dans le mot ?

2

au début du mot	à l'intérieur du mot		à la fin du mot
• un **ai**gle	• une pr**ai**rie	• un él**è**ve	• un bouqu**et**
• un **e**scalier	• une r**ei**ne	• une b**ê**te	• un ess**ai**
	• un s**e**rpent		• une t**aie**
			• il parl**ait**

Comment s'écrit le son [ɛ] au début d'un mot ? À l'intérieur ? À la fin ?

Classe les mots suivants comme dans le tableau ci-dessus en fonction de la place du son [ɛ].
aimable – une graine – un carnet – un portrait – un vêtement – seize – un robinet.

Quand le son [ɛ] s'écrit-il *e* ?

3
a. une perle – une lecture – un serpent – un veston
b. une pelle – une benne – une tresse – il jette
c. un bec – du sel – du miel – du fer – un gel

Quelles sont les deux lettres qui suivent la lettre **e** qui se dit [ɛ] dans les mots de la liste *a* ? De la liste *b* ?
Quelle est la lettre qui suit la lettre **e** qui se dit [ɛ] dans les mots de la liste *c* ? Combien y a-t-il de syllabes dans ces mots ? Quel est le genre de ces mots ?

Complète chaque mot avec *e* ou *è*.
un hiv…r – une pi…ce – un …space – av…c – une sir…ne – un ch…f.

et ou *aie* à la fin des noms ?

4 un projet – un guichet – un billet – une haie – une raie – une plaie

Quel est le genre des noms qui se terminent par **et** ? Quel est le genre des noms qui se terminent par **aie** ?

Complète les noms avec *et* ou *aie*.
un gal… – un bouqu… – une roser… – un robin… – une pl… – un jou… – une b… .

ORTHOGRAPHE

J'apprends

Le son [ɛ] s'écrit :

au début du mot	à l'intérieur du mot	à la fin du mot
e … : espérer ai … : aider	… e … : une ferme – un bec … ai … : une graine … è … : une mère … ê … : un rêve … ei … : une baleine	… aie : une raie … et : un bouquet

Quand il s'écrit **e**, il est suivi :
- de **deux consonnes** identiques ou différentes : *une échelle – un espoir.*
- d'**une consonne finale prononcée** dans les noms ou les adjectifs masculins : *un bec – du sel – un hiver – naturel.*

⚠ *la mer.*

Le son **[ɛ]** s'écrit souvent **et** à la fin des **noms masculins** : *un bouquet.*
Il s'écrit souvent **aie** à la fin des **noms féminins** : *une craie.*

⚠ *un balai (balayer), un essai (essayer).*

Je m'entraîne

1 * Recopie chaque mot avec le son [ɛ] écrit comme il convient.

un …scargot – un …gle – un …r de musique – un …scalier – une …xplication – une …le – un …spoir – une …stimation – un …mant – une …strade – un …spion – une …guille.

2 ** Recopie et complète les mots.

Un châl… est une sorte de maison. – Il faut un fou… pour bien monter les œufs en neige. – Je peux faire un ess… avant de m'inscrire à ce sport.

3 ** Classe ensemble les mots d'une même famille et ajoutes-en un pour chaque famille.

la neige – le lait – neigeux – égayer – enneiger – un souhait – un enneigement – gai – souhaitable – gaiement – une laiterie – un laitier.

4 * Complète les mots de ce texte avec *è*, *ai* ou *e*.**

La maîtr…sse rapp…lle aux él…ves les consignes de l'ex…rcice : « Soulignez le v…rbe de chaque phrase avec votre stylo rouge. Ch…rchez bien dans votre t…xte, il y a quelques pi…ges. Après, vous pourrez t…rminer vos dessins sur les plan…tes. »

5 Complète chaque liste de mots. Quelles sont celles que tu peux écrire sans te tromper ? Pourquoi ? Apprends les autres par cœur.

a. …spérer – …xpliquer – le d…rnier – un f…rmier.
b. un fil… – un paqu… – un tabour… – un robin… .
c. la sem…ne – une douz…ne – une pr…rie – une s…son.
d. la n…ge – la p…ne – tr…ze – s…ze.

J'écris

6 Récris des phrases complètes en reconstituant chacun de ces mots.

s m a i   m ê e m

t è r s

a. Il fait beau aujourd'hui … il fait très froid.
b. Je retiens … bien les dates.
c. … si je suis fatigué, je lis avant de dormir.

Choisis un de ces mots et invente une phrase.

Je comprends

Lis ces mots et réponds aux questions.

Comment écrit-on le son [s] ?

1 ensemble – consoler – un serpent – une assiette – une cigale – une sardine – un berceau – un caleçon – une portion

Quelles sont les différentes écritures du son [s] ?
Quelles sont les écritures les plus fréquentes ?

Classe les mots de l'encadré bleu en cinq colonnes selon l'écriture du son [s].

s ou *ss* ?

2 **a.** traverser – ensemble – un espace – sensible – une caisse – une source
b. rassurer – la tendresse – une masse – un tissu

Dans la liste *a*, repère dans chaque mot la lettre qui précède (s'il y en a une) et celle qui suit **s**.
Dans la liste *b*, repère dans chaque mot la lettre qui précède et celle qui suit **ss**.

Complète chaque mot avec *s* ou *ss*.
un ...erpent – une chau...ure – il est ab...ent – une boi...on – bru...quement.

c ou *ç* ?

3 **a.** un cerceau – un cygne – un citron
b. une balançoire – le français – un reçu

Dans la liste *a*, quelles lettres suivent le **c** qui se dit [s] ?
Dans la liste *b*, quelles lettres suivent le **ç** qui se dit [s] ?

Complète chaque mot avec *s* ou *ç*.
une ...upposition – un ma...on – une ...ouris – un ...aladier – il aga...ait.

s, *ss* ou *ç* dans les verbes ?

4 placer → nous plaçons – il plaçait
chasser → nous chassons – il chassait
penser → nous pensons – il pensait

Comment s'écrit le son [s] dans les verbes à l'infinitif ?
Que remarques-tu lorsqu'ils sont conjugués ?

Conjugue ces verbes au présent avec *ç*, *s* ou *ss*.
dépenser → nous ... . – passer → nous ... . – avancer → nous ... .

J'apprends

- Le son [s] s'écrit :

s → en début de mot : *une **s**emaine – un **s**oleil*
s → entre une consonne et une voyelle : *un con**s**eil, un co**s**tume*

ss → entre deux voyelles : *un poi**ss**on*

c → **e** : *une **ce**rise*
c → **i** : *une ra**ci**ne*
c → **y** : *un tri**cy**cle*

ç → **a** : *Il per**ça**it*
ç → **u** : *un re**çu***
ç → **o** : *nous per**ço**ns*

⚠ *six, dix… ; les sciences, une scène, une piscine ; une solution, la patience*

- Les verbes qui se terminent par **-cer** à l'infinitif conservent toujours **c** quand ils sont conjugués ; **c** devient **ç** lorsqu'il est suivi de **a** ou **o** : *lan**cer** → je lan**çais**.*

Les verbes qui se terminent par **-ser** ou **-sser** gardent toujours **s** ou **ss** quand ils sont conjugués :
*pen**ser** → nous pen**sons** – cha**sser** → nous cha**ssons**.*

Je m'entraîne

1 * **Recopie les mots où tu entends le son [s].**

une piste – un poison – consoler – un espoir – une cuisine – assister – une asperge – du raisin – un trésor – un visage – un aspirateur – le soldat.

2 * **Écris chaque mot avec *s* ou *ss*.**

intére…ant – une pa…tèque – un co…tume – pou…er – une ca…ure – po…ter - ma…tiquer – une a…perge – a…tucieux – une boi…on – une cui…e – un con…eil.

3 * **Écris les mots avec l'écriture du son [s] qui convient.**

un commerce → un commer…ant – une glace → un gla…age – une face → une fa…ade – une réception → un re…u – un berceau → une ber…euse – un capri…e → il est capri…ieux – la chasse → un cha…eur – une astuce → il est astu…ieux.

4 ** **Recopie chaque phrase en la complétant avec le verbe entre parenthèses conjugué au présent.**

a. Nous … les bébés dans des poussettes. (*pousser*)
b. Ma sœur et moi nous … du 38. (*chausser*)
c. Vous … les champions de ces rencontres sportives. (*récompenser*)
d. Vous … trop d'argent. (*dépenser*)
e. Nous … les arbres que nous plantons. (*espacer*)

5 ** **Dans chaque phrase, complète les mots avec *s* ou *ss*.**

Ce bui…on avec des boules rouges est ravi…ant – Ma …œur s'est fait une gro…e bo…e au front. – J'ai besoin d'un con…eil pour réparer ma …errure. – Cette …alade d'a…perges a un a…pect agréable.

6 **Complète chaque liste de mots. Quelles sont celles que tu peux écrire sans te tromper ? Pourquoi ? Apprends les autres par cœur.**

a. un …ac – un …ourire – une …tatue.
b. un …ercle – une …igale – …élèbre.
c. une de…ente – une …ie – un …ientifique.
d. une e…trade – un e…pion – une ca…cade.

J'écris

7 **Récris des phrases complètes en reconstituant chacun de ces mots.**

a i s u s   o v i c i

a r p c e   u q e

a. Mon cousin est venu et ma cousine … .
b. J'ai retrouvé mes clés … tu m'as aidé.
c. … un sac à apporter chez ta grand-mère.

Je comprends

Lis ces mots et réponds aux questions.

Comment s'écrit le son [ɑ̃] ?

1 une enveloppe – un gendarme – une chance – une naissance – une pente
un transport – le vent – un boulanger – des vacances – une fente

Quelles sont les différentes écritures du son [ɑ̃] ? Y a-t-il une écriture du son [ɑ̃] plus fréquente ?

Classe les mots de l'encadré bleu en deux colonnes selon l'écriture du son [ɑ̃].

an ou *am* / *en* ou *em* ?

2 une ampoule – un tambour – une tranche – une langue
rencontrer – une tempête – emmener – une pensée – embrasser

Quelles lettres suivent le son [ɑ̃] quand il s'écrit **am** ou **em** ?

Complète chaque mot avec *an* ou *am*.
la vi...de – une m...che – une ...bulance – une ...poule – dem...der – m...quer

an ou *en* ?

3 cent – une centaine – un centime – un centimètre
grand – grandeur – grandir – agrandissement

Que remarques-tu pour le son [ɑ̃] dans les mots d'une même famille ?

Complète chaque phrase avec un mot contenant le son [ɑ̃].
Ce garçon ment souvent, il est ... .
Ce tissu est blanc, sa ... est éblouissante.

ent à la fin des adverbes

4 lente → lentement / rapide → rapidement
active → activement / solide → solidement

Comment s'écrit le son [ɑ̃] à la fin de ces adverbes ?
Quelle est la nature du mot qui a servi à construire l'adverbe ? Repère son genre.
Que lui a-t-on ajouté ?

Relève les adverbes.
agréablement – violent – sauvagement – absent – courageusement – content

J'apprends

— Le son [ã] s'écrit :
- **an** : *la chance – planter*
- **en** : *une entrée – sentir*

— Le son [ã] s'écrit :
- **em** devant **m** : *emmener*
- **em** ou **am** devant **p** : *emporter, camper* ; **b** : *sembler, un jambon*

— Connaître l'écriture d'un mot d'une famille contenant le son [ã] permet de savoir comment s'écrit le son [ã] des autres mots de cette famille.

chanter → enchanter, un enchanteur ; vent → un éventail, ventiler.

— Les **adverbes** formés à partir d'un adjectif qualificatif féminin se terminent toujours par **-ment** : *forte → fortement.*

Je m'entraîne

1 * Écris chaque mot avec *en* ou *em*.

compr…dre – ens…ble – tr…bler – une arg…terie – un roulem…t - …lever – ….porter – ….pêcher – le l…demain – …t…dre.

2 * Recopie les mots dans lesquels tu entends le son [ã].

a. un canon – un cabanon – une mandarine – un manuel – un canari – une cantine – un tamis – un tambour – un camarade.

b. venir – vendre – une pendule – il est pénible – une semelle – une assemblée – tenter – une tenaille.

3 ** Recopie et classe ensemble les mots de la même famille.

inventer – ranger – un menteur – une invention – camper – un inventeur – mentir – un campement – un rangement – un campeur – un mensonge – un dérangement.

4 ** Écris un mot de la même famille que le mot entre parenthèses pour compléter chaque phrase.

a. Le … de légumes est fermé aujourd'hui. (*une marchandise*)

b. Je … ma chambre régulièrement. (*un rangement*)

c. Il faut … les personnes en retard. (*une attente*)

5 ** Écris l'adverbe qui correspond à chaque adjectif qualificatif.

Exemple : *chère → chèrement.*

forte – douce – claire – heureuse – cruelle – chaude – froide.

6 Complète chaque liste de mots. Quelles sont celles que tu peux écrire sans te tromper si tu connais les mots : *jambe – commander – banque – attendre – vendre – fendre* **? Pourquoi ?**

a. une …vie – un sil… ce – une av…ture.
b. un pl…cher – un inst…t – un b…c.
c. un j…bon – une comm…de – un b…quier.
d. une att…te – une v…te – une f…te.

J'écris

7 Récris des phrases complètes en reconstituant chacun de ces mots.

e s m n l e b e

t u a t n a   c e o e n r

a. … un petit effort pour arriver au refuge.
b. Pierre a gagné … de billes que Frédéric.
c. Ils vont tous … au cinéma.

Choisis un de ces mots et invente une phrase.

ORTHOGRAPHE

Je comprends

Lis ces mots et réponds aux questions.

Comment s'écrit le son [j] ?

1 **a.** un métier – un lion – bien – la radio – un piano – une écolière – un vieux
b. un travail – un soleil – une feuille – du brouillard – une bille
c. un voyage – un crayon

Quelles sont les différentes façons d'écrire le son [j] dans les listes *a*, *b* et *c* ?
Quelle est l'écriture la plus fréquente du son [j] ?

Indique la ou les lettres qui correspondent au son [j] dans chacun de ces mots.
un collier – une rayure – un billet – de la viande – la récréation – un adieu – une médaille – une réunion.

J'entends [i] ou [j] ?

2 **a.** un virage – une image – une cerise – le climat – un cri
b. un gardien – un radiateur – un tablier – il est curieux – une solution – une serviette

Comment se prononce la lettre **i** dans les mots de la liste *a* ? Quelle est la lettre qui suit la lettre **i** dans chaque mot ? Comment s'appellent ces lettres ?
Comment se prononce la lettre **i** dans les mots de la liste *b* ? Quelle est la lettre qui suit la lettre **i** dans chaque mot ? Comment s'appellent ces lettres ?

Écris les mots qui correspondent aux dessins.

Quand le son [j] s'écrit-il avec un *y* ?

3 **a.** un noyau – un voyageur – employer
b. un rayon – un essayage – payer – rayer
c. un tuyau – c'est bruyant – essuyer

Comment se prononcent les lettres **o**, **a** et **u** lorsqu'elles sont suivies d'un **y** dans chacun de ces mots ? Qu'entends-tu quand les lettres **o**, **a** et **e** sont précédées d'un **y** dans chacun de ces mots ? Que peux-tu dire dans ces cas pour la lettre **y** ?

Complète avec *i* ou *y*.
Un fo...er – une po...re – une emplo...ée – du ra...sin – une su...te – un cra...on.

J'apprends

- Le son [j] s'écrit : i | il | ill | y
- Très souvent, le son [j] s'écrit **i** avant **une voyelle** : *un avion, bien, un triangle, un papier, un lieu.*
- Plus rarement, le son [j] s'écrit **y**, qui correspond à **deux i**.

un noyau = *un noi + iau*	*un crayon* = *un crai + ion*	*un tuyau* = *un tui + iau*

⚠ Le **y** peut se prononcer [i] : *une bicyclette, un stylo, un mystère.*

Je m'entraîne

1 * Recopie chaque liste et entoure l'intrus.

a. une viande – en pliant – en riant – un train.
b. bien – ancien – le teint – le mien.
c. commercial – glacial – social – une caisse.
d. payer – paysan – rayer – essayer.

2 * Observe et continue comme sur le modèle :

une prune → un prunier.

une ferme – une pomme – un abricot – une cerise – du plâtre – une serrure – un bijou – une vitre.

3 ** Écris les mots comme il convient.

a. J'aime aller me promener à l'extér...r de la ville.
b. C'est beaucoup m...x de manger à heures régul...res.
c. Les abeilles font du bon m...l.
d. Il faut pouvoir faire conf...ce aux personnes qui nous entourent.
e. Mon cah... du jour est presque fini.
f. Le charcut... n'a plus de jambon frais.
g. Fab... compte rapidement ses opérat...s.

4 ** Écris les mots avec *ay, oy, uy.*

Les v...ageurs attendent sur les quais de la gare. – Les r...ons du soleil traversent le feuillage de la forêt. – Ce château était une résidence r...ale. – Il faut app...er sur le bouton pour allumer la lumière. – Il est préférable de bien tailler son cr...on avant de l'empl...er. – L'abricot est un fruit à n...au.

5 * Écris les mots avec *y* ou *i*.**

Effra...és par les orages, les caval...ers se précipitent à l'abri. – Pour netto...er correctement une p...èce, il faut bala...er le sol, le laver puis l'essu...er. – Oliv...er s'ennuie : il allume la télévis...on et regarde une émiss...on sur l'incro...able univers des insectes. – Ne so...ez pas trop bru...ants lorsque vous ferez la fête. – Posez b...en vos opérat...ons et vous trouverez facilement la solut...on.

6 Complète chaque liste de mots. Quelles sont celles que tu peux écrire sans te tromper ? Pourquoi ? Apprends les autres par cœur.

a. un p...jama – un st...lo – un tric...cle.
b. abo...er – netto...er – envo...er.
c. un mil...eu – un l...eu – un p...eu.
d. par...er – pl...er – cr...er.

J'écris

7 Récris des phrases complètes en reconstituant chacun de ces mots.

e d r i e r e r

l s p i s u e u r

a. Il y a ... récréations dans une journée de classe.
b. Le second est ... le premier.

Invente une phase avec chacun de ces mots.

Je comprends

Lis ces mots et réponds aux questions.

il ou *ille* à la fin des mots ?

1 **a.** un portail – un seuil – un réveil – le fenouil
b. une taille – la rouille – une feuille – une abeille
c. je travaille – il surveille – il fouille

Quels sont les quatre sons différents que l'on entend avant le son [j] ?
Quel est le genre des noms de la liste *a* ? De la liste *b* ?
De quelle nature sont les mots de la liste *c* qui contiennent le son [j] ?

Classe ces mots en trois colonnes.
bataille – travail – grenouille – surveille – chevreuil – feuille – travaille – soleil.

-il : noms masculins	**-ille** : noms féminins	**-ille** : verbe

[j] à l'intérieur du mot

2 conseiller – travailler – rouiller – un feuillage – un brouillard – un réveillon – ailleurs

Comment s'écrit le son [j] à l'intérieur de ces mots ? Quelle lettre précède le son [j] dans chaque mot ? Comment s'appellent ces lettres ?

Complète chaque mot par *ill* ou *ille*.
un bata...on – c'est merve...eux – une bou...oire – un brou...on – il somme... –
il se réve... – il déra... – il chatou...

[ij] : *ill* ou *ille* ?

3 **a.** une bille – une brindille – une fille – une vrille – une chenille
b. un grillage – une fillette – du maquillage – un papillon

Dans chaque mot de la liste *a*, quelle lettre est avant **ille** ? Comment appelle-t-on ces lettres ? Comment se prononcent les lettres **ille** ? Quel est le genre des noms de la liste *a* ? Dans la liste *b*, où se trouve le son [ij] dans les mots ? Comment s'écrit-il ?

Classe ces mots en deux colonnes selon la position du son [ij].
une anguille – une famille – habiller – un billard – une cheville – maquiller.

[ij] à l'intérieur du mot	[ij] à la fin du mot

ORTHOGRAPHE

J'apprends

— Le son [j] s'écrit :

-il à la fin des noms masculins	-ille à la fin des noms féminins ou des verbes	-ill- à l'intérieur des mots
-ail : *un trav**ail*** -eil : *un sol**eil*** -euil : *un faut**euil*** -ouil : *un fen**ouil***	-aille : *une bat**aille** – il trav**aille*** -eille : *une corb**eille** – il rév**eille*** -euille : *une f**euille*** -ouille : *la r**ouille** – il m**ouille***	-aill- : *un bat**aill**on* -eill- : *le rév**eill**on* -euill- : *le f**euill**age* -ouill- : *le br**ouill**on*

⚠ *un accueil, un recueil, il cueille, la cueillette…*

— Le son [ij] s'écrit ill ou ille : *une **fille**, un pap**ill**on.* ⚠ *une ville, un village, mille.*

Je m'entraîne

1 * **Ajoute *un*, *une* ou *il* devant chacun de ces mots. (Attention, il y a parfois plusieurs possibilités.)**

… réveil – … se réveille – … travail – … travaille – … conseil – … conseille – … surveille – … soleil – … corbeille – … écaille – … détail – … détaille – … taille – … sommeil.

2 * **Complète chacun des mots en écrivant le son [aj] comme il convient.**

une méd… – un dét… – un t…eur – une vol…. – il b… – un trava….eur – un c…ou – dér…er – il trav… – un m…ot – des p…ettes – un méd…on – une éc… .

3 * **Complète chacun des mots en écrivant le son [εj] ou le son [œj] comme il convient.**

une corb… – un d… – un cons… – il somm… – un écur… – c'est merv…eux – un chevr… – une f…. – une ab…. – un tr… – un f…age – un or…er – un surv…ant – un cons…er.

4 ** **Recopie seulement les mots dans lesquels tu entends le son [ij] et écris une phrase avec chacun d'eux.**

une cédille – un village – un grillage – mille – une pastille – une ville – une coquille – il est tranquille.

5 ** **Conjugue chaque verbe au présent aux trois personnes indiquées.**

barbouiller → je … – tu … – vous … .
cueillir → il … – nous … – vous … .
briller → elle … – nous … – ils … .

6 *** **Écris chacun de ces mots qui contient le son [j] avec *y* ou *ill*.**

Théo recopie son brou…on au propre. – Béatrice ta…e son cra…on avant de tracer un trait à la règle. – Les vo…ageurs sont fatigués par leur traversée. – Nous bala…ons les feu…es tombées devant la porte. – Nous essa…ons de trouver de beaux coqu…ages sur la plage.

7 **Complète ces listes de mots contenant le son [j]. Quelles sont celles que tu peux écrire sans te tromper ? Pourquoi ? Apprends l'autre par cœur.**

a. un sol… – un ort… – un rév… – un somm… .
b. une gren… – une f… – une citr… – une br… .
c. nous cons…ons – nous surv…ons – nous bal…ons.
d. un faut… – un s… – un écur… – un d… .

J'écris

8 **Reconstitue ce mot et utilise-le dans une phrase.**

r s a i u e l l

ORTHOGRAPHE

Je comprends

Lis ces mots et réponds aux questions.

Comment se prononcent les lettres *ex* ?

1 **a.** examiner – un exemple – exiger – exubérant – exonérer
b. exciter – exquis – un excès – une extension – exprimer

Comment se prononce la lettre **x** dans ces deux listes de mots ?
Quelles lettres trouve-t-on toujours après les lettres **ex** qui se disent [ɛgz] ?
Quelles lettres trouve-t-on après les lettres **ex** qui se disent [ɛks] ?

Classe les mots en deux colonnes selon la façon dont tu prononces la lettre *x*.
expliquer – exagérer – une excuse – extraordinaire – exister – un exemple – un examen.

Comment se prononcent les lettres *ax*, *ix*, *ox*, *ux* ?

2 luxueux – un mixeur – un boxeur – fixer

Comment se prononce la lettre **x** dans ces mots ? Relève la lettre qui précède la lettre **x**.

Complète chaque mot avec la voyelle qui convient.
un t...xi – le l...xe – une t...xe – l'...xygène.

Comment se prononcent les lettres *acc* ?

3 **a. accepter** → une acceptation, acceptable / **accéder** → un accès, accessible
b. accorder → un accord, un accordéon / **accrocher** → un accroc, un accrochage

Quelle est la nature des mots en gras dans les listes *a* et *b* ? Comment se prononce **acc** dans les mots en gras de la liste *a* ? Et de la liste *b* ? Que remarques-tu pour les autres mots de la même famille ?
Quelles lettres trouve-t-on après les lettres **acc** qui se disent [aks] ?
Quelles lettres trouve-t-on après les lettres **acc** qui se disent [ak] ?

Trouve un verbe de la même famille pour chacun de ces mots.
accablement – une accentuation – un accélérateur.

x à la fin des mots

4 **a.** une croix – un prix – une perdrix
b. des bijoux – des amiraux – des journaux – des châteaux
c. je peux – je veux
d. courageux – ambitieux – astucieux – heureux

La lettre **x** se prononce-t-elle à la fin de ces mots ? Quelle est la nature des mots des listes *a*, *b*, *c* et *d* ? Comment peut-on expliquer le **x** à la fin de ces mots ?

Classe ces mots en trois colonnes selon l'explication de la présence du *x* en fin de mot : *pluriel d'un nom*, *terminaison d'un verbe*, *adjectif*.
des cailloux – je veux – des manteaux – des choux – des journaux – joyeux – frileux – coléreux – je peux.

J'apprends

- La lettre **x** se prononce **[gz]** ou **[ks]**.

on entend [gz]	on entend [ks]
ex + voyelle : *un examen, un exemple, exiger, exonérer, exubérant*	**ex + consonne** : *extérieur* **ax, ix, ox, ux + voyelle** : *un taxi, une fixation, un boxeur, le luxe*

⚠ *de l'eczéma.*

- On écrit **acc** en début de mot quand il y a un **verbe** dans la famille de mots : *accélérer → un accélérateur.*
  - Les lettres **acc** se prononcent **[aks]** quand elles sont suivies d'un **e** ou d'un **i** : *accéder, accidenter.*
  - Elles se prononcent **[ak]** dans les autres cas : *accorder, accrocher.*

- La lettre **x** ne se prononce pas à la fin de certains mots :
  - certains **noms** : *un choix, un prix…*
  - certains **noms pluriels** : *des bijoux, des chevaux, des manteaux…*
  - certains **verbes** : *je peux, je veux, tu peux, tu veux…*
  - certains **adjectifs** : *peureux, courageux…*

⚠ *dix, six, dixième, sixième…*

Je m'entraîne

1 * Recopie ces mots : entoure en bleu les mots dans lesquels tu entends le son [ks] et en vert ceux où tu entends le son [gz].

un boxeur – un taxi – un examinateur – une taxe – une exigence – un extra – une existence.

2 * Écris chacun de ces mots avec *cc* ou *c*.

un a…ent – c'est a…eptable – une a…adémie – un a…robate – une a…lamation – un a…ouchement – un a…ueil – un a…ompagnement – un a…acia.

3 ** Trouve un nom de la même famille que chacun de ces verbes. Aide-toi du dictionnaire.

accélérer – accéder – accepter – accentuer – acclimater – accumuler – accroître.

4 ** Complète les mots avec la voyelle qui convient.

Le professeur …xige un travail soigné. – L'…xactitude en classe est obligatoire. – Une trop grande exc…tation peut provoquer un acc…dent. – L'ex…stence des dinosaures a été démontrée. – Ce dessert est exc…llent. – Il faut un mot d'exc…se quand on est absent de l'école.

5 * Écris chaque phrase avec le mot qui convient : *bouleaux* ou *boulots*. Aide-toi du dictionnaire.**

a. Les … sont des arbres qui poussent dans les régions froides et tempérées.
b. Même les petits … peuvent être intéressants.

6 Complète chaque liste de mots. Quelles sont celles que tu peux écrire sans te tromper ? Pourquoi ? Apprends les autres par cœur.

a. un choi… – une noi… – une croi… – un pri… .
b. des moineau… – des oiseau… – des gâteau… – des bateau… .
c. des canau… – des amirau… – des bocau… – des chevau… .
d. courageu… – nerveu… – curieu… – joyeu… .

J'écris

7 Reconstitue ce mot et utilise-le dans une phrase.

x i u e m

Je comprends

Lis ces mots et réponds aux questions.

Comment s'écrivent le son [œ] et le son [ø] ?

1 **a.** un fleuve – un facteur – un directeur – un jeune – un nageur – un cœur
b. le milieu – je peux – du feu – un neveu – deux – sérieux – des bœufs

Quelles sont les différentes façons d'écrire le son [œ] dans la liste *a* ?
Quelles sont les différentes façons d'écrire le son [ø] dans la liste *b* ?

Classe ces mots en deux colonnes selon leur prononciation : [ø] comme dans « un peu » et [œ] comme dans « une heure ».
chaleur – pneu – peureux – odeur – fleur – creux – couleur – fameux.

Quelle lettre après le son [œ] ?

2 une heure – un docteur – seul – un voleur – un veuf – un fleuve

Relève les lettres qui suivent le son [œ]. Comment s'écrit le son [œ] dans ces mots ?

Complète les mots avec *e* ou *eu*.
un m…nu – une val…r – une od…r – une chal…r – une ch…minée – p…tit.

eur à la fin des noms

3 **a.** une peur – une frayeur – une odeur – une chaleur – une couleur
b. un bonheur – un moteur – un chanteur – un joueur

De quel genre sont les noms de la liste *a* ? Que remarques-tu pour l'écriture du son [œʀ] ?
De quel genre sont les noms de la liste *b* ? Que remarques-tu pour l'écriture du son [œʀ] ?

Complète ces mots avec la bonne écriture du son [œʀ].
une sav… – une douc… – un mot… – un serv… – une doul… – une coul…

eu ou *eux* à la fin des mots singuliers ?

4 **a.** courageux – délicieux – curieux – nuageux – furieux – sérieux
b. un pneu – un lieu – un vœu

De quelle nature sont les mots de la liste *a* ? De la liste *b* ?
Que peux-tu en conclure sur l'écriture du son [ø] en fin de mot ?

Complète ces mots avec *eu* ou *eux*.
un av… – génér… – peur… – un chev… – vi…

J'apprends

— Le son [œ] s'écrit **eu** ou **œu** : *une fleur – un fleuve ; une sœur – un cœur – un* ***œuf***.
Il est suivi dans la même syllabe des lettres : **l**, **r**, **f** ou **v**.
⚠ *un œil, un œillet.*

Les **noms masculins** et **féminins** s'écrivent généralement avec **-eur** à la **fin** :
un moteur, une odeur.
⚠ *du beurre – une demeure – une heure – un heurt.*

— Le son [ø] s'écrit **eu** ou **œu** : *le* ***feu*** *– des bœufs.*
Tous les **adjectifs qualificatifs** terminés par le son [ø] s'écrivent **-eux** :
il est curieux – il est heureux.

Je m'entraîne

1 * Écris chaque mot avec ***eux*** **ou** ***in*****.**

un pat... – c'est pat... – c'est mal... – c'est malheur... – un câl... – il est m...ce – il est peur... .

2 * Recopie et classe ensemble les mots de la même famille.

heureux – creux – heureusement – une fleurette – bleu – peupler – un creusement – bleuir – un bleuet – une fleur – creuser – fleurir – un peuple – un peuplement – malheureux – une peuplade.

3 ** Écris chaque nom avec ***eu*** **ou** ***e*****.**

une p...rle – un chant...r – une v...ste – une h...rbe – un cour...r – un doct...r – un m...rle – un c...rcle – il est s...l – une f...rme – un dans...r.

4 ** Complète chaque phrase avec un adjectif qualificatif de la même famille que le mot entre parenthèses.

a. Ce terrain est très ... . (*la boue*)
b. C'est ... de perdre ses affaires. (*un malheur*)
c. C'est ... de traverser la rue sans regarder. (*un danger*)
d. Le ciel est ... aujourd'hui. (*un nuage*)
e. Cet homme est très ... . (*la chaleur*)

5 ** Observe et continue comme sur le modèle :
classer → *un classeur.*

chanter – broyer – compter – porter – donner – masser – servir.

6 ** Recopie et complète les phrases avec le bon mot : ***hauteur*** **ou** ***auteur*****.**

a. Cet immeuble est d'une grande ... .
b. L'... de ce livre est très connu.

7 Complète chaque liste de mots. Quelle est celle que tu peux écrire sans te tromper ? Pourquoi ? Apprends les autres par cœur.

a. une dem... – du b... – une h... .
b. un c...r – un b...f – une s...r.
c. la vap... – une sav... – la chal... – une coul... .

J'écris

8 Récris des phrases complètes en reconstituant chacun de ces mots.

s m e t u e l n e

e p t u - t r ê e

a. Mon ami va ... habiter aux États-Unis.
b. Je vais me promener ... le dimanche.

Choisis un de ces mots et invente une phrase.

Je comprends

Lis ces mots et réponds aux questions.

La lettre *h* se prononce-t-elle ?

1 **a.** un honneur – l'heure – un haricot – la harpe – un homme – une hutte
b. le thé – un thon – le théâtre – un épithète

Où est placée la lettre **h** dans les mots de la liste *a* ? Et dans ceux de la liste *b* ? Comment ces mots se prononcent-ils ? Entends-tu la lettre **h** ?

Complète chaque mot avec *h* ou *r*.
la ...oule – il ...oule – le ...âle – il ...âle – la ...ousse – elle est ...ousse.

h entre deux voyelles

2 le chahut – une cohue – ahurissant – une cacahuète – un véhicule

Dans ces mots, à quoi sert la lettre **h** entre deux voyelles ?

Complète chaque mot avec la lettre *h* si c'est nécessaire.
un ga...ucher – une ca...ute – un ba...ut – emba...ucher.

ph ou *ch*

3 **a.** une photographie – une pharmacie – un philosophe – le phosphore
b. un Chinois – un achat – une couchette – chaque – un échec

Comment se prononcent les lettres **ph** dans la liste *a* ? Dans la liste *b*, comment se prononcent les lettres **ch** ? À l'écriture de quels sons participe la lettre **h** dans les deux listes ?

Classe ces mots en deux colonnes : *j'entends* [f], *j'entends* [ʃ]
une photographie – une chaussette – un achat – une écharde – un phoque – l'orthographe.

J'apprends

– Le plus souvent, la lettre **h** ne se **prononce pas** lorsqu'elle est située en **début** de mot ou **dans** le mot :
*un **h**érisson – une biblio**th**èque.*

– Dans certains mots, la lettre **h** est utilisée pour **séparer deux voyelles** : *une co**h**ue.*

– La lettre **h associée à une autre lettre** se prononce :
p + h = ph → [f] : *une **ph**otogra**ph**ie.*
c + h = ch → [ʃ] : *un **ch**apeau.*

⚠ *un **ch**rysanthème – un **ch**œur – un or**ch**estre – une **ch**orale.*

ORTHOGRAPHE

Je m'entraîne

1 * Classe ces mots en trois colonnes suivant ce que tu entends pour la lettre *h* seule ou associée.

un hippopotame – un achat – une cohérence – une échelle – un philosophe – un horizon – un hiver – une heure – l'humidité – un phoque – un véhicule – une photo – un rhume – un thé – une bibliothèque.

2 * Écris chaque mot avec la lettre *h* et explique pour chacun d'eux pourquoi il faut un *h*.

un vé...icule – un cha...ut – la compré...ension – un ba...ut – a...urissant.

3 * Recopie et classe ensemble les mots de la même famille.

un habit – horrible – une photographie – charmant – un humain – s'habiller – une horreur – un habillement – charmer – humainement – photographier – l'humanité – un photographe – un charme – horrifier – un charmeur.

4 * Recopie et complète les mots avec les lettres *ch* ou *ph*.

a. Le gagnant a reçu un accueil triom...al.
b. Ce mar...é aux fleurs est très agréable.
c. Le ...oque est un animal qui aime l'eau froide.
d. L'ar...itecte a fait le plan d'une nouvelle tour.
e. Il vient d'a...eter une nouvelle voiture.
f. La ...armacie de ma rue ferme tard le soir.

5 ** Récris chaque phrase avec le mot qui signifie le contraire du mot entre parenthèses.

a. Je ... le bébé. (*habiller*)
b. Ce vieux monsieur veut ... ses enfants. (*hériter*)
c. C'est ... d'entendre du bruit dans cette rue le soir. (*habituel*)
d. Pierre est un homme très ... . (*heureux*)
e. C'est ... de voler. (*honnête*)

6 * Compose six mots à partir de ces deux listes, puis recopie et complète les phrases suivantes.**

a. photo – ortho.
b. copie – phonie – graphe – maton – pédie – génique.
Les leçons d'... me permettent d'apprendre comment s'écrivent les mots. – Les bébés sont souvent ... car ils sont mignons.

7 * Récris chaque phrase avec le mot qui convient. Aide-toi du dictionnaire.**

a. *thon – ton*
La pêche au ... n'est plus autorisée.
Le ... de ce professeur est autoritaire.

b. *hôtel – autel*
J'aimerais bien aller dormir à l'... .
Dans cette vieille église, l'... date de la Renaissance.

8 Complète chaque liste de mots. Quelle est celle que tu peux écrire sans te tromper ? Pourquoi ? Apprends les autres par cœur.

a. un ...ôtelier – mal...eureux – enva...ir – la ...auteur.
b. un ...otogra...e – un ...oque – une orthogra...e – un ...énomène.
c. un ...ocolat – un ca...et – une mè...e – une ...aleur.

J'écris

9 Écris des phrases complètes en reconstituant chacun de ces mots.

s h o d r e   l é a h s   h r e i

a. Il fait froid et pour aller ... je m'habille chaudement.
b. ... nous sommes allés au cinéma.
c. ... ! J'ai perdu mon stylo.

Choisis un de ces mots et invente une phrase.

10 Recherche, avec un camarade, quatre mots composés à partir du mot *graphie*. Aide-toi des illustrations.

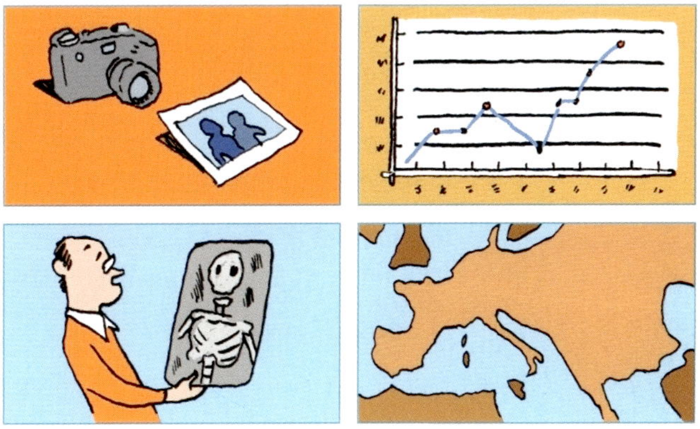

Je comprends

Lis ces mots et réponds aux questions.

En début de mot

1 **ir**respectueux – **ir**réel ; **in**né – **in**nombrable ; **im**mature – **im**mortel
enneiger ; **em**ménager – **em**magasiner

Quel est le rôle de **ir**, **in**, **im**, **en**, **em** dans ces mots ? Comment s'appellent ces parties de mot ? Comment peut-on expliquer le redoublement de la consonne ?

Rassemble les mots de la même famille.
utile – intéressant – irresponsable – inintéressant – inutile – maillot – responsable – emmailloter.

aff, eff, off en début de mot ?

2 affectueux – efficace – officiel – effectif – afficher – offrir

Quelles lettres précèdent les deux **ff** dans ces mots ?
Comment s'écrivent les mots commençant par les sons [af], [ef], [of] ?

Complète avec *f* ou *ff*.
un ...romage – une a...irmation – un e...ort – un re...uge – une cara...e – un o...icier.

app, att, arr, acc en début de mot ?

3 **appartenir** → un appartement ; **attaquer** → une attaque
arrêter → un arrêt ; **accorder** → un accord

Quelle est la nature des mots en gras ? Que remarques-tu pour les autres mots de la même famille qui commencent par les sons [ap], [at], [ar] ou [ak] ?

Trouve le verbe qui correspond à chacun de ces mots.
un arrivage – un accoudoir – un arrachage – une application.

amment ou *emment* à la fin d'un adverbe ?

4 **a.** méchant → méch**amm**ent ; puissant → puiss**amm**ent ; savant → sav**amm**ent
b. prudent → prud**emm**ent ; récent → réc**emm**ent ; violent → viol**emm**ent

Que remarques-tu dans la formation de ces adverbes ? Comment expliques-tu les deux **m** ? Comment se prononce le premier **e** dans les adverbes de la liste *b* ?

Forme des adverbes avec :
brillant – fréquent – patient – courant – apparent.

J'apprends

— On rencontre des **doubles consonnes** dans les mots formés avec les préfixes **in-**, **ir-**, **il-**, **en-**, **em-**, **im-** quand la même consonne se trouve déjà dans le radical :

ir- devant **r** → ***irr**éel*	**il-** devant **l** → ***ill**ettré*	**im-** devant **m** → ***imm**ortel*	**em-** devant **m** → ***emm**énager*	**en-** devant **n** → ***enn**eiger*

— Les mots commençant par **aff-**, **eff-**, **off-** s'écrivent avec deux **ff** : *une **aff**ection, une **off**ense, un **eff**ort.*
⚠ *Afrique, africain, afin.*

— Les mots commençant par **acc-**, **app-**, **arr-**, **att-** s'écrivent avec une **double consonne** s'il existe un **verbe** dans leur famille de mots :

***app**eler → un **app**el*	***acc**order → un **acc**ordéon*	***arr**oser → un **arr**osoir*	***att**acher → une **att**ache*
⚠ ***ap**ercevoir, **ap**latir, **ap**aiser, **ap**ostropher*		⚠ *en **arr**ière*	⚠ *une **att**itude*

— Les adverbes en **-emment** ou **-amment** sont construits à partir d'adjectifs en **-ent** ou **-ant** :
*prud**ent** → prud**emment** ; méch**ant** → méch**amment**.*

Je m'entraîne

1 * Observe le modèle et trouve le contraire des mots : *réel → irréel.*

récupérable – régulier – respectueux – respirable – remplaçable.

2 * Recopie et complète chaque phrase avec l'adverbe qui convient.

a. La dame attend avec patience. Elle attend donc … .
b. Cette lettre est récente. Je l'ai donc reçue … .
c. Ma sœur traverse la rue avec prudence. Elle traverse donc … .
d. Ce passant m'a regardé avec méchanceté. Il m'a donc regardé … .

3 ** Écris chaque mot avec *f* **ou** *ff.*

a…amé – une a…iche – …acile – e…arant – e…icace – o…enser – …ormidable – a…ectueux – …rileux – un a…olement – les …lots – e…rayer – la …orce – un o…icier.

4 * Cherche un verbe de la même famille que chacun de ces mots puis complète-les avec** *rr, tt, cc, pp* **ou** *r, t, c, p.*

un a…ivage – un a…elage – une a…irance – une a…arition – une a…roche – une a…aque – un a…adémicien – un a…osoir – un a…ui.

5 Complète chaque liste de mots. Laquelle peux-tu écrire sans te tromper si tu connais les mots : *prudent – constant – courant – récent* **? Pourquoi ?**

a. A…rique – un A…ricain – a…in.
b. un e…ort – il est a…amé – une a…iche – une o…re.
c. c'est i…isible – c'est i…éel – c'est i…ortel – c'est i…é.
d. prud…ent – const…ent – cour…ent – réc…ent.

J'écris

6 Reconstitue cette expression, puis invente une phrase.

n e f e f t e

Je comprends

Lis ces phrases ou ces groupes nominaux et réponds aux questions.

Les mots invariables ont-ils un genre ?

1 **a.** un petit chat trop craintif → une petite chatte trop craintive
b. un chien certainement méchant → une chienne certainement méchante

Quels mots changent dans les groupes nominaux *a* et *b* ? Pourquoi ? Quels mots ne changent pas ? Peux-tu préciser le genre de **trop** et de **certainement** ?

Indique la nature de chaque mot et précise son genre. Relève les trois mots invariables.
Le renard, très rusé, attrape les pauvres poules. – Pour une fois, ma petite sœur mange proprement.

Tous les mots varient-ils en nombre ?

2 **a.** Le boucher installe **soigneusement** la viande **sur** son étal.
b. Les bouchers installent **soigneusement** les viandes **sur** leurs étals.

Quelle est la différence entre les phrases *a* et *b* ? Que remarques-tu pour les mots en gras ?

Récris chaque phrase au pluriel et relève les mots invariables.
L'enfant part avec son voisin. – La voiture reste dans le garage quand la route est verglacée.

Quelle est la nature des mots invariables ?

3 **a.** Les voitures doivent **toujours** s'arrêter **devant** un stop.
b. **Pour** la fête, les habitants préparent les stands **et** les musiciens répètent.
c. Les élèves rangent **rapidement** leurs affaires **dans** leur cartable.

Indique la nature des mots en gras : adverbe, préposition ou conjonction.

Précise la nature de chaque mot invariable.
Le chat s'approche **calmement** de l'oiseau. – Pierre va **à** la piscine **avec** ses voisins. – L'enfant va **chez** le médecin **car** il est malade.

J'apprends

Les **mots invariables** ne changent ni en **genre** ni en **nombre**. Ce sont :
- des **prépositions** : *dans, sous, à, avec...* ;
- des **adverbes** : *très, toujours, rapidement...* ;
- des **conjonctions** : *et, mais, ou, quand...*

⚠ Les noms, les verbes et les adjectifs ne sont jamais des mots invariables, même si certains noms ou adjectifs ne changent pas entre le masculin et le féminin ou entre le singulier et le pluriel :
un artiste célèbre → *une artiste célèbre* ;
un tapis doux → *des tapis doux*.

Je m'entraîne

1 * Recopie ces mots en les classant en quatre colonnes : *noms – adjectifs – verbes – mots invariables.*

après – coléreux – lorsque – réfléchir – dessus – boire – cependant – fabriquer – mouvement – directeur – solidement – aventure – aimable – fleurir – solide – élégant – donner – parfait – toujours – vérité – jamais – solution.

2 * Recopie et complète ces mots invariables en réunissant les contraires.

moins – dessous – jamais – mal – beaucoup – souvent – plus – rarement – après – toujours – bien – dessus – peu – avant.

3 ** Recopie et complète les phrases avec les prépositions : *chez – devant – dans – après – vers – pendant.*

… quelques instants le bateau se dirigera … le port. – Je dois partir … le médecin. – … la pluie vient le beau temps. – La voiture s'arrête … la vitrine du magasin. – Je dois m'absenter … une semaine.

4 ** Recopie et complète les phrases avec les adverbes : *jamais – toujours – beaucoup – maintenant – longtemps.*

Les valises sont prêtes, vous pouvez … partir en vacances. – Il ne faut … se décourager. – Dans ce sous bois, après la pluie, il y a … de champignons. – Faut-il attendre … pour recevoir notre commande ? – C'est … agréable de recevoir des cadeaux.

5 ** Récris chaque phrase au singulier. Relève les mots invariables et écris une autre phrase avec chacun d'eux.

a. Ces fruits rouges sont trop mûrs.
b. Les nouveaux touristes sont enfin arrivés.
c. Quand les enfants jouent, ils sont calmes.
d. Depuis des heures, les habitants attendent les coureurs cyclistes.
e. Les enfants mangent parfois des crevettes.

6 * Recopie et complète ce texte avec les mots invariables :** *depuis – nerveusement – bien – sur – autour.*

… cette image, nous voyons une fusée. … quelques minutes, le compte à rebours est commencé. Des ingénieurs s'agitent … et regardent … d'elle si tout est … en place.

7 * Enrichis chaque phrase en utilisant un ou plusieurs mots invariables de ton choix.**

Le nuage cache le soleil. – Zinédine part de l'école. – Nous irons nous promener. – Je pense venir vous voir.

8 Complète ces listes de mots. Peux-tu en écrire certaines sans te tromper ? Pourquoi ?

a. bien – de – donc – loin – sur… .
b. aussi – encore – alors – moins – jamais… .
c. vite – lorsque – parmi – peu – combien… .
d. après – sous – vers – depuis – avant… .

J'écris

9 Reconstitue les mots invariables et invente une phrase avec chacun d'eux.

a r o s l   f i e n n
p s i d e u   n a p n d e t

10 Décris l'illustration en employant des mots invariables pour situer le temps et le lieu des actions.

Le sais-tu ?

Voici une petite phrase amusante pour retenir les **conjonctions de coordination**. Recopie-les et apprends-les dans cet ordre :

mais ou et donc or ni car

Je comprends

Lis ces mots et réponds aux questions.

Comment reconnaître le genre des noms ?

1 **a.** un peigne – le texte – mon chien – cet élève
b. une coiffure – la cuisine – sa trousse – cette chaise

Quel est le genre des groupes nominaux de la liste *a* ? De la liste *b* ? Quels sont les déterminants qui précèdent les noms ?

Compose des groupes nominaux en associant un déterminant *(a)* et un nom *(b)*.
a. un – le – ton – une – la – sa.
b. garage – feuille – magasin – boutique – soleil – chemise.

Les noms terminés par les sons [i], [y], [u] et [waʀ]

2 **a.** un cr**i** – un men**u** – un écr**ou** – le tir**oir**
b. une sort**ie** – une stat**ue** – une r**oue** – la mém**oire**

Quelles sont les terminaisons des noms masculins ? Que remarques-tu pour les noms féminins ?

Ajoute un *e* si c'est nécessaire.
un tri… – de la bou… – une bougi… – un verrou…

Comment former des noms féminins à partir de noms masculins ?

3 **a.** un ami → une amie ; un marié → une mariée
b. un voisin → une voisine ; un renard → une renarde

Comment se terminent les noms masculins de la liste *a* ? Qu'ajoute-t-on au féminin ? Entends-tu une différence ?

Comment se terminent les noms masculins de la liste *b* ? Qu'ajoute-t-on au féminin ? Entends-tu une différence ?

Écris les noms suivants au féminin.
un voyant – un apprenti – un marchand – un employé.

Les noms terminés par *e*

4 un village – un meuble – le silence / une tartine – une image – la danse

Quelles sont les terminaisons des noms masculins ? Et des noms féminins ? À ton avis, quel est le rôle de la lettre *e* ?

Précise si ces noms sont masculins ou féminins.
banque – douche – nuage – masque – plante – crime.

ORTHOGRAPHE

J'apprends

- Un nom est du genre **masculin** quand il est précédé des déterminants **un**, **le**, **mon**, **ce**... : ***un** bureau, **le** cheval, **mon** bagage, **ce** livre.*

- Un nom est du genre **féminin** quand il est précédé des déterminants **une**, **la**, **ma**, **cette**... : ***une** feuille, **la** table, **ma** robe, **cette** ligne.*

- Au féminin, les noms qui se terminent par les sons [i], [y], [u], [waʀ] ont un **e** final que l'on n'entend pas.

masculin	*un tir**oir***	*un cr**i***	*un men**u***	*un tr**ou***
féminin	*une mém**oire***	*une poés**ie***	*une stat**ue***	*une **joue***
	⚠ *un laboratoire, un territoire...*	⚠ *une souris, une fourmi, une brebis...*	⚠ *une tribu, une vertu...*	⚠ *une toux*

- On ajoute généralement un **e** au nom masculin pour former le nom **féminin** correspondant, pour les êtres humains et les animaux.
  *un marié → une marié**e** ; un lapin → une lapin**e**.*

- La lettre **e** n'est pas toujours la marque du féminin. Elle peut servir à faire **entendre** la consonne qui précède : *une tartin**e**, le silenc**e**.*

Je m'entraîne

1 * Lis ces groupes nominaux. Classe les déterminants en trois colonnes, selon qu'ils sont féminins, masculins ou les deux.

ton sac – sa trousse – son école – cette voiture – ma balle – leur chien – mon ami – le soleil – leur chatte – cet arbre – une règle – notre maison – mon amie – notre tableau – ce chapeau.

2 * Classe chacun de ces noms selon son genre (féminin ou masculin). Rappelle pourquoi on utilise *l'*.

l'ampoule – l'animal – l'électricité – l'éléphant – l'arrêt – l'école – l'enfant – l'orage – l'ombre – l'aventure – l'oubli.

3 ** Récris chaque groupe nominal au masculin.

une campagnarde – la commerçante – une inconnue – une patiente – leur amie – sa fiancée – cette étudiante – mon invitée – ma cousine – une débutante – une Française – notre voisine – une enseignante.

4 ** Récris chaque groupe nominal au féminin.

un invité – un employé – un blessé – un vaincu – un ennemi – un apprenti – un ours – un marié.

5 * Recopie et complète les noms si nécessaire. Attention : il y a deux exceptions.**

L'arrivé... du train est annoncée avec du retard. – La plui... tombe sans arrêt toute la nui.... – Une avenu... est une ru... très large. – Une employé... fait la photocopi... du programme de la réunion. – La bonté est une vertu... très appréciée.

6 Recopie et complète chaque liste de mots. Lesquelles peux-tu écrire sans te tromper ? Pourquoi ? Apprends l'autre par cœur.

a. une brebi... – une foumi... – une souri... .
b. une revu... – une laitu... – une cohu... – une statu... .
c. la bou... – une jou... – une rou... .

J'écris

7 Ces mots ont chacun deux genres. Emploie chacun d'eux dans une phrase au féminin et dans une phrase au masculin. Attention, ils ont alors un sens différent.

vase – tour – voile – manche.

Je comprends

Lis ces mots et réponds aux questions.

-er ou *-ère* à la fin des noms ?

1 **a.** un boulanger → une boulangère ; un boucher → une bouchère
b. un caissier → une caissière ; un aventurier → une aventurière ; le laitier → la laitière

Comment se terminent les noms masculins de la liste *a* ? Qu'ajoute-t-on au féminin ? Comment se terminent les noms masculins de la liste *b* ? Qu'ajoute-t-on au féminin ?

Recherche les noms féminins correspondants.
un gaucher – un couturier – le dernier – un passager.

-n ou *-nne* à la fin des noms ?

2 **a.** un lion → une lionne ; un patron → une patronne
b. un gardien → une gardienne ; un chien → une chienne

Comment se terminent les noms masculins de la liste *a* ? Qu'ajoute-t-on au féminin ? Comment se terminent les noms masculins de la liste *b* ? Qu'ajoute-t-on au féminin ?

Complète ces noms féminins.
une champion... – une Canadien... – une Indien...

-eur ou *-euse*, *-esse*, *-rice* à la fin des noms ?

3 **a.** un masseur → une masseuse ; un chanteur → une chanteuse
b. un directeur → une directrice ; un instituteur → une institutrice
c. un prince → une princesse ; un maître → une maîtresse

Quelles sont les différentes terminaisons des noms féminins ?

Complète ces mots avec *-rice*, *-euse* **ou** *-esse*.
une dompt... – une aviat... – une livr... – une doctor...

Des noms différents

4 un homme → une femme ; un cerf → une biche ; un frère → une sœur

Compare les noms masculins et leurs correspondants féminins. Que remarques-tu ?

Récris les mots suivants au féminin.
un monsieur – un taureau – un coq.

J'apprends

On ajoute généralement un **e** au nom masculin pour former le **nom féminin**, pour les êtres humains et les animaux.

un invité → ***une** invit**ée*** ; *un ours* → ***une** ours**e***.

Il existe de nombreux cas particuliers.

masculin	*un boulang**er***	*un gard**ien***	*un nag**eur***	*un direct**eur***	*un sporti**f***
féminin	*une boulang**ère***	*une gard**ienne***	*une nag**euse***	*une direct**rice***	*une sporti**ve***

⚠ *un doct**eur*** → *une doctor**esse*** – *un prince* → *une princ**esse***.

Parfois le nom féminin est très **différent** du nom masculin : *un frère* → *une sœur.*

Je m'entraîne

1 * Trouve l'intrus de chaque liste et utilise-le dans une phrase.

a. un infirmier – un charcutier – un escalier – un cavalier.
b. un musicien – un comédien – un rien – un Francilien.
c. un moteur – un chanteur – un voleur – un tricheur.

2 * Trouve un déterminant différent pour chacun de ces noms. Relève les trois noms qui peuvent être masculin et féminin.

… fugitif – … couturière – … lionne – … pharmacien – … agricultrice – … artiste – … poulet – … concierge – … acteur – … journaliste – … moquette.

3 ** Récris les noms suivants au féminin.

un mécanicien – un fautif – un duc – un magicien – un moniteur – un espion – un pâtissier – un coiffeur – un musicien – un loup – un ogre.

4 ** Récris les noms suivants au masculin.

une sportive – la championne – cette danseuse – cette collégienne – une paysanne – une infirmière – cette lectrice – une bergère – une comtesse.

5 ** Observe puis complète ces listes de mots.

a. jouer → un joueur → une … .
b. éditer → un … → une … .
c. … → un coiffeur → une … .
d. servir → un … → une … .
e. … → un … → une collaboratrice.

6 ** Recopie et complète ces phrases avec le nom qui convient : *cour* **ou** *cours*.

Le … de gymnastique dure une heure. – Les élèves jouent dans la … pendant la récréation.

7 * Récris ces phrases au féminin.**

Bientôt, les jeux Olympiques vont commencer. Les organisateurs ont tout prévu : les sportifs arriveront à l'aéroport ou à la gare. Il y aura des coureurs, des sprinteurs, des lanceurs de javelots, des nageurs, des plongeurs… Ils sont Australiens, Italiens, Jamaïcains… Un seul deviendra champion par discipline.

8 Complète chaque liste de mots. Lesquelles peux-tu écrire sans te tromper ? Pourquoi ? Apprends l'autre par cœur.

a. une gauchère – une passagère – une bergère – une fermière – une poissonnière.
b. une femme – une sœur – une jument – une reine – une oie.
c. une actrice – une aviatrice – une narratrice.

J'écris

9 Écris une phrase avec chacun de ces noms.

un bar – une barre ; un coq – une coque.

ORTHOGRAPHE

Je comprends

Lis ces mots et réponds aux questions.

-é ou *-ée* à la fin des noms ?

1 un café – un énoncé – un carré / une fusée – une idée – une marée

- Qu'entends-tu à la fin de ces noms ? Que remarques-tu pour les noms masculins et féminins ?

Complète chaque nom avec *ée* **ou** *é*.
une matin... – un foss... – une arm... – un résum... – une chemin... – le pass...

Le féminin des noms masculins en *-é*

2 un marié → une mariée ; un blessé → une blessée ; un handicapé → une handicapée

- Comment forme-t-on le féminin de ces noms masculins ?

Complète chaque nom avec *ée* **ou** *é*.
un employ... → une employ... ; un habitu... → une habitu... ; un fianc... → une fianc...

-té ou *-tée* à la fin des noms féminins ?

3 **a.** la beauté – l'amabilité – la générosité – l'immensité – la vérité
b. une assiette → une assiettée ; une pelle → une pelletée

- Comment s'écrit la fin des noms féminins de la liste *a* ? Pour les noms se terminant en **tée** dans la liste *b*, de quelle quantité s'agit-il ?

Complète avec *é* **ou** *ée*.
la libert... – la cruaut... – une brouett... – la réalit...

tié ou *tier* à la fin des noms ?

4 **a.** un potier – un abricotier – un boîtier
b. une amitié – une moitié

- Comment s'écrit le son [tje] dans les noms masculins de la liste *a* ?
- Comment s'écrit le son [tje] dans les noms féminins de la liste *b* ?

Complète avec *ié* **ou** *ier*.
un oliv... – une amit... – un coll... – la pit...

J'apprends

— Les **noms féminins** qui se terminent par le son **[e]** s'écrivent le plus souvent **ée** :
*une ann**ée**, une fus**ée** ; un employé → une employ**ée**.*

⚠ *un musée, un lycée, un scarabée…*

— Pour les noms qui se terminent par le son **[te]**, on écrit généralement **té** : *la bon**té**, la véri**té**.*

⚠ *une dictée, la montée, la jetée, la portée, la pâtée*
et tous les noms qui indiquent une quantité : une pelletée, une potée…

— Pour les noms qui se terminent par le son **[tje]** :

- Au **féminin**, on écrit **-tié** : ***une** ami**tié**, **une** moi**tié**…*
- Au **masculin**, on écrit **-tier** : ***un** boî**tier**, **un** charcu**tier**, **un** po**tier**…*

Je m'entraîne

1 * **Écris une phrase avec l'intrus de chaque liste.**

a. cheminée – assemblée – envolée – lycée.
b. poignée – musée – rangée – arrivée.
c. fusée – tournée – gorgée – scarabée.

2 * **Recopie les noms en les classant selon leur genre. Entoure les exceptions.**

bonté – bolée – lycée – portée – année – allié – liberté – idée – café – brouettée.

3 ** **Écris chaque mot avec** *é* **ou** *ée*.

une moiti… – une assiett… – une soir… – l'étranget… – une dur… – la piti… – la fum… – une amiti… – une corv… – de la méchancet… – un résum… – un communiqu… .

4 ** **Trouve un nom dérivé de chacun de ces mots.**

a. Exemple : *possible → la possibilité*
sale – égale – fragile – humide – tranquille – solide.

b. Exemple : *ranger → une rangée*
arriver – plonger – geler – traverser – entrer – monter.

5 *** **Écris les noms avec** *é* **ou** *ée* / *er* **ou** *ère*

un employ… – un passag… – une invit… – une bouch… – une étrang… – un bless… – un associ… – une fianc… – la cuisini… – un gauch… – un droiti… .

6 *** **Recopie et complète les noms avec** *é* **ou** *er*.

Le médecin accueille ses patients avec amabilit… – Le boulang… se lève tôt pour préparer le pain. – Léa a mangé une moiti… de pomme. – Le camion est tombé dans le foss… . – Les passag…s du vol 8643 sont appelés porte A. – Un naufrag… a échoué sur la plage. – Ce cavali… fait danser son cheval.

7 **Complète chaque liste de mots. Laquelle peux-tu écrire sans te tromper ? Pourquoi ? Apprends les autres par cœur.**

a. une mar… – la fum… – une soir… – une matin… .
b. une dict… – la mont… – la jet… – la port… – la pât… .
c. un invit … – un employ… – un fianc… – un mari… .
d. la légèret… – l'absurdit… – la bont… – la fermet… .

J'écris

8 **Écris une phrase en utilisant au moins un nom se terminant par** *-té*.

ORTHOGRAPHE

Je comprends

Lis ces mots et réponds aux questions.

s au pluriel

1 un fruit → des fruits ; cette maison → ces maisons ; l'enfant → les enfants ; un jouet → plusieurs jouets ; notre valise → nos valises

Que remarques-tu à la fin des noms au pluriel ?

Écris ces noms au pluriel.
une bouteille – cette tarte – l'avion – mon poisson – ton chien – un olivier.

x au pluriel

2 **a.** un cheveu → des cheveux ; un jeu → des jeux
b. un noyau → des noyaux
c. un drapeau → des drapeaux ; un cadeau → des cadeaux

Pour chaque liste *(a, b, c)*, comment se terminent les noms au singulier ? Qu'a-t-on ajouté au pluriel ?

Écris ces noms au pluriel.
un chapiteau – un neveu – un feu – un seau – un étau.

Le pluriel des noms qui se terminent par *s*, *x* ou *z* au singulier

3 une souris → des souris ; un choix → des choix ; un nez → des nez

Que remarques-tu au pluriel pour les noms se finissant par *s*, *x* ou *z* au singulier ?

Écris ces noms au pluriel.
un cours – un gaz – un choix – un héros.

D'autres mots terminés par *s*

4 **a.** tu nages – nous mangeons – tu parles
b. dans – sous – sans – jamais
c. un tas – un tapis – un repos

Quelle est la nature des mots de la liste *a* ? De ceux de la liste *b* ? De ceux de la liste *c* ?

Précise si les mots se terminant par *s* sont des verbes, des noms au singulier ou des mots invariables.
dessus – tu arriveras – près – tu chantes – un repas – nous avançons – toujours.

J'apprends

- Cas général : on ajoute un **s** au nom singulier pour le mettre au **pluriel**.
un jardin → *des jardins* ; *le gant* → *les gants*.

- Cas particuliers :

singulier	*un cheveu*	*un drapeau*	*un noyau*
pluriel	*des cheveux*	*des drapeaux*	*des noyaux*

⚠ des pneus, des bleus ⚠ des landaus

- Pour les noms terminés par **s**, **x** ou **z** au singulier, il n'y a **pas de changement** au pluriel :
un ours → *des ours* ; *un repas* → *des repas* ; *un choix* → *des choix* ; *un nez* → *des nez*

- La lettre **s** à la fin des mots **n'est pas toujours la marque du pluriel** :
tu manges (verbe à la 1re personne du singulier) – *dans* (mot invariable) – *un repas* (nom au singulier).

Je m'entraîne

1 * **Écris une phrase avec l'intrus de chaque liste.**

a. loups – repos – maisons – incendies.
b. aveux – feux – pneus – adieux.
c. chiens – tables – après – bouchers.

2 * **Écris le pluriel de chacun de ces déterminants.**

le – un – mon – votre – ta – son – leur – notre – ce.

3 ** **Trouve un déterminant différent pour chaque nom.**

... chiens – ... royaumes – ... prairies – ... chansons – ... oiseaux – ... neveux.

4 ** **Récris ces groupes nominaux au pluriel, et classe-les en trois colonnes : pluriel avec *s* ; pluriel avec *x* ; pas de changement entre le singulier et le pluriel.**

un livre – sa copie – le repos – mon couteau – un Français – mon cheveu – cet ordinateur – sa trousse – une noix – cette lampe – ton cadeau.

5 ** **Récris ces groupes nominaux au singulier.**

des autoroutes – vos amis – ces souvenirs – leurs invitées – les bois – trois livres – les villes – mes chapeaux – ces outils – plusieurs tuyaux – nos voisins – deux ours.

6 ** **Précise le genre et le nombre de chaque groupe nominal.**

des chapeaux – l'automobile – mes amies – les libertés – nos fauteuils – une noix – ces paysages – plusieurs employées – les bocaux – chaque passager.

7 ** **Recopie et complète chaque phrase en accordant le nom entre parenthèses.**

Le garçon a peur des (*fantôme*). – Marine a volé trois (*pomme*) dans le (*panier*). – Matteo range ses (*jouet*) dans sa (*chambre*). – Les (*enfant*) découpent des (*feuille*) de papier. – Sophie a mangé tous les (*chocolat*). – Alexis lit les (*livre*) de la (*bibliothèque*).

8 ** **Récris chaque phrase en la mettant au pluriel. Fais attention aux terminaisons des verbes.**

Le pompier éteint le feu. – Le chat mange la souris. – Maman prépare un gâteau pour l'anniversaire de son fils. – Cet homme parle de son chien de chasse.

9 **Complète chaque liste de mots. Quelle est celle que tu peux écrire sans te tromper ? Pourquoi ? Apprends les autres par cœur.**

a. un pay... – un coli... – un radi... .
b. des enfant... – des olive... – des chanson... .
c. des bleu... – des pneu... – des landau... .

J'écris

10 **Écris des phrases en choisissant les noms et les déterminants correspondants dans chaque liste.**

a. sa – quelques – tes – deux – aucun.
b. chaussures – maison – oranges – livres – mensonge.

Je comprends

Lis ces mots et réponds aux questions.

Le pluriel des noms en *ou*

1 **a.** des clous – des fous – des trous – des matous – des sous – des cous
b. des choux – des genoux

Quelle est la marque du pluriel pour les noms en **ou** de la liste *a* ? Quelle est la marque du pluriel pour les noms en **ou** de la liste *b* ? Quelle est la marque du pluriel la plus fréquente ?

Écris ces noms au pluriel.
un mérou – un écrou – un voyou – un verrou.

Le pluriel des noms en *al*

2 **a.** un cheval → des chevaux ; un canal → des canaux ; un animal → des animaux
b. un bal → des bals ; un carnaval → des carnavals

Quelle différence observe-t-on entre les noms au singulier et les noms au pluriel de la liste *a* ? Quelle différence observe-t-on entre les noms au singulier et les noms au pluriel de la liste *b* ?

Écris ces noms au pluriel.
un mal – un signal – un bocal – un original.

Le pluriel des noms en *ail*

3 **a.** un détail → des détails ; un portail → des portails ; un éventail → des éventails
b. un travail → des travaux ; un corail → des coraux

Quelle différence observe-t-on entre les noms au singulier et les noms au pluriel de la liste *a* ? Quelle différence observe-t-on entre les noms au singulier et les noms au pluriel de la liste *b* ?

Écris ces noms au pluriel.
un rail – un épouvantail – un portail – un chandail.

D'autres mots se terminant par *x*

4 **a.** je peux – tu veux
b. heureux – valeureux – délicieux
c. une noix – un prix – un époux

Quelle est la nature des mots de la liste *a* ? Quelle est la nature des mots de la liste *b* ? Quelle est la nature des mots de la liste *c* ? Les mots de la liste *c* changent-ils au pluriel ?

Précise si les mots se terminant par *x* sont des adjectifs au singulier, des noms au singulier ou des verbes.
je veux – un doux refrain – une croix – tu peux – un cavalier courageux – un choix.

J'apprends

— Cas général :

singulier	*un clou*	*un détail*	*un général*
pluriel	*des clous*	*des détails*	*des généraux*

⚠ *des bijoux, des cailloux, des choux, des genoux, des hiboux, des joujoux, des poux.*
⚠ *des coraux, des travaux, des vitraux, des émaux, des baux, des ventaux, des soupiraux.*
⚠ *des bals, des festivals, des carnavals, des régals, des récitals, des chacals, des cals.*

— La lettre **x** à la fin des mots **n'est pas toujours la marque du pluriel** :
je veux (verbe à la 1re personne du singulier) ; *un homme heureux* (adjectif au singulier) ; *un prix* (nom au singulier).

Je m'entraîne

1 * **Écris une phrase avec l'intrus de chaque liste.**
a. un pou – un chou – un clou – un bijou.
b. un éventail – un épouvantail – un rail – un vitrail.
c. un bal – un cheval – un hôpital – un bocal.
d. un creux – une toux – des travaux – une perdrix.

2 * **Écris ces noms au pluriel. Puis classe-les en deux colonnes selon leur forme du pluriel :** *oux* **ou** *ous*.
un joujou – un trou – un filou – un hibou – un fou – un bijou – un sou – un caillou – un clou – un pou – un bisou – un verrou.

3 ** **Récris chaque groupe nominal au singulier.**
les animaux – nos jeux – leurs cadeaux – plusieurs moineaux – ses travaux – mes chevaux – tes neveux – ces portails – quatre oiseaux – nos bocaux.

4 ** **Retrouve les noms qui ne changent pas au singulier et écris une phrase avec chacun d'eux.**
des bijoux – les perdrix – des choux – les époux – des lieux – des cheveux – des toux – les animaux – des amoureux – des travaux.

5 ** **Écris ces noms au pluriel. Puis classe-les en trois colonnes selon leur forme au pluriel :** *als, ails* **ou** *aux*.
un portail – un cocktail – un chacal – un cheval – un signal – un corail – un canal – un festival – un journal – un bocal – un bal.

6 ** **Précise le genre et le nombre de chaque groupe nominal.**
des numéros – des batailles – l'animal – ces détails – mes camarades – ce tapis – des voyous – un époux – les ruisseaux – ces merveilles – ce villageois – votre expédition.

7 *** **Recopie chaque phrase en accordant le nom entre parenthèses.**
J'adore les (*cheval*). – Anaïs s'achète des (*bijou*). – Tim a attrapé des (*pou*) à l'école. – Il y a des (*travail*) dans ma maison, mes parents refont la salle de bain. – Les becs des (*hibou*) sont durs comme des (*caillou*). – Des (*bal*) ont lieu le 14 juillet. – Mon oncle achète des (*journal*) tous les mois.

8 **Complète chaque liste de mots. Quelle est celle que tu peux écrire sans te tromper ? Pourquoi ? Apprends les autres par cœur.**
a. des bal... – des carnaval... – des festival... .
b. des vitra... – des cora... – des éma... .
c. des déta ... – des éventa... – des porta... .

J'écris

9 **Écris des phrases avec les noms et les déterminants de ces listes.**
a. ce – plusieurs – des – ces – aucun.
b. canal – choux – travail – bijoux – matous.

Je comprends

Lis ces mots et réponds aux questions.

L'accord en genre de l'adjectif dans le groupe nominal

1 **a.** un joli chalet – un plat froid
b. une jolie maison – une soupe froide

De quel genre sont les groupes nominaux de la liste *a* ? Et ceux de la liste *b* ? Retrouve l'adjectif qualificatif dans chacun de ces groupes nominaux et précise son genre. Que remarques-tu ?

Recompose les deux groupes nominaux.
un – une – grand – grande – tableau – fresque.

Comment reconnaître le genre des adjectifs ?

2 joli → jolie ; bleu → bleue ; froid → froide ; étroit → étroite

Que se passe-t-il lors du passage du masculin au féminin pour la plupart des adjectifs qualificatifs ?

Complète les groupes nominaux avec l'adjectif qualificatif qui convient.
un renard … ; une renarde … (*rusé, rusée*) – un chemin … ; une vallée … (*étroite, étroit*).

Du féminin au masculin

3 **a.** froide → froid ; petite → petit ; grise → gris
b. jolie → joli ; rusée → rusé ; noire → noir
c. drôle → drôle ; solide → solide ; calme → calme

Qu'a-t-on supprimé à la fin des adjectifs qualificatifs dans le passage du féminin au masculin dans la liste *a* ? Dans la liste *b* ? Quelle différence observes-tu entre le masculin et le féminin dans la liste *c* ?

Complète ces adjectifs qualificatifs masculins. Aide-toi de leur écriture au féminin.
un athlète for… – un passager écossai… – un cheveu blon… – un ruisseau profon… – un camion len… .

Du masculin au féminin

4 **a.** bon → bonne ; manuel → manuelle ; pareil → pareille
b. premier → première ; libérateur → libératrice ; actif → active ; curieux → curieuse

Par quelle lettre se termine chaque adjectif qualificatif masculin dans la liste *a* ? Qu'ajoute-t-on au féminin ? Relève les différentes terminaisons des adjectifs qualificatifs féminins de la liste *b*.

Complète ces adjectifs qualificatifs féminins.
une histoire réel… – une visite réguli… – une fille sporti… – une fin joyeu… .

J'apprends

— L'adjectif qualificatif est au **féminin** quand le groupe nominal est au **féminin**.

— Dans le cas général, on ajoute un **e** à l'adjectif qualificatif masculin pour former le **féminin**.
- Ce **e** peut être **entendu** : *un petit chat gris ; une peti**te** chatte gri**se**.*
- Ce **e** peut être **muet** : *un joli pantalon noir ; une joli**e** robe noir**e**.*

⚠ Les adjectifs qualificatifs qui se terminent par un **e** au masculin ne changent pas au féminin : *un mur **solide** ; une table **solide**.*

— Il existe de nombreux cas particuliers :

masculin	*heur**eux***	*premi**er***	*libéra**teur***	*acti**f***	*bo**n***	*cru**el***
féminin	*heur**euse***	*premi**ère***	*libéra**trice***	*acti**ve***	*bo**nne***	*cru**elle***

⚠ *vieux – vieille.*

Je m'entraîne

1 * **Écris une phrase avec l'intrus de chaque liste.**

a. parfumé – brisé – glacée – cultivé.
b. salée – satisfaite – charmante – solide.
c. doux – savoureux – délicieux – malicieux.

2 * **Recopie et complète chaque groupe nominal avec l'adjectif qualificatif qui convient.**

a. une … princesse – un … garçon (*grand, grande*).
b. un oiseau … – une mer … (*bleu, bleue*).
c. un enfant … – une fille … (*blond, blonde*).
d. une blague … – un clown … (*amusant, amusante*).
e. un chien … – une otarie … (*savant, savante*).
f. un … appartement – une … maison (*bel, belle*).

3 ** **Écris chaque adjectif qualificatif au féminin.**

verni – dernier – coloré – vert – léger – ancien – doué – comestible – fatal – fier – pointu.

4 ** **Récris chaque groupe nominal en remplaçant le nom en gras par le nom féminin qui suit.**

un **animal** cruel → une bête … – un **temps** pluvieux → une journée … – un **cours** intéressant → une découverte … – un **gilet** brodé neuf → une veste … – un long **cheveu** blond → une … chevelure … – un jeune **homme** courageux → une … femme … – un petit **poème** original → une … poésie … – un beau **verre** cassé → une … assiette … .

5 ** **Accorde l'adjectif qualificatif avec le nom.**

une histoire (*passionnant*) – une leçon (*essentiel*) – une bête (*craintif*) – une porte (*fermé*) – une adresse (*inconnu*) – une poupée (*neuf*) – une chaise (*ancien*) – une porte (*ouvert*) – une couverture (*épais*) – une plume (*léger*).

6 *** **Recopie et complète les adjectifs du texte.**

La gros… chienne noir… a poursuivi la petit… chatte blan… jusqu'à ce que cette dernière grimpe sur une haut… branche de l'arbre penché… . La chienne énervé… grogne et la chatte satisfait… ronronne.

J'écris

7 **Écris un texte pour décrire ce personnage. Emploie des adjectifs qualificatifs.**

ORTHOGRAPHE

Je comprends

Lis ces mots et réponds aux questions.

L'accord en nombre de l'adjectif dans le groupe nominal

1 **a.** un stylo neuf – une jolie maison
b. des stylos neufs – des jolies maisons

De quel nombre sont les groupes nominaux de la liste *a* ? Et ceux de la liste *b* ?
Retrouve l'adjectif qualificatif de chacun de ces groupes nominaux et précise son genre.

Recompose les deux groupes nominaux.
un – des – clown – clowns – triste – tristes.

Le nombre des adjectifs

2 neuf → neufs ; neuve → neuves
joli → jolis ; jolie → jolies

Quelle lettre vois-tu à la fin des adjectifs qualificatifs au pluriel, quel que soit leur genre ?
Quel est le rôle de cette lettre ?

Complète chaque groupe nominal en mettant l'adjectif qualificatif au pluriel.
une bouteille pleine → des bouteilles … ; un poisson rouge → des poissons … .

Le pluriel en *x* de certains adjectifs

3 **a.** un livre **original** → des livres **originaux** ;
un exercice **oral** → des exercices **oraux**
b. un **beau** décor → des **beaux** décors ;
un **nouveau** ballon → des **nouveaux** ballons

Que remarques-tu à la fin des adjectifs qualificatifs au singulier et au pluriel dans la liste *a* ?
Que remarques-tu à la fin des adjectifs qualificatifs au singulier et au pluriel dans la liste *b* ?

Complète chaque groupe nominal en mettant l'adjectif qualificatif au pluriel.
un plat régional → des plats … ; un réveil matinal → des réveils … .

Les adjectifs se terminant par *s* ou *x* au singulier

4 un ciel **gris** → des ciels **gris** ; un **vieux** fauteuil → des **vieux** fauteuils

Que remarques-tu au pluriel pour les adjectifs qualificatifs se terminant par *s* ou *x* au singulier ?

Écris ces groupes nominaux au pluriel.
un gros livre – un virage dangereux – un chant mélodieux – un calcul précis.

J'apprends

- L'**adjectif qualificatif** est au **pluriel** quand le groupe nominal est au pluriel.
- Dans le cas général, on ajoute un **s** à l'adjectif qualificatif au **pluriel** :
  un grand jardin → ***des*** *grand**s** jardin**s*** ; *une règle plate* → ***des*** *règle**s** plate**s***.
- Quelques cas particuliers :

singulier	*un **beau** pull*	*un livre origin**al***
pluriel	*des **beaux** pulls*	*des livres origin**aux***

⚠ *un événement **banal*** → *des événements **banals*** ; *un banc **bancal*** → *des bancs **bancals**…*

- Les adjectifs qualificatifs qui se terminent par un **s** ou un **x** au singulier **ne changent pas** au pluriel :
  gros – bas – vieux – peureux…

Je m'entraîne

1 * Recopie et complète les groupes nominaux.

Exemple : *un gentil voisin* → *des gentils voisins* → *une gentille voisine* → *des gentilles voisines*

a. un matin clair → des matins … → une matinée … → des matinées … .
b. un commerçant expérimenté → des commerçants … → une commerçante … → des commerçantes … .
c. un chemin familier → des chemins … → une allée … → des allées … .

2 ** Écris les adjectifs avec *al*, *ale*, *ales* ou *aux*.

Un centre commerci… vient d'être ouvert. – Ma mère aime la douceur tropic… . – Les déjeuners famili… durent toujours longtemps. – Les hommes naissent libres et ég… en droits. – Il fait un froid hivern… . – C'est une œuvre origin… . – Manger est un besoin vit… . – Les chaises sont banc… .

3 * Écris des groupes nominaux au pluriel, comme dans l'exemple.**

Exemple : *rouge* (*ballons / balles*) → *des ballons rouges / des balles rouges*

curieux (*filles / garçons*) – voleur (*pies / chiens*) – ancien (*livres / armoires*) – amical (*regards / salutations*) – charmant (*princes / princesses*) – précis (*horaires / opérations*) – génial (*romans / vacances*) – blanc (*fleurs / hivers*).

4 * Recopie et complète les mots du texte. Accorde les noms et les adjectifs comme il convient.**

Au cirque les nombreu… spectateur… sont très bruyants jusqu'à ce que les lumière… principa… s'éteignent et que d'autres spots rouge… et jaune… éclairent la piste centrale. Pendant le spectacle les jeune… enfant… font des « ahhh » et des « oohhh », alors que les attraction… défilent devant leurs yeu… émerveill… . Les magicien… étonnant… les surprennent, les chien… savant… les font rire et les animau… sauvage… les terrorisent.

5 Complète chaque liste de mots. Y a-t-il des pièges ? Pourquoi ?

a. un portail clo… – un meuble ba… – un gro… chat – un nuage gri… .
b. des vieu… vêtements – des gens généreu… – des vins délicieu… – des gestes amicau… .
c. des jolie… robes – des plantes verte… – des chemins ombragé… – des livres neuf… .

J'écris

6 Associe les noms, les déterminants et les adjectifs pour créer des groupes nominaux. Plusieurs choix sont possibles. Puis emploie-les dans des phrases.

a. un – les – nos – cette – des.
b. loups – souris – boîtes – paysage – livres.
c. agréable – anciens – blanche – affamés – grises.

Les mots de la même famille

1 Recopie ensemble les mots d'une même famille.

allumer – un arrosoir – coiffer – arroser – heureux – rallumer – malheureux – un arroseur – un allumage – une coiffure – une correction – une allumette – corriger – bienheureux – décoiffer – un correcteur – recoiffer – heureusement – correct – incorrect – un arrosage – un coiffeur.

2 Écris le nom du magasin.

a. Un poissonnier travaille dans une … .
b. Un libraire travaille dans une … .
c. Un quincaillier travaille dans une … .
d. Un pharmacien travaille dans une … .
e. Un boulanger travaille dans une … .

Les homophones

3 Recopie ensemble les mots d'une même famille.

un compte – une pensée – lasser – un comptage – lacer – un délassement – un conte –panser – un penseur – un lacet – un conteur – raconter – un pansement – délacer – compter – penser – un laçage – délasser – un pansage – las.

4 Écris un homophone pour chacun des noms en italique : il s'agit dans chaque cas d'un verbe, et il n'appartient pas à la même famille de mots.

un *col* de chemise → il … un timbre. – un *conte* → il … ses billes. – un *cygne* → il … la lettre. – un *pouce* → il … sa voiture. – une *cour* de récréation → il … très vite. – une *part* de gâteau → il … à la fin de la semaine.

Le son [k]

5 Classe ces mots en deux colonnes selon ce que tu entends : *le son [k] ou le son [g].*

un monarque – un sac – un son aigu – une pancarte – c'est agréable – un képi – une anguille – un accoudoir – un accordéon – un ogre.

6 Écris ces phrases avec le nom qui convient. Aide-toi du dictionnaire.

a. (*cou – coup*)
La girafe a un très long … . –
Un … de poing peut faire très mal.
b. (*cane – canne*)
Le vieux monsieur marche avec une … . –
La … couve près de la mare.

Le son [e]

7 Pour chaque verbe, écris une liste de mots, comme dans l'exemple.

chauffer → il a chauffé → vous chauffez.
dépenser – déposer – écouter – gonfler – installer.

8 Choisis le mot qui convient pour compléter chaque phrase et recopie-la.

a. (*boucher – bouchée*)
Le … de ma rue a de la très bonne viande. –
Une petite … de pain calme la faim.
b. (*aller – allée*)
Je fais l'…-retour de l'école à la maison à pied. –
Le parc du château a une … magnifique.

9 Récris les verbes en les complétant avec *-é* ou *-er*, après t'être posé la question « faire quoi ? » ou « il (elle) a fait quoi ? »

a. Ma dent de lait a boug… toute la nuit avant de tomb… ce matin.
b. Il faut beaucoup march… pour rest… en bonne santé.
c. Le balayeur de notre rue a enlev… les feuilles qui pouvaient gên… les passants.

10 Récris les verbes en les complétant avec *-é* ou *-er*. Pour t'aider, remplace-les par un verbe du 3e groupe.

Il ne faut pas jet… des papiers dans la rue. – Le chauffeur a lav… soigneusement son camion. – Marion a apport… un cadeau à Marie. Elle lui a donn… en arrivant. – La sonnette n'a pas march…, alors j'ai frapp… à la porte.

Le son [g]

11 Écris les mots avec *g* ou *gu*.

Le lan…age peut être plus ou moins précis. – Les lé…umes sont bons pour la santé. – On offre du mu…et le premier mai. – Certaines personnes sont allergiques aux piqûres de …êpe.

12 Écris les mots avec *gl* ou *cl*.

On trace un cer…e avec un compas. – Mon on…e habite loin de chez moi. – Le trian…e a trois côtés et trois an…es. – Le …ient demande au boucher de la viande tendre. – Portes-tu des bou…es d'oreille ? – Il faut se couper régulièrement les on…es.

Le son [ɛ̃]

13 Écris chaque phrase avec le mot qui convient.

a. (*teint – tient*)
Le teinturier … le tissu en rouge. – Le jeune poulain … déjà sur ses pattes.
b. (*vin – vient*)
Les invités ont bu beaucoup trop de … . – Mon grand frère … demain.
c. (*sein – sien*)
Le bébé boit au … de sa maman. – Mon sac est beau mais le … est plus pratique.

14 Recopie et classe ensemble les mots d'une même famille.

la teinture – simple – un grain – le teinturier – une crainte – la simplicité – une peinture – un grainetier – simplet – craindre – teindre – un peintre – égrainer – une teinte – peindre – une graineterie – craintivement – repeindre – craintif – simplement.

Le son [ʒ]

15 Écris les mots suivants avec *g* ou *j*.

un froma…e – une …ambe – une …irafe – le solfè…e – …aune – un personna…e – une ori…ine – un ad…oint – une an…ine – une …oue – une ca…e – un messa…e.

16 Dans chaque phrase, écris les mots avec *j* ou *ge*.

Quand …'étais petit, ma mère ran…ait ma chambre en fin de …ournée. – Quelle …oie de rencontrer de bons amis. – Nous apprenons les terminaisons des verbes en faisant de la con…ugaison. – La maison du pi…on s'appelle un pi…onnier. – Parfois les petits enfants sont …aloux entre eux. – Nous chan…ons notre canapé, le nôtre était trop usé.

Le son [ɛ]

17 Recopie chaque mot et entoure ceux où tu entends le son [ɛ].

une rivière – une écharpe – une épingle – une règle – une cuisinière – une chèvre – un été – la météo – une flèche – un kilomètre – un problème – la vérité.

18 Recopie chaque phrase en la complétant avec le mot qui convient.

a. (*lait – laie*)
La … est la femelle du sanglier. – Il est recommandé de boire tous les matins un bol de … .
b. (*cerf – serre*)
Le … est un superbe animal qui vit dans les forêts. – L'hiver, on protège les plantes fragiles dans une … .
c. (*mère – mer – maire*)
Le … s'occupe des habitants de sa commune ou de sa ville. – Une … de famille a beaucoup de travail. – La … est déchaînée quand il y a beaucoup de vent.

Le son [s]

19 Recopie et classe ensemble les mots d'une même famille.

facile – caissier – cinquantenaire – un descendeur – centimètre – caisse – facilité – cinq – faciliter – centième – cinquantaine – cent – facilement – une descente – cinquante – caissière – centime – encaisser – descendre.

20 Recopie chaque phrase en complétant les mots avec *s* ou *ss*.

Dans la dernière hi…toire racontée par la maître…e, il s'agi…ait d'un per…onnage avec une ca…quette. – Mets ta ve…te au ve…tiaire. – Attention, la ca…erole est très chaude !

Le son [ɑ̃]

21 Recopie chaque adjectif qualificatif de la liste *a* avec l'adverbe de la liste *b* qui en est dérivé.

a. fière – sage – large – longue – légère.
b. sagement – fièrement – longuement – légèrement – largement.

22 Recopie les phrases en les complétant avec le mot qui convient. Pour t'aider, pense à un mot de la même famille ou consulte le dictionnaire.

a. (*plant* ou *plan*)
L'architecte a dessiné un … pour la maison. – Le … de tomate est déjà grand.
b. (*temps* ou *taon*)
Aujourd'hui il fait très beau … . – Le … est un insecte qui pique.

Le son [j]

23 Recopie les mots où tu entends [j].

un mimosa – une minute – un balayage – une racine – c'est mieux – un bijoutier – il est curieux – un historien – il est joyeux – c'est idiot – un sucrier – le milieu – un bohémien – une calculatrice.

24 Recopie chacun de ces verbes qui contient le son [j] en le complétant avec *y* ou *ill*.

essu…er – conse…er – trava…er – se débrou…er – accue…ir – emplo…er – essa…er – surve…er – bala…er – emboute…er – netto…er – s'ennu…er – se réve…er.

Les sons [ks] et [gz]

25 Classe ensemble les mots d'une même famille.

exact – expliquer – excuse – exactitude – exactement – explicable – excuser – examen – excusable – examiner – explication – examinateur.

Le son [œ] et le son [ø]

26 Recopie chaque phrase en complétant les adjectifs qualificatifs.

Ce panneau informe l'automobiliste d'un virage danger… . – Cette tarte délici… rend toute la famille heur… à la fin du repas. – Mon petit frère n'est pas très courag… . Il serait même un peu peur… . – Lorsque les cousins jouent ensemble aux cartes, Sami est souvent très chanc…, ce qui rend Léo furi… .

La lettre *h*

27 Recopie et complète les mots de ces phrases avec *h*, *ph* ou *ch*.

Aujourd'…ui mon père va …oisir une nouvelle voiture. Il re…er…e un vé…icule familial. Il regarde les …otogra…ies et les argumentaires de vente. Il …ésite entre deux marques. Le mar…and lui propose de faire des essais de conduite de…ors. Les …ares s'allument lorsque la lumière extérieure faiblit. Mon père est très …eureux mais il ne parvient pas à se décider.

Le doublement des consonnes

28 Écris l'adverbe qui convient.

a. Nous parlons l'anglais d'une manière courante. Nous le parlons donc … .
b. Le chef cuisinier prépare une sauce d'une façon savante. Il prépare sa sauce … .

29 Recopie chaque phrase et complète avec *ff* ou *f*, *pp* ou *p*, *tt* ou *t*, *cc* ou *c*.

Ce déguisement est a…reux, il m'e…raie. – Avec son a…areil numérique, Victor prend des photos de la fête. – Cet a…robate e…ectue des numéros fabuleux. – L'Oise est un a…luent de la Seine. – Le chien est tout excité à l'a…roche de l'ouverture de la chasse. – L'a…acia est un arbre avec des épines. – L'a…errissage de l'avion a été laborieux à cause de cette tempête de neige.

Les mots invariables

30 Recopie les phrases en les complétant avec un mot invariable : *sûrement, davantage, mieux, pas, très, pendant*.

a. Léo aime … aller à la piscine qu'au cinéma.
b. Je viendrai … chez toi tout à l'heure.
c. Il ne faut … traverser une rue sans regarder.
d. Julie reprendrait bien … de dessert.
Elle est … gourmande.
e. Irons-nous au bord de la mer … les vacances ?

Le genre des noms

31 Écris un déterminant différent pour chacun de ces noms.

… banque – … croissant – … sable – … chaise – … ordinateur – … lettre – … montre – … bouquet – … flèche – … tuyau – … liste – … montage.

32 Recopie les noms en ajoutant les terminaisons qui conviennent. Attention, il y a trois exceptions.

une avenu… – un individu… – une nui… – un fossé… – une revu… – un tissu… – un cri… – une sonneri… – un ski… – une épidémi… – la monnai… – un résumé… – une arrivé… – la tou… – une traversé… – un écrou… – la bou… – une tribu… – une caval… – une citoy… – un musici…

33 **Écris le nom féminin de ces animaux ou de ces personnes. Aide-toi d'un dictionnaire.**

a. un jars – un singe – un dindon – un canard – un sanglier.
b. un homme – un oncle – un neveu – un frère – un roi.

34 **Recopie les mots qui ont un féminin et précise lequel.**

un moteur – un bateau – un couturier – un village – un papier – un gardien – un sac – le maître – un soigneur – un bien – du vin.

35 **Classe ces mots selon leur genre. Entoure les exceptions.**

cahier – enjambée – opprimé – légèreté – glacier – musée – nuitée – habituée – aîné – araignée – immensité – berger – solidarité – lycée.

36 **Écris le féminin des mots suivants.**

un voisin – un couturier – un pharmacien – un apprenti – un présentateur – un époux – un équipier – un coq – un Anglais – un naïf – un inconnu – un commerçant – un associé – un coquin – un cerf – un enfant – un chat – un pianiste – un passager.

37 **Recopie chaque mot avec la terminaison qui convient.**

Charlotte attend l'arriv... du train. – L'employ... du magasin travaille là depuis 4 ans. – On cherche le jour des fêtes nationales sur le calendr... de l'ann... . – Le sportif a gagné la course grâce à sa rapidit... . – Le charcuti... prépare ses jambons. – On peut ramasser des coquillages à mar... basse. – Une bless... vient d'arriver aux urgences.

38 **Écris une phrase avec chacun de ces noms.**

un col – une colle – un bal – une balle.

Le pluriel des noms

39 **Écris ces noms au pluriel, et classe-les en trois colonnes : pluriel avec *s* ; pluriel avec *x* ; pas de changement entre le singulier et le pluriel.**

mon manteau – un soldat – mon neveu – ce tapis – sa poupée – un corps – son crayon – cet objet – sa moto – mon bureau.

40 **Complète les phrases avec les noms suivants. (Attention aux accords !)**

hiboux – parades – femelle – oiseaux – mâles – femelles – chouette – hibou

a. Dans le règne animal, les mâles font parfois des ... pour conquérir les ... . Il y a souvent plusieurs ... pour une seule ... .
b. Les ... sont des ... de nuit. La ... n'est pas la femelle du ... .

41 **Pour chaque mot de la colonne de gauche, écris un nom de la même famille puis mets-le au pluriel.**

	nom au singulier	nom au pluriel
Exemple : paternel	*un père*	*des pères*
chevelu	un ...	des ...
long	une ...	des ...
beau	une ...	des ...
passionner	une ...	des ...
penser	une ...	des ...
chevaucher	un ...	des ...
travailler	un ...	des ...
mentir	un ...	des ...

42 **Écris les noms entre parenthèses au pluriel.**

Les (*animal*) du zoo sont toujours en cage. Ce n'est pas très drôle. – Les (*journal*) d'aujourd'hui annoncent des bonnes (*nouvelle*). – Mes (*voisin*) font des (*travail*), je les ai aidés à planter des (*clou*). – Les nouveaux (*ordinateur*) sont très puissants. – Chez Caroline, il y a des (*tableau*) de valeur. – Mes (*parent*) font des (*album*) avec des (*photo*) de nous, bébés. – À l'école, le directeur distribue des (*mot*) pour prévenir qu'il y a des (*pou*).

43 **Écris les expressions suivantes au pluriel.**

un gâteau à la crème – un jeu d'argent – un tableau de Picasso – une roue de secours – un cheval de course – un morceau de viande – un cadeau d'anniversaire – le journal du soir – un bocal de confiture – un portail en bois.

Le féminin des adjectifs qualificatifs

44 Écris chaque phrase en accordant les adjectifs qualificatifs entre parenthèses.

a. La … sorcière a jeté un … sort. (*vilain, mauvais*)
b. La chienne … s'est cachée sous la table … . (*peureux, bas*)
c. Cette jupe … va mieux à ta sœur … . (*écossais, aîné*)
d. L'histoire raconte la … vie d'une … fille pendant la Seconde Guerre … . (*court, petit, mondial*)

45 Écris ces groupes nominaux au féminin.

un boulanger sympathique – un loup agressif – un cascadeur prudent – un ami perdu – un employé efficace – un renard rusé – un chanteur connu – un invité souriant – un dompteur courageux – un ogre affamé.

46 Écris des adjectifs qualificatifs de la même famille que les noms suivants.

	adjectif masculin	adjectif féminin
Exemple : un père	*paternel*	*paternelle*
la colère		
la longueur		
une attention		
une crainte		
une beauté		
une ouverture		
une profondeur		

47 Écris ces groupes nominaux au féminin.

a. un cavalier courageux → …
b. un joueur audacieux → …
c. un acteur célèbre → …
d. un père attentif → …
e. un musicien doué → …
f. un client indécis → …
g. un passager étourdi → …
h. un spectateur ravi → …

Le pluriel des adjectifs qualificatifs

48 Écris une phrase avec l'intrus de chaque liste.

a. pauvres – petites – blanches – douce.
b. gros – gris – épais – clairs.
c. beaux – vitraux – commerciaux – originaux.

49 Écris ces groupes nominaux au pluriel.

un petit neveu – un gentil camarade – une école communale – un couturier adroit – un jeune apprenti – un fauteuil bancal – un présentateur connu – un époux amoureux – un équipier efficace – un coq fier.

50 Reproduis ce tableau et complète-le avec les mots donnés en suivant le modèle.

masculin singulier	féminin singulier	masculin pluriel	féminin pluriel
nouveau	*nouvelle*	*nouveaux*	*nouvelles*

vert – docile – fermé – génial – curieux – anormal – gros – voleur – marrant – pointu.

51 Invente des groupes nominaux en employant les adjectifs qualificatifs suivants. Respecte les accords.

gentille – gras – clairs – rondes – délicieuses – brutal – égaux – lourde – matinales – glacials.

52 Complète chaque groupe nominal avec l'adjectif donné, que tu accorderas.

a. heureux : un enfant – une fille – des enfants – des filles.
b. national : un programme – une fête – des programmes – des fêtes.
c. menteur : un garçon – une fille – des garçons – des filles.

53 Écris ces groupes nominaux au singulier.

des courriers amicaux – des chants mélodieux – des beaux tableaux – des climats humides – des cadeaux fabuleux – des gros meubles – des volets rouges – des journaux quotidiens.

54 Complète chaque phrase avec les adjectifs qualificatifs entre parenthèses que tu accorderas.

Le gâteau n'est pas partagé en parts (*égal*). – Les accès (*principal*) sont fermés. – Les deux gangs sont (*rival*). – Ces cours sont très (*instructif*). – La (*vieux*) femme utilise des plantes (*médicinal*).

VOCABULAIRE

Je comprends

Lis ces mots et réponds aux questions.

1 mangue – aube – savant – cil – valider – apercevoir – tuile – dénombrer

Les mots de cette liste sont-ils classés dans l'ordre alphabétique ? Comment fais-tu pour classer les deux mots qui commencent par la même lettre ?

Classe les mots de la liste par ordre alphabétique.

2 équilatéral [ekɥilateʀal] – walkman [wɔkman] – clown [klun] – aquatique [akwatik] – chronomètre [kʀonomɛtʀ] – patio [pasjo]

Quelle information du dictionnaire te permet de savoir comment se prononcent ces mots ? À quoi reconnais-tu cette information ?

Associe chaque écriture phonétique au mot qui lui correspond.
a : [kʀonik] – b : [kwadʀilatɛʀ] – c : [suʃi] – d : [wikɛnd] ;
1 : quadrilatère – 2 : week-end – 3 : sushi – 4 : chronique.

3 **râteau :** *n.m.* – **voiture :** *n. f.* – **se vanter :** *v.* – **lourd :** *adj.* – **lentement :** *adv.* – **tu :** *pron.*

Que signifie chaque abréviation écrite en italique ? Quelles informations ces abréviations donnent-elles ?

Remplace chaque mot ou groupe de mots en italique par son abréviation :
pron. – *adv.*– *adj.* – *v.* – *n. f.* – *n. m.*
lyre : *nom féminin* – délicieux : *adjectif* – nous : *pronom* – dard : *nom masculin* – gentiment : *adverbe* – noircir : *verbe.*

J'apprends

Dans le dictionnaire, les mots sont classés par **ordre alphabétique**.
• Pour trouver un mot, il faut le chercher à partir de sa première lettre, que l'on appelle la **lettre initiale** : ***g**uêpe* *se trouve à la lettre* ***g***.

• Il faut ensuite chercher la **deuxième lettre** du mot : pour trouver le mot *guêpe*, il faut chercher parmi les mots qui commencent par *gu*...

Certains dictionnaires fournissent des informations qui permettent de connaître la **prononciation** des mots. Ces informations sont indiquées à l'aide de **signes phonétiques** entre crochets [ ] : *aquarium [akwarium].*

Dans le dictionnaire, on trouve des **abréviations** qui renseignent sur la nature du mot :
art. (article) – *n. m.* (nom masculin) – *n. f.* (nom féminin) – *pron.* (pronom) – *v.* (verbe) – *v. t.* (verbe transitif) – *adj.* (adjectif) – *adv.* (adverbe) – *prép.* (préposition) – *conj.* (conjonction).

Je m'entraîne

1 * **Classe les lettres de chaque série par ordre alphabétique.**

a. i, t, a, f, j, m, r.
b. t, n, o, p, b, d, s.
c. n, m, p, o, l, k, u.
d. e, g, a, c, b, f, d.
e. q, w, v, z, x, t, y.

2 * **Recopie les mots de chaque série dans l'ordre alphabétique.**

a. craquer – céramique – clôture – climatiser – cochon.
b. attentif – auditoire – aligné – abriter – admirer.
c. étendre – vendre – décider – aluminium – oculiste.
d. impossible – implacable – impersonnel – impassible – imposition.
e. détruire – détestable – désigner – détendre – déambuler.

3 ** **Recopie l'information du dictionnaire qui indique la prononciation de chaque mot en gras.**

a. Cette fleur est un **chrysanthème**.
b. Ma famille apprécie les **week-ends**.
c. Pouvez-vous **exécuter** cette danse une nouvelle fois ?
d. C'est un **autochtone**.
e. Le partage est **équitable**.

4 ** **Écris pour chaque mot en gras l'abréviation du dictionnaire indiquant sa nature. Puis écris le mot complet correspondant à l'abréviation.**

a. J'adore les **histoires** qui se déroulent au Moyen Âge.
b. Mes parents ont acheté une **nouvelle** voiture.
c. Les **nouvelles** de mon frère sont très bonnes.
d. Où **partez-vous** en vacances ?
e. Il ne **lui** pardonnera pas.

5 *** **Écris les mots dont voici la prononciation en phonétique.**

[aʀiko] – [elefɑ̃] – [paʀɑ̃] – [kʀɔke] – [paʒ]

6 *** **Écris pour chaque série un mot qui respecte l'ordre alphabétique.**

a. … – aplanir – aplatir – appauvrir – apprendre.
b. craindre – crainte – craintif – … – croire.
c. jet – jetable – … – jouer – jouet.
d. départ – départager – … – dépayser – dépêcher.

7 *** **Dans chaque liste, retrouve l'endroit qui convient pour le mot mal placé.**

a. cartable – cerner – cirer – clamer – courir – culture – cultiver.
b. altérer – biberon – bravoure – boucher – boucherie – boucle.
c. nager – magnifique – majestueux – manger – manoir – mastiquer.
d. couverture – couvrir – creuser – craindre – crevette – croustillant.

8 *** **Pour chaque abréviation, trouve trois mots du dictionnaire et écris-les.**
adv. – *n. f.* – *n. m.* – *pron.* – *adj.*

9 *** **Cherche dans ton dictionnaire trois mots qui suivent chacun des mots suivants.**

manger / … – prendre / … – maison / … – touriste / …

Je lis

10 **Lis ce texte et réponds aux questions.**

Pef s'est amusé à jouer avec les mots : voici quelques exemples pris dans son Dictionnaire des mots tordus.

Tête : Les jours de tête sont toujours très attendus par les enfants : Tête du jour de l'an, Tête du premier mai, Tête du quatorze juillet.
Habit : Le dimanche, on sort avec ses habits. On peut aussi inviter ses habits à manger.
Foin : Quand on a vraiment très très foin, on est capable de manger de tout, et surtout de la paille.

Pef, *Dictionnaire des mots tordus*, Folio Cadet,

a. Retrouve l'ordre alphabétique des mots en gras.

b. Quels mots sont cachés sous les mots *tête*, *habit* **et** *foin* **? Quel effet cela produit-il ?**

J'écris

11 **À ton tour, à la manière de Pef, invente des définitions en jouant sur les mots, puis illustre-les. Tu peux choisir parmi ces mots :** *balai / palais ; jeu / œuf ; bruit / fruit.*

Je comprends

Lis ces mots ou ces phrases et réponds aux questions.

1 sentier – entiers – inertes – reteins – retiens – rétines – se tenir – ternies

Combien de lettres contient chacun de ces mots ? Quelles sont ces lettres ? Classe-les par ordre alphabétique. Que constates-tu ?

Retrouve le mot qui contient les mêmes lettres que le mot « voyage » : *voiture* ou *goyave*.

2 **piano :** instrument de musique à cordes et à clavier.

Que t'apprend la définition du mot *piano* ? Quelle est la différence entre le mot *piano* et le mot *instrument* ? Quel est le mot le plus général des deux ?

Retrouve la définition qui correspond à chacun de ces mots : *cuisine* – *carré*.
Quadrilatère plan possédant quatre côtés égaux et quatre angles droits.
Pièce d'habitation où l'on prépare les repas.

3 **vociférer :** parler en criant et avec colère.
Exemple : *l'automobiliste qui a perdu ses clés de voiture* ***vocifère***.

Pourquoi l'automobiliste est-il en colère ? Que fait-il alors ? Parle-t-il doucement ou très fort ? À ton avis, à quoi sert l'exemple dans une définition ?

Trouve un exemple pour illustrer la définition suivante.
Reptile : animal qui se traîne sur le ventre.

J'apprends

– L'**ordre des lettres** d'un mot permet de le **classer** dans le dictionnaire.
En changeant l'ordre des lettres d'un mot, on obtient parfois une **anagramme**, c'est-à-dire un autre mot :
voile et olive sont des anagrammes.

– Le dictionnaire donne, pour chaque mot, une ou plusieurs **définitions** qui permet(tent) d'en comprendre le (ou les) sens. La définition d'un nom contient souvent un **terme général** qui précise la catégorie du mot.
fauteuil → *meuble* ; ***violon*** → *instrument de musique* ; ***kiwi*** → *fruit.*

– Dans le dictionnaire, la définition du mot est souvent illustrée par un **exemple**.
L'exemple est un **cas particulier** qui aide à mieux comprendre la définition générale.
Canidé *: famille de mammifères carnivores digitigrades au museau allongé.*
Exemple → Le chien et le loup sont des canidés.

Je m'entraîne

1 * Cherche dans cette liste les anagrammes de chaque mot : *chien, salive, démon, caser, parisien.*

valise – César – niche – aspirine – monde.

2 ** Écris un nouveau mot (une anagramme) à partir de chacun de ces mots. Puis classe les mots obtenus par ordre alphabétique.

gare – parie – loupe – glane – soutes.

3 ** Pour chaque mot, indique la définition qui est fausse.

a. **enfermer :** mettre dans un lieu fermé. – entourer complètement un lieu. – installer dans une ferme.
b. **chambre :** pièce où l'on dort. – enceinte, cavité placée à l'intérieur d'un pneu. – étendue de cultures.
c. **dent :** se dit de quelque chose qui est à l'intérieur. – organe dur qui sert à la prise de nourriture. – sommet montagneux pointu.
d. **extraordinaire :** immense. – qui sort de l'ordinaire. – qui correspond à un extra.
e. **niveau :** hauteur de quelque chose. – morceau de viande de bœuf. – degré atteint dans un domaine.

4 ** Retrouve dans le dictionnaire l'exemple (souvent écrit en italique) illustrant le sens de ces mots.

a. **grimper :** monter en s'aidant des pieds et des mains.
b. **élogieux :** flatteur.
c. **lessive :** produit qui sert à laver les textiles.
d. **sommeil :** état de quelqu'un qui dort.
e. **turbulent :** porté à faire du bruit ; remuant.

5 ** Cherche dans le dictionnaire la définition des mots suivants. Puis indique le terme général qui définit chaque mot.

cerise – souris – haut-parleur – lasso.

6 * Trouve le mot qui correspond à chaque définition.**

a. Homme à cheval.
b. Produire avec la voix des sons mélodieux.
c. Ranger, répartir par classe.
d. Transformation des aliments dans l'appareil digestif.
e. Mammifère carnivore domestique ou sauvage qui miaule.

Je lis

7 Lis ce texte et réponds aux questions.

Robert fait tomber un gros dictionnaire. Les mots s'en échappent et se mélangent.

Il y a des mots partout, comme un sac de billes renversé, des noms communs, des noms propres, des noms simples comme « bonjour » et d'autres très compliqués comme « zygomatique, xérodermie, yttrialite », etc. Catastrophe ! On dirait des insectes grouillant sur le parquet, des chenilles noires qu'on n'ose pas toucher tant elles sont longues et sinueuses. D'autres mots plus courts, comme « ah ! eh ! », sautent, pareils à des puces, dès qu'on veut les attraper. […] Tant bien que mal, Robert ramasse ce qu'il peut et remet tout en vrac entre les pages du dico… Il reste bien quelques « tétragone, clafoutis, mobylette, alpaga », etc. qui traînent encore par-ci, par-là…

Pascal Garnier, *Dico Dingo*, © Nathan, 2005.

a. Classe ces mots du texte par ordre alphabétique : *zygomatique, xérodermie, yttrialite, tétragone, clafoutis, mobylette, alpaga.*

b. Écris la définition des mots : *tétragone, clafoutis, mobylette, alpaga.* **Tu peux t'aider du dictionnaire.**

J'écris

8 Nicolas aime regarder les planches illustrées de son dictionnaire. Un jour, il l'ouvre à la page des reptiles et, tout à coup, surgit un gros lézard.

Continue l'histoire.

Je comprends

Lis ces mots ou ces phrases et réponds aux questions.

1 **a.** heureux, content. **b.** déplaisir, ennui. **c.** rabâcher, répéter.

Quelle est la nature des mots de chaque série : *a*, *b* et *c* ? Dans chaque liste, les deux mots ont-ils le même sens ? Comment appelle-t-on ces mots ?

Associe à chacun de ces mots un synonyme choisi parmi : *pâlir, allié, grave.*
ami – blanchir – sérieux.

2 **bâtisse** *(recherché)* : bâtiment de grandes dimensions.

Quelle précision apporte le mot entre parenthèses ? À quoi peut-il être utile ? Dans quel contexte emploierais-tu ce mot ? Donne un des synonymes de *bâtisse* le plus souvent employé.

Précise le niveau de langue du mot correspondant à la définition ci-dessous : *courant, recherché* **ou** *familier.*
combine : moyen astucieux, souvent malhonnête.

3 **tête :** 1. partie supérieure du corps, qui contient le cerveau.
2. partie avant d'une chose.

Quel est le point commun entre les deux définitions du mot *tête* ? Pourquoi peut-on dire que la première définition correspond au *sens propre* ? Et la seconde au *sens figuré* ?

Complète les phrases par un de ces noms et précise, pour chaque phrase, si le mot *tête* **est employé au sens propre ou au sens figuré** : *boxeur, voyageur.*
Le ... est monté en tête de train. – Le ... a reçu un coup sur la tête.

J'apprends

— Dans le dictionnaire, le sens d'un mot est souvent expliqué à l'aide d'un **synonyme**. Le synonyme a la **même nature** que le mot défini.

__radieux__ (adjectif) a pour synonyme __rayonnant__ (adjectif) ;
__commencement__ (nom) → __début__ (nom) ; __empiler__ (verbe) → __accumuler__ (verbe).

— Certains dictionnaires précisent le **niveau de langue** d'un mot, qui peut être **recherché** (ou **soutenu**), **courant** ou **familier**.

__parler__ (courant) ; __discourir__ (recherché) ; __jacasser__ (familier).

— Le dictionnaire indique parfois plusieurs sens pour un même mot.

- La première définition correspond au **sens le plus courant** (sens propre).
  Je me suis blessé au __pied__.
- La ou les définition(s) suivante(s) correspond(ent) le plus souvent à un **sens imagé** (sens figuré).
  J'ai rendez-vous au __pied__ de cet immeuble.

VOCABULAIRE

Je m'entraîne

1 * Retrouve dans le dictionnaire deux sens pour chacun de ces mots :

un concours – dépouiller – une chandelle – une grandeur – un mobile.

2 ** Dans la liste *b*, repère les mots synonymes correspondant à chaque mot de la liste *a*.

a. attacher – briser – brûler.
b. consumer – roussir – lier – casser – incendier – fixer – agrafer – flamber – abattre – griller – accrocher – nouer – rompre – épingler.

3 ** En t'aidant du dictionnaire, indique pour chaque expression si elle est familière ou non.

Plier bagage. – Ça baigne dans l'huile. – S'arracher les cheveux. – C'est le bouquet. – Détruire un espoir.

4 * Retrouve dans le dictionnaire le sens de chacun de ces mots en gras.**

a. Tu arrives à **compter** très vite.
b. La neige **recouvre** les sommets.
c. Le train **part** à l'heure.
d. Il **tend** le bras pour atteindre le pot de confiture.
e. Cet homme est de **petite** taille.

5 * À l'aide du dictionnaire, trouve le sens figuré de chacun des mots suivants, définis au sens propre.**

a. **fardeau :** charge pesante qu'il faut lever ou transporter.
b. **griller :** faire cuire sur un gril.
c. **grand :** de taille élevée.
d. **empreinte :** marque en creux ou en relief obtenue par pression.
e. **soluble :** qui peut être dissous dans un solvant.

6 * Retrouve chaque mot à partir des deux définitions données, puis vérifie ta réponse à l'aide du dictionnaire.**

a. Terrain boisé aménagé pour la promenade. – Installation en pleine mer pour l'élevage des huîtres.
b. Gaz incolore, inodore et sans saveur représenté par la lettre « O ». – Air pur.
c. Tissu dur des dents de l'homme. – Substance dure des défenses de l'éléphant.
d. Pencher vers le bas. – Rendre courbe ce qui était droit.
e. Revoir ce que l'on a appris. – Vérifier le fonctionnement d'un appareil.

Je lis

7 Lis ce texte et réponds aux questions.

Le roi Nabounassar III (dit Barbedor) règne depuis un demi-siècle. Chaque jour, il admire sa barbe que sa barbière entretient avec attention.

Or, depuis quelques mois, Barbedor ne jouissait plus de la même tranquillité d'âme.

Non que les remontrances de ses conseillers ou les murmures de son peuple fussent parvenus à l'ébranler. Non. Son inquiétude avait une source plus haute, plus profonde, plus auguste en un mot : pour la première fois le roi Nabounassar III, en s'admirant dans le miroir que lui tendait la barbière après sa toilette, avait découvert un poil blanc mêlé au ruissellement doré de sa barbe.

Ce poil blanc le plongea dans des abîmes de méditation.

Michel Tournier, *Barbedor*, Folio Cadet, © Gallimard Jeunesse.

a. Recherche dans le dictionnaire le sens propre des mots *ébranler, source, ruissellement* et *plonger*. Ces mots sont-ils employés au sens propre ou au sens figuré dans le texte ?

b. Emploie chacun des mots au sens propre dans une phrase.

J'écris

8 Choisis une des expressions suivantes et emploie-la dans un petit texte, en t'aidant des illustrations.

Avoir les yeux plus gros que le ventre. – Avoir une dent contre quelqu'un. – Prendre une chose à cœur.

Je comprends

Lis ces phrases et réponds aux questions.

1 « Dehors, **espèce d'idiot ! du balai !** », dit Coraline, furieuse, à son frère qui a fait tomber son appareil photo.

- Qui parle ? À qui s'adresse-t-elle ? Que peux-tu dire de sa manière de parler ?

Complète la phrase avec une expression du langage familier :
« Quitte cette pièce ! » **ou** *« Débarrasse le plancher ! »*
Dehors, espèce d'idiot ! … .

2 « **Retourne à ta place** et **fais attention** la prochaine fois », dit la maîtresse à un élève qui a renversé de l'eau sur son bureau.

- Qui parle ? À qui s'adresse-t-elle ? Que peux-tu dire de sa manière de parler ?

Complète la phrase avec une expression du langage courant : *« Fais gaffe la prochaine fois. »* **ou** *« Sois plus attentif à l'avenir. »*
Qu'est-ce que tu peux être maladroit ! … .

3 « **Monsieur, je vous prie** de quitter ce lieu sans délai », dit le directeur du magasin au client grossier.

- Qui parle ? À qui s'adresse-t-il ? Que peux-tu dire de sa manière de parler ?

Complète la phrase avec une expression du langage soutenu :
« Votre conduite est inadmissible ! » **ou** *« J'en ai ma claque ! »*
Monsieur, je vous prie de quitter ce lieu sans délai. … .

J'apprends

Il existe **trois niveaux** de langue qui correspondent à trois manières de parler : le langage **familier**, le langage **courant** et le langage **soutenu** (ou recherché).

- Le **langage familier** s'utilise en **famille** ou entre **amis**.
  Quelle super bagnole !

- Le **langage courant** s'utilise dans la **vie de tous les jours**, quelle que soit la personne à qui l'on s'adresse.
  Quelle belle voiture !

- Le **langage soutenu** s'utilise lorsque l'on **écrit** ou lorsque l'on s'adresse à des **personnes que l'on connaît peu**, dans des situations particulières.
  Auriez-vous l'amabilité de déplacer votre véhicule ?

Je m'entraîne

1 * Dans chaque couple de mots, recopie le mot qui appartient au langage familier.

frère / frangin – peur / trouille – baraqué / musclé – radin / avare – réjouissances / fiesta.

2 * Classe ces mots en trois catégories : langage soutenu, langage courant et langage familier.

bouquin – ouvrage – livre / chaussure – soulier – godasse / voler – dérober – piquer / bruit – vacarme – boucan / tignasse – cheveux – chevelure.

3 ** Remplace les mots familiers (en italique) par des mots du langage courant.

a. Cette *bagnole* roule vite.
b. Je passe de *chouettes* vacances.
c. Avec la pluie, le sentier s'est transformé en *bouillasse*.
d. Mon frère a dit que ce *boulot* n'était pas pour lui.
e. Tu *baragouines* cette langue.

4 ** Écris, pour chacune de ces phrases, le niveau de langue utilisé : soutenu, courant ou familier.

a. Tu écris à ta grand-mère pour sa fête.
b. L'attitude de cette personne exprime un violent courroux.
c. Des enfants discutent dans la cour de récréation.
d. Le guide raconte l'histoire du château.
e. Paul a un boulot d'enfer.

5 ** Associe chaque expression familière de la liste *a* à son explication dans la liste *b*.

a. c'est un âne – c'est un trouillard – c'est un ours – c'est un radin – c'est un pote.
b. être peu sociable – être peureux – être un ami – être stupide – être avare.

6 * Écris les mots courants correspondant à ces mots familiers.**

une gaffe – se goinfrer – un cabot – un pépin – un bobard – du boucan – une bicoque.

7 * Associe chaque expression de la liste *a* à la personne de la liste *b* qui pourrait la prononcer.**

a. Suivez cette ordonnance à la lettre. – Tu me fatigues frangin ! – Veuillez m'excuser pour ce retard. – ben, c'est pas sûr !
b. ton copain – le professeur – le médecin – ton frère.

8 * Écris le verbe du langage courant qui correspond à chacune de ces expressions familières.**

casser les pieds – ficher le camp – donner un coup de main – donner la trouille.

9 * Récris ces phrases en langage courant.**

a. Leur demeure reste inhabitée.
b. Les résidents ont émis un avis favorable.
c. Les réprimandes du professeur n'étaient pas justifiées.
d. Les lueurs lointaines annoncent une ville.

Je lis

10 Lis ce texte et réponds aux questions.

Le Chien s'est fait attraper et on l'emmène à la fourrière avec d'autres chiens.

– Et toi, qu'est-ce que tu fais là, puisque tu es si malin ? interrogea la première voix, sur un ton fatigué.

– Moi, c'est pas pareil, glapit la seconde voix ; moi, ils m'ont pas cueilli pendant que je dormais ! Et j'aime autant te dire qu'ils ne vont pas me garder longtemps, moi ! À la première occasion, hop ! ni vu ni connu, je me tire…

– Ça va, ça va, vous dites tous la même chose, reprit la première voix, qui appartenait à un gros tas laineux couché au fond de la camionnette. N'empêche que, si on s'en sort, ce coup-ci….

– Où va-t-on ? demanda enfin Le Chien en s'adressant au Laineux.

– Et ça demande où on va, en plus ! s'exclama le Nasillard. Tu tombes du ciel, mon pote !

Daniel Pennac, *Cabot-Caboche*, © Nathan.

a. Relève trois mots ou expressions du langage familier et deux du langage courant.

b. Récris la phrase soulignée en langage soutenu.

J'écris

11 Dans le texte précédent, Le Chien s'exprime en langage courant ou soutenu tandis que les autres chiens lui répondent en langage familier.
Imagine la suite du dialogue entre les chiens en conservant leur langage :

– Que va-t-il nous arriver ? s'exclame alors Le Chien…

Je comprends

Lis ces phrases et réponds aux questions.

1 **a.** J'ai un cartable **léger**. **b.** Elle a mangé un repas **léger**. **c.** Elles mettent un parfum **léger**. **d.** Il a un comportement **léger**.

Le mot **léger** a-t-il le même sens dans les phrases *a, b, c* et *d* ? Comment le sais-tu ? Dans quelle phrase peux-tu remplacer le mot **léger** par le mot **discret** ? Par l'expression **peu chargé** ? Par les mots **peu copieux** ? Par le mot **désinvolte** ?

Complète la phrase *a* avec : *car j'ai mis tous mes livres à l'intérieur* **ou** *car il ne contient qu'un cahier.*

2 **a.** Les **poumons** servent à respirer.
b. Ce parc immense est le **poumon** de la ville.

Que désigne le mot **poumons** dans la phrase *a* ? À quoi servent les poumons chez les êtres humains ? Que signifie le mot **poumon** dans la phrase *b* ? Quel est le point commun entre les poumons d'une personne et le poumon d'une ville ? Comment appelle-t-on les deux sens de ce mot ?

Complète la phrase avec le nom qui convient : *queue* **ou** *cœur.*
Ce cycliste a failli abandonner la course ; il a fini par arriver en ... de peloton.

3 Patrice **court après le temps**.

Patrice est-il pressé ou prend-il son temps ? Quelle idée exprime cette phrase ? Comment pourrais-tu l'illustrer ?

Complète la phrase avec : *apeuré* **ou** *distrait.*
Ce garçon est dans les nuages : il est ... .

J'apprends

Certains mots ont **plusieurs sens**, qui varient selon la phrase dans laquelle ils sont employés. Le **contexte**, c'est-à-dire les autres mots de la phrase, permet de trouver le sens dans lequel le mot est employé.

*Cet homme a une voix **grave**. – Mon voisin est atteint d'une maladie **grave**. – Le mot élève s'écrit avec un accent aigu et un accent **grave**.*

De nombreux mots peuvent être employés au **sens propre** et au **sens figuré**.

- Le **sens propre** correspond au sens **le plus courant** d'un mot :
  Le cochon a une queue en tire-bouchon.
- Le **sens figuré** correspond au sens **imagé** d'un mot :
  Les clients font la queue devant le magasin.

Chaque langue contient des **expressions imagées** qui permettent d'exprimer une idée d'une manière vivante et souvent amusante.

être très énervé → avoir les nerfs en pelote.

Je m'entraîne

1 * **Indique le sens du mot *nuage* dans chaque phrase en t'aidant de la liste :** *distrait, gouttes d'eau en suspension dans le ciel, un désaccord, petite quantité.*

a. Le **nuage** noir dans le ciel est menaçant.
b. Tu mets toujours un **nuage** de lait dans ton thé.
c. Cet élève est inattentif. **Il est dans les nuages**.
d. Il n'y a pas l'ombre d'un **nuage** entre ces amis.

2 ** **Écris le mot qui correspond aux trois définitions de chaque série.**

Série 1
a. Appréciation chiffrée d'un travail.
b. Code employé pour écrire la musique.
c. Court écrit pour se souvenir de quelque chose.

Série 2
a. Se dit en géométrie pour désigner un cercle, un polygone.
b. Autre mot pour désigner le visage.
c. Le valet, la dame et le roi sont celles des cartes à jouer.

3 ** **Dans chaque série, trouve le mot commun aux trois phrases.**

Série 1
a. … à plomb.
b. Ne tenir qu'à un … .
c. Donner du … à retordre.

Série 2
a. Avoir bon … .
b. Connaître son texte par … .
c. Une opération à … ouvert.

4 ** **Classe ces phrases en deux catégories selon qu'elles contiennent une** *expression au sens propre* **ou une** *expression au sens figuré.*

a. J'aime bien avoir les cheveux courts.
b. Tu as des difficultés à chanter car tu as un chat dans la gorge.
c. Tony souffre d'une dent.
d. Quand j'ai peur, je prends mes jambes à mon cou.
e. Lucie est gentille ; elle a le cœur sur la main.

Puis emploie chacun de ces mots dans un autre sens, dans une phrase : *cheveux, chat, dent, jambes* **et** *cœur.*

5 ** **Recopie et complète chacune de ces phrases en choisissant le mot qui convient :** *râle – le temps – est protégé – cent mètres.*

a. Elle est toujours pressée. Elle court après … .
b. En quart de finale, Paul court … .
c. Mon voisin est un ours et un grincheux. Il … .
d. Dans les Pyrénées, l'ours brun … .

6 *** **Associe chaque expression de la liste *a* à son explication dans la liste *b*.**

a. se creuser la tête – se fâcher – dévorer des livres – mettre la clé sous la porte – tomber de haut – ne plus avoir de ressort.
b. faire faillite – être en colère – chercher – ne plus avoir d'énergie – être très étonné – lire beaucoup.

Je lis

7 **Lis ce texte et réponds aux questions.**

Jean rencontre son cousin Marc qui lui pose cette question :

– Tu sais lire ? demanda-t-il.
– Évidemment, répondit Jean.
– Tu vois ce livre ? Ça fait plus d'un mois que je lui cours après. Tu parles d'une chasse, mon vieux !

Jean le regarda étonné : il lui était déjà arrivé de jouer à la chasse avec son cousin Marc, qui avait un fusil, mais c'était toujours le canard ou le lièvre qu'ils chassaient alors. De la chasse au livre, il n'en avait jamais entendu parler.

Janusz Korczak, *La Gloire*, DR.

a. Quel mot du texte est employé dans deux sens différents ?

b. Explique l'expression « courir après un livre ».

J'écris

8 Tu viens d'assister au sauvetage d'un enfant. La scène s'est déroulée au bord de la rivière.

Raconte l'événement en utilisant les expressions : *voler au secours* **et** *prendre son courage à deux mains.*

Aujourd'hui, j'ai assisté au sauvetage d'un enfant. Je me promenais au bord de la rivière quand j'ai vu un jeune garçon entrer dans l'eau pour se baigner. Tout à coup…

Je comprends

Lis ces phrases et réponds aux questions.

1 Les **gens** qui passent dans la rue sont des **gens** que ma mère connaît et avec qui elle travaille. Ce sont des **gens** charmants.

Quel nom est répété trois fois ? Ce nom te semble-t-il précis ? Par quels autres noms plus précis pourrais-tu le remplacer ?

Complète les phrases avec ces noms précis : *collègues, connaissances, passants.*
Ces … sont des … de travail de ma mère. Ce sont des … charmantes.

2 Timothée a **mis** son pantalon bleu ; il a **mis** ses baskets. Ensuite il a **mis** son portefeuille sur la table, puis il l'a **mis** dans le tiroir.

Quel est l'infinitif du verbe en gras ? Ce verbe a-t-il toujours le même sens ? Par quels autres verbes pourrais-tu le remplacer ?

Complète les phrases avec ces verbes précis : *rangé, chaussé, enfilé, posé.*
Timothée a … son pantalon bleu, il a … ses baskets. Puis il a … son portefeuille sur la table et l'a ensuite … dans le tiroir.

3 J'ai un **petit** problème avec mon **petit** frère. Il ne veut pas s'endormir sans écouter une **petite** chanson.

Quel adjectif en gras est répété trois fois ? A-t-il toujours le même sens ? Par quels autres adjectifs pourrais-tu le remplacer ?

Complète les phrases avec ces adjectifs précis : *courte, léger, jeune.*
J'ai un … problème avec mon … frère. Il ne veut pas s'endormir sans écouter une … chanson.

J'apprends

- Certains noms peuvent être remplacés par des **noms plus précis** qui fournissent des renseignements importants.
  *les **gens** du village → les villageois ; les **gens** de la ville → les citadins ;*
  *les **gens** qui regardent un spectacle → les spectateurs.*

- Certains verbes peu précis sont employés dans des expressions toutes faites. On peut les remplacer par des **verbes précis** adaptés au contexte.
  donner un rendez-vous → fixer… ; donner des cartes → distribuer… ;
  donner une information → informer ; donner un renseignement → renseigner ;
  donner une indication → indiquer.

- Certains adjectifs sont employés dans des sens différents. On peut les remplacer par des **adjectifs précis** adaptés au contexte.
  *un **gros** effort → un effort fatigant ; un **gros** problème → un problème ennuyeux.*

Je m'entraîne

1 * **Récris chaque phrase en remplaçant l'expression *quelque chose* par un des noms de la liste.**

un travail – l'heure – le raisonnement – un message – ta dent.

a. J'ai compris quelque chose.
b. Ce piéton me demande quelque chose.
c. Tu souffres de quelque chose.
d. Mon père a toujours quelque chose à faire.
e. Vous avez quelque chose à me dire.

2 ** **Récris chaque expression de la série 1 en remplaçant le verbe *faire* par un verbe de la série 2.**

Série 1 : faire une maison – faire un poème – faire une erreur – faire un match de foot – faire un pull-over – faire un feu.

Série 2 : commettre – allumer – tricoter – jouer – construire – écrire.

3 ** **Récris les groupes nominaux en remplaçant l'adjectif *doux* par l'un des adjectifs de cette liste :** *fade* – *agréable* – *moelleux* – *soyeux* – *harmonieux*.

des cheveux doux – un matelas doux – un son doux – un climat doux – un plat trop doux.

4 ** **Récris chaque phrase en remplaçant le verbe *mettre* par un de ces verbes synonymes.**

appuyer – jeter – ranger – étaler – apposer.

a. Mon frère met plusieurs couches de confiture sur sa tartine.
b. Ma mère a mis sa signature sur mon contrôle.
c. Le couvreur a mis une échelle contre un mur.
d. Nous avons mis nos cahiers dans nos cases.
e. Cet enfant met toujours ses papiers à la poubelle.

5 *** **Écris un groupe de mots plus précis que celui proposé en gras. Plusieurs solutions sont possibles.**

a. Il a fait **une chose** qu'il regrette.
b. Luc a trouvé **cette chose** par terre dans la rue.
c. J'aimerais **faire une chose** pour toi.
d. Maman nous prépare **une nouvelle chose** à manger.
e. Prends **cette chose** et tu n'auras plus mal à la tête.

6 *** **Récris chaque phrase en remplaçant le verbe *donner* par un verbe plus précis.**

a. Il m'a donné rendez-vous au carrefour.
b. Vous nous donnerez toutes les informations.
c. Karim donne souvent les cartes au cours du jeu.
d. Célia donne souvent sa place dans l'autobus.
e. Le policier donne l'heure au piéton.

Je lis

7 **Lis ce texte et réponds aux questions.**

Pierre Piget a récupéré un ordinateur d'une société qui fabriquait des mots.

Oui, des mots. On croit que les mots s'inventent tout seuls, comme ça, ou qu'ils ont toujours existé. Ça n'est pas vrai du tout. Aujourd'hui, à chaque minute, quelqu'un invente quelque chose : un médicament, un outil, un tissu, n'importe quoi. Et ces choses-là, il faut leur donner un nom. Sans ça, tout s'appellerait machin :

« Donnez-moi deux comprimés de machin. Ne vous tapez pas sur les doigts avec le machin. Vous avez vu mon nouveau costume en machin ? » On n'y comprendrait plus rien.

© **François Clément**, *Adèle et l'ordinateur*.

a. Remplace le mot *choses* dans l'expression *ces choses-là*.

b. Récris les phrases contenant le mot *machin* en le remplaçant par un mot précis.

J'écris

8 **Rédige une recette de cuisine de ton choix. Elle peut être imaginaire. Tu ne dois pas employer le verbe *faire*.**

Casser trois œufs dans une jatte.
Peser…

VOCABULAIRE

Je comprends

Lis ces phrases et réponds aux questions.

1 **a.** Manon trouve la **glace** qu'elle **mange excellente**.
b. Samia trouve le **sorbet** qu'elle **consomme délicieux**.

Que font Manon et Samia ? Mangent-elles des aliments qui se ressemblent ? Comment trouvent-elles ce qu'elles mangent ? Quels mots des phrases *a* et *b* ont le même sens ou un sens proche ? Comment appelle-t-on ces mots ?

Complète la phrase avec le synonyme qui convient : *énervée* **ou** *tranquille*.
Mes sœurs ont le même caractère : Emma est calme et Élise est … .

2 **a.** Arthur **crie fort**, il est **furieux**.
b. Tarek **chuchote**, il est **calme**.

Comment parle Arthur ? Comment parle Tarek ? Quels mots des phrases *a* et *b* ont un sens contraire ? Comment appelle-t-on ces mots ?

Complète la phrase avec l'antonyme qui convient : *lent* **ou** *avare*.
Mes frères ont un caractère opposé : Manuel est généreux et Paul est … .

3 **a.** Le cours **commence vite**. **b.** Le cours **débute rapidement**.
c. Le cours **finit lentement**.

Quels sont les verbes des phrases *a*, *b* et *c* ? Ont-ils tous le même sens ? Lesquels ont un sens contraire ? Quels sont les adverbes des phrases *a*, *b* et *c* ? Ont-ils tous le même sens ? Lesquels ont un sens contraire ?

Complète la phrase avec un synonyme du verbe *crier* : *hurlement* **ou** *hurler*.
Les enfants aiment … .

Complète la phrase avec un antonyme du nom *bruit* : *silence* **ou** *silencieux*.
Ils détestent le … .

J'apprends

— Les **synonymes** sont des **mots de même sens** ou de **sens proche**.
un cadeau – un présent ; beau – joli ; regarder – observer.

— Les **antonymes** sont des **mots de sens contraire**.
le bonheur / le malheur ; gentil / méchant ; permettre / interdire.

— Les **synonymes** et les **antonymes** sont obligatoirement des **mots de même nature**.
- des **noms** : *la joie – la gaieté / la tristesse – la peine.*
- des **adjectifs** : *peureux – craintif / courageux – brave.*
- des **verbes** : *commencer – débuter / terminer – achever.*
- des **adverbes** : *vite – rapidement / lentement – doucement.*

Je m'entraîne

1 * Recopie chaque nom de la série 1 avec son synonyme de la série 2.

Série 1 : vent – récipient – adresse – récolte – maison.

Série 2 : habileté – brise – moisson – habitation – vase.

2 ** Pour chaque phrase, écris le synonyme de la liste qui peut remplacer le mot « maison ».

pavillon – entreprise – intérieur – demeure.

a. Cet employé ne peut plus travailler dans cette maison.
b. Toutes ces maisons sont construites de la même façon.
c. Autour de sa maison, il y a de grands arbres.
d. Ma tante est réputée pour bien tenir sa maison.

3 ** Recopie l'intrus de chaque liste.

a. voir – distinguer – écouter – apercevoir – regarder.
b. fort – robuste – petit – costaud – puissant.
c. demeure – pavillon – habitation – maison – autobus.
d. inhaler – respirer – découvrir – humer – inspirer.

4 ** Associe chaque expression de la série 1 à une expression synonyme de la série 2.

Série 1 : avoir très froid – être attentif – ne plus avoir sa raison – approximativement – attirer l'attention.

Série 2 : mettre en garde – perdre la tête – claquer des dents – ouvrir l'œil – à vue de nez.

5 ** Écris un mot de sens contraire pour chaque mot et indique sa nature.

riche – sortez ! – la fin – triste – méchant – rapide – asseyez-vous !

6 *** Associe chaque mot de la série 1 au mot de la série 2 de sens contraire.

Série 1 : nouveau – intelligent – beau – dur – clair.

Série 2 : mou – ancien – obscur – laid – bête.

7 *** Écris le contraire de chaque mot.

Exemple : *parfait* → *imparfait*.

correct – sensible – poli – faire – régulier.

8 *** Trouve les synonymes et écris-les

a. Mes verres de lunettes ne se cassent pas. Ils sont … .
b. Ma petite sœur n'est jamais fatiguée. Elle est … .
c. Lise ne peut pas manger ce plat. Elle le trouve … .
d. On ne retrouve pas le trésor des Incas. Il reste … .

Je lis

9 Lis ce texte et réponds aux questions.

Un jour, des éleveurs himbas (nomades) vivant en Namibie (Afrique) s'arrêtent chez un fermier, Frankie.

Les Himbas avaient surgi un matin au-dessus des buissons… Ils paraissaient n'aller nulle part. Vers midi, sans qu'on y prenne vraiment garde, ils étaient arrivés à proximité de la mare.

Les Himbas n'ignoraient pas qu'ils étaient sur les terres de la ferme. Ils ne contestaient à personne le droit d'habiter sur un bout de savane sans jamais changer de place pourvu qu'on n'ait pas la mauvaise idée de leur interdire le passage. Frankie eut la sagesse de ne pas leur sortir son titre de propriété, morceau de papier sans valeur à leurs yeux de nomades.

Pierre-Marie Beaude, *La Maison des Lointains*, Folio Junior, © Gallimard Jeunesse.

a. Trouve un synonyme au verbe *habiter* et à l'expression *à proximité*.

b. Écris le contraire des mots suivants : *ignorer*, *mauvaise*, *interdire*, *nomade*.

J'écris

10 Les parents de Romain et ceux d'Antoine ne sont pas du même avis sur le projet de sortie de leurs enfants. Les parents de Romain autorisent leur fils à aller au parc d'attractions alors que ceux d'Antoine s'y opposent.

Continue leur dialogue.

– Antoine et Romain sont trop jeunes pour y aller seuls, expliquent les parents d'Antoine.
– Ils ont 14 ans et ce sont des enfants sérieux, répondent les parents de Romain.
– …

Je comprends

Lis ces phrases et réponds aux questions.

1 **a.** Tom habite avec ses **parents** à Grenoble ; son **grand-père**, ses **oncles** et ses **tantes** vivent à Lille et son grand **frère** travaille au Canada.
b. Sa **famille** est dispersée.

Dans la phrase *a*, que désignent les mots en gras ? Quel est leur rapport avec Tom ? Dans la phrase *b*, de qui parle-t-on ? Quel mot général permet de désigner l'ensemble des mots particuliers de la phrase *a* ?

Complète la phrase avec un mot particulier : *fille* **ou** *cousine*.
Dans la famille de ma tante, Marie est ma ... préférée.

2 Ma sœur aime les **sports individuels** : l'**équitation** et le **golf**.

Par quelle expression générale sont désignés l'équitation et le golf ? Quels autres sports individuels connais-tu ?

Complète la phrase avec une expression générale : *sport individuel* **ou** *sport collectif*.
Le basket est un ... .

3 Lucas réussit tous ses **plats cuisinés**, et plus particulièrement la **blanquette de veau**.

À quelle expression générale correspond la blanquette de veau ? Qu'est-ce qui te permet de savoir que la blanquette de veau n'est pas le seul plat que Lucas prépare ?

Complète la phrase avec : *par exemple* **ou** *en plus*.
Julia porte des vêtements originaux, ... une salopette à pois.

J'apprends

Un **mot général** désigne **plusieurs mots particuliers**.
Il peut désigner un **ensemble** de personnes, d'animaux, d'objets ou d'activités.

Le boulanger, la grand-mère, le bébé, l'enfant, l'adulte sont des ***personnes***.
Les chiens et les oiseaux sont des ***animaux***.
La montre, le vase, la télévision sont des ***objets***.
La couture, la lecture, la mécanique sont des ***activités***.

Il existe des **expressions générales**, constituées de plusieurs mots.

Je regarde des ***sports collectifs*** *à la télévision : le handball, le football et le rugby.*

Après un mot ou une expression générale, un **mot particulier** peut être introduit à l'aide de : *par exemple, en particulier, surtout* ou *comme*.

J'ai besoin de ***fournitures scolaires*** *et, en particulier, de feuilles.*

VOCABULAIRE

Je m'entraîne

1 * Écris le mot général correspondant à chacune de ces listes.

a. armoire – lit – canapé – table – fauteuil – chaise.
b. tulipe – rose – muguet – dahlia – iris – marguerite.
c. gomme – compas – règle – stylo – crayon – équerre.
d. jupe – pantalon – polo – chemise – gilet – short.
e. ski – basket – natation – football – escrime – boxe.

2 * Écris cinq mots particuliers correspondant à chaque mot ou expression général.

aliments – jouets – animaux domestiques – animaux sauvages – moyens de transport.

3 ** Écris les mots qui sont les réponses à ces devinettes.

a. On me désigne par un mot générique au masculin. On me mange souvent à la fin d'un repas. J'apporte des vitamines. Je suis … .
b. Je suis associé au mot générique *couleur* et je suis en présence du bleu et du blanc sur le drapeau français. Je suis … .
c. Mon nom générique est : *aliment*. On me déguste souvent avec de la viande rouge. Je suis à base de pomme de terre et je cuis dans une friture. Je suis … .
d. Le nom générique à trouver comprend cette liste de noms particuliers : chambre, salle de bains, salon, entrée. Je suis … .

4 ** Recopie chaque phrase avec le mot général qui correspond aux mots en italique.

a. Le *chien* et le *chat* sont des … domestiques.
b. Le *platane* et le *chêne* sont des … à feuilles caduques.
c. La *méchanceté* et le *mensonge* sont de vilains … .
d. La *gentillesse* et la *générosité* sont de réelles … .
e. Le *trombone* et la *trompette* sont des … .

5 ** Recopie les phrases avec les mots particuliers de ton choix. Plusieurs solutions sont possibles.

a. J'aime les fleurs et en particulier la … et la … .
b. Mon frère est un passionné de jeux de cartes comme … .
c. Tu voudrais visiter des pays européens frontaliers de la France, en particulier … .
d. Mon père a des ruches et son insecte préféré est bien sûr … .
e. Dans cette maison, la pièce où tout le monde peut se réunir est … .

6 * Écris trois mots particuliers à partir de chaque mot général.**

instrument – animal – loisir – activités artistiques – sport.

Je lis

7 Lis ce texte et réponds aux questions.

Florent est le héros du roman d'Émile Zola. Il découvre le marché des Halles, à Paris.

C'était la marée [marché aux poissons], c'étaient les beurres, c'était la volaille, c'était la viande. Autour de [Florent], le soleil enflammait les légumes. Les cœurs élargis des salades brûlaient, la gamme du vert éclatait en vigueurs superbes, les carottes saignaient, les navets devenaient incandescents, dans ce brasier triomphal.

Émile Zola, *Le Ventre de Paris*.

a. Relève les mots particuliers du texte correspondant au mot général *aliments*.
b. Quels mots particuliers du texte correspondent au mot général *légumes* **?**

J'écris

8 Décris l'illustration de ce navire quittant le port en utilisant les mots proposés : *voile, ancre, amarres, cordages, mât, coque, pont.*

VOCABULAIRE

Je comprends

Lis ces phrases et réponds aux questions.

1 **a.** Au départ de la course, le **marin hisse** les **voiles** de son **catamaran**.
b. Le **pêcheur navigue** près des **côtes** et pose ses **casiers** à **homards**.

Dans la phrase *a*, comment s'appelle le bateau du marin ? Que fait le marin avec les voiles ? Dans la phrase *b*, de quoi se sert le pêcheur pour attraper les homards ? Où navigue-t-il ?

Complète la phrase avec les mots : *moteur*, *mât* **ou** *voiles*.
En revenant au port, le navigateur enroule les … de son bateau et le pêcheur arrête son … .

2 Le **plongeur sous-marin** aperçoit, parmi les **algues brunes** et les **rochers**, toutes sortes de **poissons**.

Qu'aperçoit le plongeur ? Où les aperçoit-il ?

Complète la phrase avec les mots : *ronces* **ou** *algues brunes*.
Les coraux et les … poussent dans la mer.

3 En marchant sur le **sable** au pied de la **falaise**, le promeneur ramasse des **galets** et des **coquillages**.

Que ramasse le promeneur ? Où les trouve-t-il ?

Complète la phrase avec les mots : *ramasse*, *galets*, *la plage*.
En marchant sur …, Hugo … des … .

J'apprends

La plupart des mots qui évoquent le thème de la **mer** sont des **noms**. Ils concernent :

- l'**eau** : *les vagues, l'écume, les embruns, les marées…*
- les **bateaux** : *le cargo, le navire, la barque, le paquebot, le kayak, le chalutier, le voilier…*
- les **activités maritimes** : *la pêche, la plaisance, les régates, les voyages, le transport par mer…*
- la **faune marine** : *les poissons, les crabes, les phoques, les baleines, les coquillages…*
- la **végétation** : *les algues brunes, les algues vertes, le varech…*
- le **paysage maritime** : *la falaise, la dune, le cap, la baie, le golfe, l'île, la presqu'île…*
- la **plage** : *le sable, les galets, le parasol, le cerf-volant…*

Il existe également des **verbes** qui concernent la mer :
hisser les voiles, naviguer, pêcher, embarquer…

Je m'entraîne

1 * Recopie uniquement les mots de la liste qui concernent la mer.

le navire – le mousse – les vagues – le palmier – le poisson – le soleil – la nourriture – la pluie.

2 * Trouve l'intrus de chaque liste.

a. le voilier – le catamaran – la planche à voile – le surf – le cerf-volant – le kayak.
b. la moule – le bigorneau – l'étoile de mer – l'algue – la coquille Saint-Jacques – l'huître.
c. le mât – la coque – le pont – l'aqueduc – la proue – la quille – l'ancre.
d. une île – une presqu'île – un golfe – une baie – un bois – une crique.

3 ** Récris les phrases avec un mot de la famille de *mer* : *marine, marin, maritime, marées, marinières*.

a. Mon oncle cuisine de très bonnes moules … .
b. Pour être …, il ne faut pas souffrir du mal de mer.
c. Mon grand-père travaillait dans la … marchande.
d. Il y a plusieurs … par jour.
e. Le climat tempéré proche des côtes est appelé climat … .

4 ** Fais correspondre chaque expression de la liste *a* à une explication de la liste *b*.

a. Prendre la mer – une mer de soucis – ce n'est pas la mer à boire – la haute mer.
b. partie éloignée des côtes – une importante quantité d'ennuis – naviguer – ce n'est pas si difficile à faire.

5 ** Écris le mot correspondant à chaque définition.

a. Vaste étendue d'eau salée.
b. Partie du bateau qui permet de le diriger.
c. Voyager sur l'eau.
d. Construction servant à retenir l'avancée de la mer.
e. Partie basse de la côte recouverte de sable ou de galets.

6 * Retrouve l'histoire en recopiant ces phrases dans l'ordre qui convient.**

a. Tout à coup un requin apparaît au loin.
b. Ils décident alors de remonter à la surface.
c. Deux plongeurs explorent une épave.
d. L'un des plongeurs prévient son coéquipier du danger.
e. Une fois sur leur bateau, ils se promettent de revenir dans les récifs.

Je lis

7 Lis ce texte et réponds aux questions.

Un jeune garçon, Robin, se promène au bord de la mer.

Tout à fait au bord de la mer, aussi loin que l'on pouvait marcher par une marée aussi basse que celle-ci, Robin savait que le roc nu ne se voyait qu'à peine entre les colonies de moules bleues et les forêts d'algues brunes. Là, les flaques étaient souvent bordées de rose à peine un peu moins vif que celui des œillets des falaises. C'étaient des bassins très peuplés où des crevettes flottaient tels des fantômes, transparentes dans l'eau, et où des anémones de mer sombres poussaient en bouquets comme des fleurs. Des poissons, déjà de belle taille, filaient comme des flèches vers leurs refuges…

Catherine Storr, *Robin*, DR.

a. Relève six mots qui concernent la mer.

b. Relève quatre mots correspondant à la faune marine.

J'écris

8 Inspire-toi des vignettes pour raconter une journée au bord de la mer et les aventures d'un petit garçon. Tu peux employer les mots : *crabe, château de sable, méduse, bain de mer…*

Je comprends

Lis ces phrases et réponds aux questions.

1 Le chat est **apeuré** : un gros chien aboie près de lui. Quelle **peur** a ce pauvre minet ! Pourtant, d'habitude, il est moins **peureux**.

Quel est le point commun entre les mots en gras ? Quelle est leur nature ?

Complète la phrase avec l'un de ces adverbes : *fièrement* **ou** *peureusement*.
L'oiseau blessé vient se réfugier … dans son nid.

2 L'orage **inquiète** Victor mais sa sœur est **terrorisée** dès qu'elle entend les coups de tonnerre.

Qui a le plus peur : Victor ou sa sœur ? Quels mots t'aident à le comprendre ?

Complète les phrases avec ces adjectifs : *terrifiée, inquiète*.
Sans nouvelles de sa grand-mère, Marine est … . Devant la cage du tigre qui rugit en bondissant vers elle, elle est … .

3 « Tu m'as fait **une peur bleue**. J'ai cru **mourir de peur** », dit Kim à son cousin qui s'était déguisé en fantôme.

Quel mot se trouve dans chacune des expressions en gras ? Qu'est-ce qui te permet de savoir que Kim a eu vraiment très peur ?

Complète la phrase avec le verbe : *danse* **ou** *meurt*.
« Arrête d'ouvrir la cage du canari : il … de peur », dit la maman à son petit garçon.

J'apprends

Les mots évoquant la **peur** peuvent être des noms, des adjectifs, des verbes ou des adverbes. Ils constituent différentes **familles de mots** :

- **peur** : *peureux, peureusement, apeurer* ;
- **terreur** : *terrifier, terrifiant, terrible, terriblement, terroriser* ;
- **frayeur** : *effrayant, effroi, effrayer* ;
- **épouvante** : *épouvantable, épouvantail, épouvanter, épouvantablement.*

Les mots évoquant la **peur** varient en **intensité**. On peut les classer du plus faible au plus fort : *craintif, inquiet, peureux, effrayé, épouvanté, terrorisé.*

*Cyril est **craintif**, mais Léo l'est davantage ; il est **terrorisé** à l'idée de dormir dans le noir.*

De nombreuses **expressions** contiennent le mot **peur** :
être vert de peur – en être quitte pour une grosse peur – laid à faire peur – n'avoir peur de rien – avoir une peur bleue – faire une peur bleue à quelqu'un – mourir de peur.

*Cet enfant est très craintif, il a même **peur de son ombre**.*

Je m'entraîne

1 * **Copie uniquement les mots ou expressions qui parlent de la peur.**

être saisi de terreur – la panique – le sommeil – la pluie – la terminaison – la science – la crainte – la fuite – l'horreur – la médecine – la souffrance – la frayeur.

2 * **Recopie et complète chaque phrase avec un mot de la famille de** *terreur* : *terriblement – terrorisé – terrifié – terrible – terrifiant.*

a. Cette chaleur est … .
b. Camille est … paresseuse.
c. Il est … à l'idée de cet examen.
d. Ce roi a … ses sujets.
e. Julien a vécu un drame … .

3 ** **Recopie et complète chaque phrase avec un de ces mots** : *trac, crainte, frayeur, effroi, terreur.*

a. J'ai ressenti une grande … en apercevant une araignée.
b. L'acteur a souvent le … avant d'entrer en scène.
c. C'est avec … qu'il a découvert son chat blessé.
d. Il n'a qu'une …, celle d'arriver en retard.
e. Dans ce pays, l'injustice domine ; la … règne.

4 ** **Écris le mot répondant à chaque devinette et appartenant à la famille du mot** *épouvante.*

a. Je sers à effrayer les oiseaux qui volent des fruits ou des graines. Je suis un … .
b. J'appartiens à une catégorie de films qui font très peur. Je suis un film d'… .
c. Je qualifie un enfant terrible. Je suis un enfant … .
d. Je suis un verbe qui exprime l'action d'une personne qui provoque une très grande peur. Je suis le verbe … .

5 ** **Complète ces listes de noms, de verbes et d'adjectifs sur la peur. Écris deux mots pour chaque liste.**

noms : peur – … – … ; **verbes :** redouter – … – … ; **adjectifs :** craintif – … – … .

6 ** **Trouve l'intrus de chaque liste.**

a. craindre – craintif – craintivement – geindre – crainte.
b. effrayer – frayeur – effroyable – effroyablement – frileux.
c. peur – peureux – apprivoiser – apeuré.
d. angoisse – anxiété – dérangement – inquiétude.

7 *** **Associe chaque expression de la série 1 à l'explication qui lui correspond dans la série 2. Aide-toi du dictionnaire.**

Série 1 : de peur de – en être quitte pour une grosse peur – laid à faire peur – n'avoir peur de rien – une peur bleue – mourir de peur.

Série 2 : très laid – une grande peur – de crainte de – être très audacieux – n'avoir comme dommage que la peur – éprouver une peur violente.

Je lis

8 **Lis ce texte et réponds aux questions.**

Kévin avait vraiment une imagination débordante. Il lisait énormément et ses lectures s'imprimaient très fortement dans son esprit. Ce qui faisait peur aux autres enfants, c'étaient les monstres qu'ils voyaient au cinéma ou les récits d'épouvante qu'ils entendaient à la radio, alors que Kévin, lui, peuplait ses cauchemars de personnages de roman aussi terrifiants que le professeur Moriarty, le perfide Dr. Fu-Manchu ou le méchant Mr Hyde.

John Bellairs, *Kévin et les magiciens, L'Opéra maléfique*, traduction Nikou Tridon, © Éditions du Rocher.

a. Relève dans le texte deux mots associés à la peur.
b. D'après Kévin, qu'est-ce qui fait peur aux autres enfants ?

J'écris

9 **Raconte l'une de tes peurs : peur des araignées, des serpents, ou encore crainte du vide ou de l'obscurité. Si tu préfères, tu peux raconter l'un de tes cauchemars ou t'inspirer de l'illustration. Emploie les mots** : *frayeur, crainte, vive émotion, épouvante…*

VOCABULAIRE

Je comprends

Lis ces phrases et réponds aux questions.

1 L'acteur **récite** le texte qui a été **rédigé** pour lui. Il le **déclame**.

Que fait l'acteur ? Quelles indications apportent les verbes en gras sur le métier d'acteur ? Quel verbe en gras indique que le texte a été écrit pour l'acteur ?

Complète la phrase avec : *clame* **ou** *réclame*.
L'accusé … son innocence.

2 « Veux-tu passer au tableau ? » **questionne** le maître. « Oui » **répond** Alexandre. « Moi aussi ! » **interrompt** Hugo. « Silence ! » **s'exclame** le maître.

Quels verbes en gras ont le même sens que « dire » ? Pourquoi ces verbes conviennent-ils mieux dans ces phrases ?

Complète la phrase avec : *dire* **ou** *crie*.
« Au secours ! » … l'enfant qui ne sait pas nager en voyant la mer monter.

3 La **diseuse** de bonnes aventures **prédit** l'avenir, mais je ne crois pas à ses **prédictions**.

Quel est le radical commun aux trois mots en gras ? Que signifient ces mots ?

Complète la phrase avec : *l'expression* **ou** *la contradiction*.
Jane dit toujours le contraire de ce que disent ses camarades : elle adore … .

J'apprends

— Le **verbe dire** a de nombreux synonymes qui varient selon les **situations** : *parler, bavarder, s'entretenir, discuter, annoncer, traiter, avouer, prétendre, argumenter…*
*Manon **bavarde** en classe et **prétend** que c'est faux. Elle refuse de l'**avouer**.*

— Dans un **dialogue**, pour éviter de répéter le verbe **dire**, on peut employer des **verbes plus précis** qui renseignent sur la manière dont les personnes parlent : *questionner, demander, affirmer, répondre, s'exclamer, interrompre, grommeler, grogner, chuchoter, crier, insister.*
*« Où allez-vous ? » **questionne** mon père.*
*« Quelle bonne nouvelle ! » **s'exclame** le gagnant du concours.*

— Certains verbes sont formés à partir du radical **-dire** : *pré**dire**, contre**dire**, mé**dire**, re**dire**…*
*Ma voisine me **contredit** sans arrêt.*

VOCABULAIRE

Je m'entraîne

1 * Recopie uniquement les verbes qui ont le même sens que le verbe *dire*.

a. Elle attrape le papillon puis le relâche aussi vite.
b. Nous discutons souvent sur le pas de la porte.
c. Il explique la décision de ses parents.
d. L'archéologue découvre une momie très ancienne.
e. Le professeur raconte un événement historique.

2 * Recopie et complète chaque phrase avec un de ces verbes : *bavarder, annoncer, traiter, avouer, s'entretenir.*

a. Tu … tes bêtises et tu te fais gronder.
b. En classe, j'évite de … avec mon camarade.
c. Pour son exposé, Chloé a préféré … un sujet compliqué.
d. On vient d'… les résultats du concours.
e. Les parents de Julien vont s'… avec le maître.

3 * Recopie et complète chaque phrase avec un mot de la liste : *médit, dire, prédit, redit, contredit.*

a. Cette voyante … l'avenir.
b. Mon frère s'oppose à mes parents. Il les … souvent.
c. C'est la seconde fois que ma mère me … de ranger.
d. Simon accuse Léa de copier sur moi. Il … .
e. Il n'a toujours pas cessé. Peux-tu lui … d'arrêter ?

4 ** Classe les verbes suivants en deux catégories selon qu'ils désignent une action orale ou écrite.

articuler – rédiger – prononcer – crier – écrire – noter – déclamer – transcrire – murmurer.

5 ** Écris des mots de la famille de *dire* en utilisant les préfixes suivants : *mé- ; dé- ; re- ; contre- ; pré-.* **Choisis trois de ces mots et écris une phrase avec chacun d'eux.**

6 ** Recopie et complète chaque phrase. Tiens compte de l'indication donnée par le verbe souligné.

« … » crie Clara. – « … ? » questionne Alison. – « … » interrompt l'enfant. – « … » grogne l'homme. – « … » déplore Ilona.

7 * Associe l'expression de la série 1 à l'explication de la série 2 qui lui correspond.**

Série 1 : dire l'avenir – se dire médecin – pour ainsi dire – si le cœur vous en dit – entre nous soit dit.

Série 2 : si cela vous fait plaisir – se faire passer pour – en quelque sorte – prédire – en confidence.

8 * Trouve l'intrus de chaque série.**

a. dicter – dictée – dicton – diriger – dictaphone.
b. discussion – conseil – discours – conversation – bavardage.
c. murmurer – chuchoter – susurrer – écouter – souffler.
d. énoncer – exprimer – mentir – raconter – révéler.

Je lis

9 Lis ce texte et réponds aux questions.

Alice a suivi un drôle de lapin et la voici dans un monde fantastique où elle rencontre une reine.

« Je vous prendrais, certes, à mon service, avec le plus grand plaisir, déclara la Reine. Quatre sous par semaine, et confiture tous les autres jours. »

Alice ne put s'empêcher de rire tandis qu'elle répondait : « Je ne désire pas entrer à votre service et je n'aime guère la confiture. »

« C'est de la très bonne confiture », insista la Reine.

« En tout cas, *aujourd'hui*, je n'en veux pas. À aucun prix. »

« Vous n'en auriez pas, même si vous en vouliez *à tout prix*, répliqua la Reine. La règle en ceci est formelle : confiture demain et confiture hier – mais jamais confiture aujourd'hui. »

« On doit bien quelquefois arriver à confiture aujourd'hui », objecta Alice.

Lewis Carroll, *De l'autre côté du miroir*, traduction H. Parisot, © Aubier-Flammarion.

a. Relève tous les verbes qui accompagnent chaque phrase du dialogue.

b. Trouve le sujet correspondant à chacun de ces verbes.

J'écris

10 Écris un court récit imaginaire dans lequel les objets s'expriment. Tu devras introduire au moins deux verbes précis qui informent sur la façon de parler des objets : *confier, chuchoter, insister, affirmer…*

Amélie vient de rentrer de l'école. Elle s'apprête à ouvrir son sac à dos quand elle entend une voix qui provient de l'intérieur de son sac…

Je comprends

Lis ces phrases et réponds aux questions.

1 **Brad** mange un **hamburger**.

Dans quel pays pourrait habiter un garçon nommé *Brad* ? À ton avis, le mot *hamburger* est-il d'origine française ? De quelle langue viennent ces mots en gras ?

Complète la phrase avec le nom qui convient : *pizzas* **ou** *yaourts*.
Les Italiens mangent des … aux olives noires.

2 Pour les Romains, qui parlaient le latin, **ami** se disait **amicus**.

Quelle langue parlaient les Romains ? Comment disait-on *ami* en latin ? Quel est le point commun entre le mot en français et le mot en latin ?

Complète la phrase avec un mot de la famille de *ami* : *amiable*, *amitié* **ou** *amical*.
J'ai apprécié ton geste … .

3 Le phare de l'île de **Pharos** guidait les navigateurs à Alexandrie.

Où est située l'île de Pharos ? Quel mot de la même famille que *Pharos* peux-tu relever dans la phrase ? Quel est le point commun entre le phare qui éclaire les navigateurs et le phare d'une voiture ?

Complète la phrase avec le nom qui convient : *Athènes* **ou** *Olympie*.
Les jeux Olympiques ont été inventés en Grèce, dans la ville d'… .

J'apprends

— L'étude de l'**origine des mots** (l'étymologie) permet de savoir de quelle **langue** vient un mot. Elle permet aussi de trouver le sens d'un mot :
chronomètre vient du grec ancien *chronos* (le temps) et *metron* (la mesure).

— Certains mots de la langue française ont été empruntés à d'autres **langues** : l'anglais : *sport* ; l'italien : *spaghetti* ; l'espagnol : *paella* ; l'arabe : *chiffre*…

— La plupart des mots de la langue française viennent d'une **langue ancienne**, le **latin** : *omnibus, rebus, lavabo*…

— De nombreux mots de la langue française proviennent du **grec ancien** : *pharmacie, géographie, sphère, sphinx*…
• Les mots issus de la **langue grecque** contiennent souvent un **h** ou un **y**, et parfois les deux : *p**h**ar**y**nx* vient d'un mot grec qui signifie *gorge*.

Je m'entraîne

1 * Recopie chaque mot de la série 1 en l'associant à son pays d'origine dans la série 2. Aide-toi du dictionnaire.

Série 1 : pizza – judo – weekend – yaourt – gondole – sweat-shirt.

Série 2 : Angleterre – Japon – Italie – Turquie.

2 ** Écris le sens de chaque mot à partir des indications suivantes : en grec, *-cyclo-* signifie *cercle* ; *micro-* : *petit* ; *-thèque* : *lieu de rangement*. Puis vérifie dans le dictionnaire.

microbe – ludothèque – microscope – bibliothèque – bicyclette.

3 ** Écris le sens de chaque mot à partir des indications suivantes : en latin, *aqu-* : *eau* ; *équi-* : *égal* ; *multi-* : *plusieurs*. Puis vérifie dans le dictionnaire.

équilatéral – aquarium – équidistant – multicolore – multifonction.

4 ** En t'aidant du dictionnaire, écris l'origine des mots suivants.

zoo – pharmacie – équitation – maximum – orthographe.

5 ** Écris la réponse à chaque devinette.

a. Mon nom est d'origine espagnole. Je suis mangée à l'apéritif et les singes m'apprécient. Qui suis-je ?
b. Mon nom vient de l'italien. Je suis un instrument de musique à touches noires et blanches. Qui suis-je ?
c. Mon nom est d'origine anglaise. Je sers à transporter des marchandises. Je suis accroché à une locomotive. Qui suis-je ?
d. Mon nom est d'origine allemande. J'exprime le moment où l'on s'arrête après une longue marche. Il s'emploie également accompagné du mot garderie.

6 *** Recopie chaque mot d'origine anglaise.

Ce weekend à la campagne est attendu par John depuis longtemps. Il est pressé d'enfiler son short et son tee-shirt pour courir dans les prés. John sait que sa playstation va lui manquer un peu mais faire du skateboard ou jouer au basketball avec ses amis l'enthousiasment davantage.

7 *** En t'aidant du dictionnaire, trouve l'origine des mots suivants et emploie-les chacun dans une phrase.

bifteck – mezzanine – corrida – star – carnaval.

8 *** Indique l'idée commune à tous ces mots. Recherche de quelle origine sont les mots définis en t'aidant du dictionnaire.

a. **intersection :** endroit où deux lignes se coupent.
b. **sectionner :** couper net.
c. **sécateur :** outil de jardinier qui est utilisé pour couper.
d. **disséquer :** couper des parties d'un animal pour l'observer.

Je lis

9 Lis ce texte et réponds aux questions.

Thésée est un personnage de la mythologie grecque. Il va se battre contre le Minotaure, créature au corps d'homme et à la tête de taureau.

Étrange bête que ce Minotaure ! Son père adoptif a fait construire pour lui, par l'architecte Dédale, un palais souterrain aux détours innombrables, le labyrinthe que nul n'a pu quitter vivant, errant dans les couloirs obscurs jusqu'à la rencontre mortelle du monstre cannibale.

D'après **Plutarque**, *Les Vies des hommes illustres*.

a. De quelle origine sont les mots soulignés ?
b. Le mot *nombre* a un mot de la même famille dans le texte. Retrouve-le puis donne son origine. Aide-toi du dictionnaire.

J'écris

10 Tu participes à un jeu organisé dont une des épreuves consiste à sortir le plus vite possible d'un labyrinthe.
Imagine une façon de t'en sortir vite et raconte-la. Tu devras employer les mots : *labyrinthe (grec), astuce (latin), bataille (latin)* et *victoire (latin)*.

Je comprends

Lis ces phrases et réponds aux questions.

1 Mon ordinateur était branché et je l'ai **dé**branché pendant l'orage.
Je l'ai **re**branché après.

- Quels mots ressemblants trouves-tu dans ces phrases ? Qu'est-ce qui les différencie ? Que signifient-ils ?
- Comment s'appellent les parties de mot en gras ? Où sont-elles placées ? Comment s'appellent les mots ainsi formés ?

Complète ces mots avec : *dé-*, *re-* **ou** *par-*.
Louise doit …faire ses lacets pour enlever ses chaussures puis les …faire pour les remettre.

2 **a.** C'est **in**croyable !
b. L'écriture de Bob est **il**lisible ; elle est **im**possible à lire et elle est **ir**régulière.

- Quels préfixes en gras vois-tu dans ces phrases ? Ont-ils le même sens ? Quel est leur sens ?

Supprime les préfixes en gras de la phrase *b*. **La phrase obtenue a-t-elle le même sens ?**

3 **a.** L'athlète du **tri**athlon s'est **sur**passé.
b. Il a dominé cette compétition **inter**nationale.

- Combien d'épreuves l'athlète a-t-il accomplies ? Comment peux-tu savoir que plusieurs pays ont participé à la compétition ?

Dans la phrase *a*, **remplace le premier préfixe en gras par :** *déc-* **ou** *déca-*. **Que constates-tu ?**

J'apprends

- Le **préfixe** se place **au début** du mot. C'est pour cette raison qu'on le nomme **pré**fixe (***pré*** signifie : *avant*). Il sert à former un nouveau mot : un **mot dérivé**.
  Dans le verbe ***pré****voir*, ***pré-*** est un préfixe.
- Le préfixe a un **sens** qui s'applique au mot qu'il compose.

Sens du préfixe	Exemples
Contraire : *in- ; im- ; -il ; ir- ; anti- ; dé- ; mal-.*	***in****tolérable ;* ***im****mobile ;* ***il****lettré ;* ***ir****réel ;* ***anti****gel ;* ***dé****faire ;* ***mal****adroit.*
Nombre : *bi- ; tri- ; déca- ; déci- ; multi- ; poly-.*	***bi****cyclette ;* ***tri****cycle ;* ***déca****mètre ;* ***déci****mètre ;* ***multi****ple ;* ***poly****gone.*
Lieu et mouvement : *trans- ; ex- ; im-.*	***trans****porter ;* ***ex****porter ;* ***im****migrant.*

- Le préfixe **ne modifie pas** la **nature** du mot qu'il sert à former : dire (verbe) → prédire (verbe).

VOCABULAIRE

Je m'entraîne

1 * **Pour chaque mot, écris un mot dérivé qui contient un préfixe.**

possible – lire – habiller – honnête – attention – lever.

2 * **Associe chaque mot de la liste *a* au mot dérivé de la liste *b* qui convient. Emploie ensuite le mot dérivé dans une phrase.**

a. mettre – régulier – vendable – complet – naturel.
b. incomplet – surnaturel – irrégulier – invendable – remettre.

3 ** **Choisis le préfixe qui convient pour former de nouveaux mots.**

anti – sous – déci – ex – sur – trans.

monter – mètre – alimenté – vol – atlantique – croissance.

4 ** **Indique l'intrus de chaque série.**

a. bicyclette – bicolore – bille – biplan.
b. tricolore – tricycle – trident – trier.
c. maladroit – malin – malheureux – malchanceux – malpropre.
d. imprévisible – imparfait – impôt – impossible – imprévu.
e. défaire – dépasser – déposer – détail – déterrer.

5 ** **Emploie un préfixe pour écrire un mot dérivé de sens contraire.**

monter – discret – adroit – légal – patient – réel.

6 *** **Associe chaque préfixe *(a)* à sa signification *(b)*. Écris ensuite un mot avec chaque préfixe.**

a. **Préfixes :** mini – anti – multi – tri – pré – trans – inter.
b. **Signification :** trois – plusieurs – petit – entre – à travers – contre – avant.

7 *** **Retrouve dans la liste *a* le préfixe qui permet de former un verbe dérivé à partir des mots de la liste *b*.**

a. ac – ad – af – ar – ap.
b. fin – poser – mettre – rive – provision – crochet – faiblir – rondir.

Je lis

8 **Lis ce texte et réponds aux questions.**

Un homme sauve une tortue géante blessée. Il tombe ensuite très malade et la tortue décide de le soigner.

La tortue se mit aussitôt à chercher des racines appétissantes et des petites herbes tendres, qu'elle apporta à l'homme pour les lui faire manger. L'homme les prenait sans savoir qui les lui donnait parce que la fièvre le faisait délirer et qu'il ne reconnaissait personne.
Tous les matins, la tortue parcourait la forêt à la recherche de racines de plus en plus appétissantes pour les donner à l'homme, et elle regrettait bien de ne pouvoir monter aux arbres pour lui apporter des fruits.

Horacio Quiroga, *Contes de la forêt vierge*,

a. Quels sont les préfixes de chacun des mots suivants : *apporta, reconnaissait, parcourait, recherche* ?

b. Utilise le même préfixe pour former un nouveau verbe à partir de chacun de ces verbes : *prendre, donner, monter.*

J'écris

9 Un enfant décide de grimper dans un arbre du jardin malgré l'interdiction de ses parents. Mais ces derniers le surprennent.

Raconte l'histoire en t'aidant de chaque vignette. Emploie pour cela au moins deux mots formés d'un préfixe : *insupportable, incorrigible, désobéissant…*

Je comprends

Lis ces phrases et réponds aux questions.

1 La voiture roule **lentement**. Sa **lenteur** agace les passagers.

Quel mot identique retrouves-tu dans les mots en gras ? Comment appelle-t-on les parties de mot soulignées ? Pourquoi ?

Complète le mot avec : *-eur* **ou** *-ment*.
Le TGV nous conduit rapide... à Marseille.

2 Le gérant du supermarché a engagé un vend**eur** et une vend**euse**, un anima**teur** et une anima**trice**.

Quel travail effectue une vendeuse ? Un animateur ? Quel est le genre des noms terminés par **-eur** et **-teur** ? Quel est le genre des noms terminés par **-euse** et **-trice** ?

Complète la phrase avec le suffixe qui convient : *-eur*, *-euse*, *-teur* **ou** *-trice*.
L'ac... principal et la jeune ac... de ce film sont remarquables.

3 Ce chien a un **poil** très fourni : il est très **poilu**.

Quel est le point commun entre les mots en gras ? Ces mots sont-ils de même nature ? Quel suffixe est ajouté au deuxième mot en gras ?

Complète la phrase avec : *-el*, *-al* **ou** *-ale*.
Cette fille a une taille norm... pour son âge.

J'apprends

- Le **suffixe** se place **à la fin** du mot. C'est pour cette raison qu'on le nomme suffixe. Il sert à former un **mot dérivé**.
  Dans le nom *bonté*, ***-té*** est un suffixe.
- Il existe de nombreux suffixes, comme : ***-tion***, ***-ation***, ***-iste***, ***-ment***, ***-té***, ***-age***, ***-al***, ***-el***...
- Les suffixes peuvent indiquer le **genre** des noms :
  *un vend**eur**, une vend**euse**, un direc**teur**, une direc**trice***.
- Les suffixes **changent** souvent la **nature** du mot :
  *gentil (adjectif), gentil**lesse** (nom), genti**ment** (adverbe)*.

⚠ Parfois, ils ne la changent pas : *cendre et cendr**ier** sont des noms.*

VOCABULAIRE

Je m'entraîne

1 * **Recopie chaque mot puis entoure son suffixe.**

navigation – journaliste – courageusement – gratuité – voleur – utilité.

2 * **Écris le nom d'un métier à partir des verbes donnés en utilisant un suffixe.**

vendre – servir – chanter – danser – entraîner.

3 ** **Retrouve pour chaque adjectif le nom à partir duquel il a été formé.**

matinal – naturel – final – glacial – exceptionnel.

4 ** **Classe les mots en deux colonnes : féminin en** *-esse* **ou en** *-ise*.

prince – marquis – exquis – traître – précis – maître – indécis – soumis.

5 ** **Écris l'adjectif qualificatif qui a permis de former chaque adverbe grâce au suffixe** *-ment*.

habilement – lentement – délicatement – gaiement – gentiment.

6 *** **Recopie et complète chaque phrase en employant un mot dérivé du mot en gras.**

Exemple : *Cette usine* ***fabrique*** *des jouets.*
La fabrication de jouets de cette usine est très appréciée.

a. Il a **identifié** son agresseur. L'… de son agresseur est connue.
b. Il faut **utiliser** des règles en géométrie.
Leur … est nécessaire.
c. Tu as particulièrement **réussi** ton dessin.
La … de ton dessin est due à ton application.
d. Cet **hiver** est rigoureux.
Ce froid … ne me convient pas.
e. L'**année** est importante. Le bilan … semble bon.

7 *** **Emploie les suffixes** *-age*, *-ment*, *-té*, *-al*, *-eur* **pour former des mots dérivés à partir des mots donnés. Puis indique la nature de chacun d'eux** (*adjectif*, *adverbe*, *nom commun*, *verbe*).

Exemple : *utile (adjectif), utilité (nom commun).*

paisible – tourner – agressive – chasse – compter – occident.

8 *** **Indique la nature de chacun de ces mots.**

a. boire – buvable – boisson.
b. vente – vendeur – vendre.
c. attrister – triste – tristement.
d. signal – signalement – signaler – signalisation.

Je lis

9 **Lis ce texte et réponds aux questions.**

Un maître sorcier s'est emparé d'une jeune fille qu'il a conduite chez lui. Il doit s'absenter. Il lui interdit d'entrer dans une chambre et lui confie un œuf.

– Cet œuf, garde-le moi précieusement et porte-le de préférence toujours sur toi, car s'il venait à se perdre, cela provoquerait un énorme malheur.

Elle prit les clefs ainsi que l'œuf, promettant d'exécuter tout à la lettre. Une fois le maître parti, elle alla ici et là visiter la maison du haut en bas, admirant tout ce qu'il y avait à admirer, les chambres qui étincelaient d'or et d'argent, des merveilles telles qu'il lui semblait n'avoir jamais rien vu d'aussi beau, ni seulement rêvé de pareilles splendeurs.

Jacob et Wilhem Grimm, *L'Oiseau d'Ourdi*,
© Bayard jeunesse.

a. À partir de quels adjectifs sont formés les mots *précieusement* **et** *seulement* **?**

b. Utilise des suffixes pour trouver deux mots dérivés de *admirer* **et** *merveilles*.

J'écris

10 Un sorcier te confie un objet très précieux, une boîte. Imagine ce que cette boîte peut contenir et décris ton attitude (comportement, impressions) en découvrant son contenu.

Emploie trois des mots de cette liste ou leurs dérivés dans ton texte : *être terrorisé (terreur), agréablement (agréable), splendeurs (splendide), étonnement (étonner), richesse (riche), particularité (particulier), horriblement (horreur).*

Je comprends

Lis ces phrases et réponds aux questions.

1 Le **tournage** du film a commencé.

À partir de quel verbe a été formé le mot en gras ? Connais-tu d'autres mots de la même famille ?

Complète la phrase avec un mot de la famille de *tournage* : *tournant*, *tournure*, *tourner* **ou** *tournicoter*.
Arrête de ... : tu agaces ton frère.

2 La plupart des oranges de Valence sont destinées à l'**ex/port/ation**.

De combien d'éléments est composé le mot en gras ? Comment s'appelle chacun de ces éléments ? Que signifie le mot **exportation** ?

Complète le mot avec le préfixe *en-* **ou** *in-* **et le suffixe** *-ation* **ou** *-ment*.
L'...racine... de cet arbre est profond.

3 Cet homme vit **seul**, sa maison est **isolée**. La **solitude** lui permet de réfléchir.

Quel est le point commun entre les trois mots en gras ? Appartiennent-ils à la même famille ?

Complète la phrase avec le mot dérivé qui convient : *Parisiens* **ou** *Franciliens*.
Les habitants de l'Île-de-France s'appellent les ... .

J'apprends

- Les **préfixes** et les **suffixes** s'ajoutent au **radical** d'un mot et permettent de former des **mots dérivés**. Ces mots dérivés constituent une **famille de mots**.
Le radical est le mot ou la partie du mot que l'on retrouve dans tous les mots de la même famille.
défaire = *dé* (préfixe) + *faire* (radical).
feuillage = *feuill* (radical) + *age* (suffixe).

- Un mot dérivé peut être composé à la fois d'un **préfixe** et d'un **suffixe**.
déménageur = *dé* (préfixe) + *ménag* (radical) + *eur* (suffixe).

- Parfois, le **radical** change : *Le mot* ***sal****aison est dérivé du mot* ***sel***.

Je m'entraîne

1 * Utilise les suffixes *-eur, -er, -iste* pour écrire des noms de métiers à partir de ces mots.

chercher – fleurir – boucherie – traduire – boulangerie.

2 * Pour chaque mot, utilise un suffixe de la liste pour écrire un mot dérivé.

-ette, -té, -ir, -el, -eur, -esse, -ceur.

fille – jeune – beau – bon – écouter – chanter – fleur – noir – nature – nouveau.

3 ** Pour chaque mot, utilise un préfixe de la liste pour écrire un mot de même nature grammaticale mais de sens différent : *pré-, dé-, im-, in-* ou *mal-*.

ranger – mettre – poser – histoire – former – nom – heureux – habile – adroit – patient – sensible – croyable.

4 ** Pour chaque mot, choisis le préfixe *é-* ou *ex-* pour écrire de nouveaux mots.

porter – vider – tirer – croissance – prouver.

5 ** Choisis le préfixe qui convient pour compléter chaque mot : *in-, im-, il-, ir-*.

réel – buvable – sensible – lisible – croyable.

6 ** Recopie et complète chaque phrase avec l'un des mots de la liste :
facilité, solidité, beauté, propreté, netteté, obscurité.

a. Devant une telle ..., je me suis arrêté. J'ai admiré ce paysage avant la venue de l'... .
b. La ... de ce véhicule est étonnante.
c. Yan a réussi son examen avec ... .
d. Les trottoirs de cette ville sont d'une grande ... .
e. Je vois avec ... les panneaux de signalisation.

7 * Recopie les mots suivants, entoure les préfixes et souligne les suffixes.**

survoler – édenté – embouteillage – dégradation – décollement.

8 * Trouve le mot de la même famille correspondant à la définition donnée.**

a. Je suis un mot de la famille de *terre*, et je désigne une personne qui habite sur la Terre. Je suis une ... .
b. Je suis un verbe de la famille de *forêt*, et je signifie détruire une forêt. Je suis le verbe ... .
c. Je suis un adjectif de la famille de *sourire*, et je désigne une personne aimable. Je suis une personne ... .

Je lis

9 Lis ce texte et réponds aux questions.

Le prince des mers projette d'emmener Mona, fille de pêcheurs, sous les eaux mais celle-ci n'est pas souvent seule au bord de la mer.

Un jour, pourtant, son désir se réalisa. Mona s'étant éloignée de ses compagnes, le prince se précipita et l'entraîna dans les flots, malgré ses cris et ses supplications. [...]

Cependant, malgré la richesse, malgré la générosité de son compagnon, Mona s'ennuyait. Elle aurait voulu revoir son père et sa mère ainsi que leur pauvre chaumière. Elle était très malheureuse et pleurait sans cesse.

Bernard Clavel, *Légendes de la mer*, © Livre de Poche.

a. Trouve dans le texte un mot de la famille de *loin*, de *supplier* et de *généreux*.

b. Quel est le suffixe du mot *richesse* ?

J'écris

10 Deux camarades sont séparés après un déménagement. Ils s'écrivent : l'une raconte qu'elle est heureuse car elle s'est fait de nouveaux amis, l'autre qu'il est malheureux de ne plus la voir.

Imagine ce que chacun a écrit en employant des mots de la même famille et en t'aidant des illustrations.

VOCABULAIRE

Le dictionnaire

1 Recopie chaque liste en mettant les mots dans l'ordre alphabétique.

a. dicton – blesser – solitude – argent – placement – coquelicot – geindre – lune.
b. colis – calmer – cil – croquer – cyan – chat – curieux – clore.
c. trace – tribunal – trahir – trotter – traire – triste – trône – troubadour.

2 Écris la signification de chaque abréviation.

n. m. – adv. – adj. – v. – inv.

3 Recopie chaque nom et écris à côté *f.* (pour féminin) ou *m.* (pour masculin). Aide-toi du dictionnaire.

sépale – oasis – autoroute – orchidée – horizon – clameur – volt – éclair – relique.

4 Recopie chaque liste en mettant les mots dans l'ordre alphabétique, et place le mot entre parenthèses à l'endroit qui convient.

a. (*lettre*) – courir – deviner – effacer – feindre – honte – jaunir – manipuler – otarie.
b. (*colle*) – attraper – bonifier – croire – détruire – distinguer – grossir – hibou – lunette.
c. (*grille*) – grief – griffe – griffon – grignoter – gril – grillage – griller – grillon.
d. (*plastifier*) – plasma – plasticien – plasticité – plastiquage – plastique – plastiquer – plastron.

5 Recopie l'explication du verbe *prendre* correspondant à son emploi dans la phrase : *Il a pris ce livre dans la bibliothèque.*

a. Emprunter une direction.
b. Emmener quelqu'un avec soi.
c. Mettre la main sur quelque chose ; attraper.
d. Absorber par la bouche.
e. Acheter.

6 Écris le mot que tu dois chercher dans le dictionnaire pour trouver le sens de chacun de ces mots.

agglutinerait – loyaux – ont prénommé – préoccupant – éditrice – fameuse – naturelle – vive.

7 Trouve l'intrus de chaque liste.

a. sécher – sécheresse – sécherie – séchoir – sèchement – second – secondaire – seconde.
b. rococo – rodéo – rôder – rogner – rôdeur – roi – roitelet – rôle.
c. océan – océane – océanique – océanographie – océanographe – océanologie – océanologique.

8 Écris la réponse à la question « Qui suis-je ? »

a. Je suis obligatoire pour affranchir le courrier. Qui suis-je ?
b. Je suis un assemblage de feuilles couvertes de texte ou d'images. Je suis relié ou broché. Qui suis-je ?
c. Je suis un animal friand de gruyère. Le chat est mon ennemi. Qui suis-je ?
d. Je suis visible par tous les élèves dans la classe. Le maître y écrit. Qui suis-je ?
e. Je suis une pièce de tissu qui recouvre les tables. Je peux être unie ou avec des motifs, en coton ou en plastique. Qui suis-je ?

Pour chaque mot cherche un autre sens dans le dictionnaire et emploie le mot dans une phrase.

9 Classe ces mots en deux colonnes : *verbe* **ou** *nom*. **Attention ! Pour certains mots, il y a deux possibilités.**

coucher – dormir – savoir – souper – déjeuner – goûter – travailler – parler.

10 Dans cette définition du dictionnaire, recopie l'information qui indique comment se prononce le mot, et ses différents sens.

DÉFERLER [defɛrle] v. ■ **1.** Déployer (une voile, un pavillon). ➤ déployer, larguer ; déferlage. **2.** En parlant des vagues, se briser en écume en roulant sur le rivage. *La mer très calme déferlait faiblement sur les galets de la grève.* ◆ FIG. Se répandre avec une force irrésistible comme une vague. *La foule déferle sur la place.*

Les niveaux de langue

11 Complète cette liste en écrivant un synonyme pour chaque mot : si l'un est du langage courant, l'autre doit être du langage familier, et inversement.

Exemple : *un livre / un bouquin.*

… / le boucan – amusant / …. – un travail / … – … / piquer – … / un pote.

12 **Recopie uniquement les mots ou expressions appartenant au langage soutenu ou recherché.**

a. bonté – gentillesse – amabilité – détruire – casser – esquinter – argent – fortune – fric.
b. trouille – peur – épouvante – stupide – niais – bête – manger – bouffer – goûter.
c. rire – se gausser – se marrer – friqué – riche – opulent – détresse – misère – galère.

13 **Recopie le texte en le complétant avec les mots suivants :**

crabes, peur, questionnent, phobie, crabe, crie, demandent, horreur.

Marine est au bord de la mer avec ses parents. Elle s'approche du bord de l'eau quand tout à coup, elle aperçoit un crabe. Elle a … des … . Ils lui font … . Elle … . Ses parents accourent et la … : « Que se passe-t-il ? » …-ils. « Là, près du rocher, j'ai vu un énorme … . Il avançait vers moi. »
Les parents la rassurent et espèrent que Marine va surmonter sa … des crabes.

Le sens des mots

14 **Cherche dans le dictionnaire les deux sens des mots suivants, puis emploie-les dans des phrases.**

battre – opération – figure.

15 **Recopie la grille de mots puis complète-la à l'aide des définitions.**

A : nom au pluriel désignant un vêtement de fille. Ce nom désigne également le pelage du cheval.
B : nom au singulier qui désigne ce qui reste du passé, mais aussi une empreinte laissée par un animal.
C : dans un vêtement, elle sert à mettre quelque chose. Les kangourous sont connus pour la leur.
D : s'emploie parfois suivie de l'adjectif « souterrain ». Recouvre en général une table.
E : nom au pluriel. La fourchette en possède. Celles du jeune enfant tombent.

A					
B					
C					
D					
E					

16 **Recopie chaque mot en gras et précise s'il est employé au sens propre ou au sens figuré.**

a. Le voleur **a échappé** aux gendarmes devant mon immeuble.
b. Cet hiver, mes grands-parents **ont échappé** à la grippe.
c. Le renard **a chassé** le lapin jusqu'à son terrier.
d. Mon frère **a chassé** ses idées noires en allant au cinéma.
e. Cet homme **aspire** à un titre de noblesse.
f. Mon chat n'aime pas que ma mère **aspire** les poussières avec son aspirateur.

17 **Écris chaque phrase en employant le verbe *brûler* dans le sens indiqué, et en ajoutant des compléments.**

a. brûler : se consumer, flamber.
Le feu … .
b. brûler : chauffer, cuire.
Le soleil … .
c. brûler : rêver, avoir l'ambition de…
Mon oncle … .
d. brûler : irriter, piquer.
La fumée … .

18 **Choisis deux expressions dans chaque liste, puis écris une phrase avec chacune d'elles. Tu peux t'aider du dictionnaire.**

a. un coup de téléphone – un coup d'œil – un coup de poing.
b. arriver comme une fleur – faire une fleur à quelqu'un – avoir les nerfs à fleur de peau.
c. la grille du jardin – la grille du loto – la grille des programmes de télévision.

Les mots précis, les synonymes et les antonymes

19 **Associe chaque expression de la série 1 à un verbe de même sens de la série 2.**

Série 1 : a. mettre une lettre à la poste – **b.** mettre dans un autre endroit – **c.** mettre à sa place – **d.** mettre du sucre.
Série 2 : 1. ranger – **2.** déplacer – **3.** sucrer – **4.** poster.

20 **Récris chaque phrase en remplaçant le mot *gens* ou l'expression dans laquelle il se trouve par un nom synonyme plus précis.**

a. Les gens applaudissent à la fin du concert.
b. Les gens de cette rue sont sympathiques.
c. Ces gens pêchent de longues semaines en mer.
d. Je n'aime pas les gens qui mentent.
e. Les gens qui ont peur de tout sont à plaindre.

21 **Récris chaque phrase en remplaçant l'adjectif *fort* par un des adjectifs synonymes suivants :** *musclé, violent, épicé, étonnant, doué.*

Le vent est fort ce matin. – Mon frère est fort en géométrie. – Le plus fort c'est que je n'y croyais pas. – Cet athlète est fort. – Ce plat antillais était très fort.

22 **Recopie chaque expression en remplaçant le mot *grand* par l'un des adjectifs suivants :** *peuplée, haute, adulte, profond, importante.*

un grand trou – quand tu seras grand – une grande nouvelle – une grande ville – une grande tour.

23 **Retrouve les mots synonymes et recopie les paires que tu as obtenues.**

voguer – la colère – une halte – beau – fouiller – fort – se nourrir – chercher – briller – naviguer – costaud – étinceler – manger – la rage – joli – un arrêt.

24 **Pour chaque expression, cherche un synonyme du verbe *jouer* et écris-le.**

agir – interpréter – pratiquer – s'amuser – parier.

a. Jouer un rôle dans un film.
b. C'était juste pour jouer.
c. Jouer une fortune sur un cheval.
d. Ses horaires importants de travail ont fini par jouer sur son caractère.
e. Jouer au football.

25 **Retrouve les mots de sens contraire et recopie les paires que tu as obtenues.**

clair – gentil – gagner – lourd – jour – fin – sortir – faux – nuit – perdre – début – méchant – vrai – léger – obscur – entrer.

26 **Écris les mots de sens contraire des mots suivants en utilisant les préfixes *dé-*, *mal-*, *in-*, *im-*.**

précis – visser – juste – poli – habile.

27 **Recopie chaque phrase en la complétant par un mot de sens contraire du mot en gras.**

Le maître vient d'interpeller Maxime qui parlait à voix **haute**, et il lui demande de parler à voix … . – Les camarades de Paul le **félicitent** mais l'enseignante le … . – Rémi se lève **tôt** et il arrive **en avance** à l'école, alors que Nicolas se lève … et arrive … à l'école. – En rentrant chez lui, Mathias a **permis** à sa sœur de jouer avec lui, bien que le médecin lui ait … de le faire.

Les mots généraux et les mots particuliers

28 **Écris les mots généraux correspondant à ces mots particuliers.**

a. fougère – mousse – orties – ronces – trèfle.
b. impasse – allée – rue – quartier – avenue.
c. vache – poule – canard – coq – dindon.
d. luge – ski – sommet – escalade – randonnée.
e. Mercure – Saturne – Pluton – Jupiter – Mars.

29 **Récris chaque phrase en la complétant avec trois mots particuliers correspondant au mot général en gras.**

a. Mon père joue de nombreux **instruments de musique**, comme … .
b. Jérémie apprécie de nombreuses **disciplines scolaires**, comme … .
c. La boulangère propose une promotion sur ses **pâtisseries**, comme … .
d. Le magicien fait apparaître des **animaux** comme … .
e. Ma mère est très friande de **fruits à pépins** comme … .

30 **Trouve l'intrus de chaque liste.**

a. ferme – mas – hutte – appartement – gondole – pavillon.
b. tricycle – voiture – bicyclette – motocyclette – tandem.
c. thé – café – jambon – jus de pomme – orangeade – eau.
d. golf – équitation – ski – football – hot-dog – natation.

Des mots sur le thème de la mer

31 Classe les mots en deux colonnes, selon qu'ils désignent quelqu'un ou quelque chose que l'on peut trouver sous la mer ou à la surface de la mer.

plongeur – requin – chalutier – corail – bouée – pétrolier – algues – écume – crabe.

32 Récris les phrases en les complétant avec le mot précis qui convient : *plage*, *port*, *phare*, *navire*, *vagues*.

a. Le pêcheur arrive au ... avec sa cargaison.
b. Le surfeur joue avec les ... .
c. Les vacanciers s'allongent sur la ... .
d. Le ... se visite mais il faut gravir de nombreuses marches.
e. Le capitaine commande aux matelots sur son ... .

33 Écris des phrases avec chaque groupe de mots.

une mer démontée – un sauvetage réussi – la pêche au filet – une mouette rieuse – une haute falaise.

Des mots sur le thème de la peur

34 Pour chaque adjectif, écris un nom et un verbe de la même famille.

craintif – inquiétant – peureux – effrayant – angoissant.

35 Classe les mots en deux catégories selon qu'ils expriment une peur plus ou moins forte : *la crainte* **ou** *la frayeur*.

anxiété – effroi – tourment – préoccupation – terreur – affolement – inquiétude – hantise – angoisse.

36 Trouve l'intrus de chaque liste.

a. cauchemar – cauchemarder – catastrophe – cauchemardesque.
b. frayeur – effroyable – effroyablement – frimeur.
c. peur – peureux – apprivoisé – apeuré.

Des mots autour du verbe *dire*

37 Récris les phrases en les complétant avec le verbe qui convient conjugué.

chantonner, *déclamer*, *insister*, *dire*, *murmurer*.

a. « Paul veux-tu venir à la pêche avec moi » ? ... Simon dans l'espoir de ne pas réveiller sa sœur.
b. « J'aimerais vraiment que tu viennes à mon anniversaire », ... Léon.
c. Tatiana ... un poème : « Demain dès l'aube, à l'heure où blanchit la campagne... »
d. « Et moi, tu imagines si mes parents découvrent que j'ai fait du vélo avec toi », ... Éric.
e. *Je vois la vie en rose* est une chanson que ma grand-mère ... souvent.

L'origine des mots

38 Recherche le mot *hôtel* **dans un dictionnaire. Relève son origine et ses différents emplois.**

39 Relève dans le dictionnaire la définition des mots suivants et recopie-la.

tulle – pénurie – impartialité – acrostiche – exclusivité.

40 Retrouve et écris des mots français formés à partir de ces mots latins.

homo – hora – amicus – schola – fenestra – rex.

41 Recopie uniquement les mots qui sont d'origine anglaise.

paella – basket – pizza – sandwich – goal – brushing – sucre – aquarium – bibliothèque – clown – hamburger.

42 Complète le texte avec les mots de ton choix. Ils devront tous être d'origine grecque.

Dans cette ..., les livres ont un code qui aide au classement. Certains ouvrages sont regroupés par thème : ceux qui parlent des chevaux sont rangés dans la catégorie ... ou ... . Ils concernent le sport ou les courses. D'autres livres traitent de l'origine des mots, l'... ; d'autres de la façon dont ils s'écrivent, l'... . Dans la catégorie Sciences, la ... et la ... tiennent une place importante. M'asseoir dans ce lieu calme et lire tout un après-midi me plaît vraiment.

Les préfixes et les suffixes

43 **Recopie uniquement les mots dont les préfixes *in-* et *im-* ont le sens de négation.**

Exemple : *invisible (qui n'est pas visible).*

injuste – incomplet – importer – impossible – insensé – inflammable – incapable.

44 **Recopie les mots en gras, entoure la ou les lettres qui montrent qu'ils appartiennent à la même famille.**

a. Un petit **jardin** est un **jardinet**.
b. Le **manuscrit** est un ouvrage écrit à la **main**.
c. Un spectacle **aérien** se déroule dans les **airs**.
d. Un **arbuste** est moins haut qu'un **arbre**.
e. **Aquatique** et **aquarium** ont un lien avec l'eau.

45 **Pour chaque mot, écris un mot de la même famille contenant l'un des suffixes suivants :** *-eur ; -iste ; -té ; -ette.*

froid → … – bon → … – fille → … – dent → … – chaud → … – pauvre → … – doux → … – élever → … – beau → … – fleur → … – maison → … .

46 **Écris le mot manquant qui appartient à la même famille que le mot en gras.**

a. Je ne peux pas être **lu**. Je suis … .
b. On ne peut pas me **manger**. Je suis … .
c. Il est loin d'être **correct**. C'est un adulte … .
d. On n'a aucun **reproche** à lui faire. Cet enfant est … .
e. Ces jouets sont conçus pour ne pas être **cassés**. Ils sont … .

47 **Pour chaque mot, trouve un mot de la même famille contenant le préfixe *é-* ou *ex-*. Puis écris une phrase avec chacun d'eux.**

tendre → … – porter → … – mettre → … – tirer → … – vider → … – tension → … .

48 **Recopie et complète le tableau avec les mots dérivés qui conviennent.**

	nom	adjectif	verbe
jet			
sel			
vue			
lait			

49 **Écris cinq mots avec les radicaux, les préfixes ou les suffixes proposés.**

radicaux : histoire – piano – grand – mener – patient – coller – honnête – vol.
préfixes : re – dé – é – im – in – pré – sur.
suffixes : eur – er – iste – té – ir.

Les familles de mots

50 **Recopie ensemble les mots de la même famille.**

a. terre – territoire – maritime – marin – terreau – amarrer – terrestre – atterrir – mer.
b. chasseur – chasser – dentition – dent – chasse – édenté – dentiste – dentaire.
c. fleur – fleurir – chaussure – chausser – chaussette – floraison – défleurir – effleurer – déchausser – fleuriste.
d. patient – patinoire – patineur – impatient – patienter – patin – patinage – patience.

51 **Pour chaque mot, écris trois mots de la même famille.**

blanc – froid – peindre – couleur.

52 **Récris les phrases *a*, *b* et *c* en les complétant avec un mot de la famille de *sec*.**

a. Il n'a pas plu depuis des mois. La … commence à devenir inquiétante.
b. La coiffeuse utilise souvent un … .
c. Le soleil a brillé toute la journée et le linge a vite … .

53 **Récris les phrases *d*, *e* et *f* en les complétant avec un mot de la famille de *barrer*.**

a. Les touristes visitent l'intérieur du … et regardent les énormes turbines tourner grâce à la force de l'eau.
b. Cette … n'a pas empêché les chèvres de se sauver.
c. Les diverses révolutions ont vu des … s'élever dans les rues de Paris.

Annexes

Les auxiliaires *être* et *avoir*

Infinitif	Impératif	Indicatif	
	Présent	Présent	Futur
avoir	 aie ayons ayez	j'ai tu as il, elle a nous avons vous avez ils, elles ont	j'aurai tu auras il, elle aura nous aurons vous aurez ils, elles auront
être	 sois soyons soyez	je suis tu es il, elle est nous sommes vous êtes ils, elles sont	je serai tu seras il, elle sera nous serons vous serez ils, elles seront

Les verbes du 1er groupe

Infinitif	Impératif	Indicatif	
	Présent	Présent	Futur
avancer	 avance avançons avancez	j'avance tu avances il, elle avance nous avançons vous avancez ils, elles avancent	j'avancerai tu avanceras il, elle avancera nous avancerons vous avancerez ils, elles avanceront
distinguer	 distingue distinguons distinguez	je distingue tu distingues il, elle distingue nous distinguons vous distinguez ils, elles distinguent	je distinguerai tu distingueras il, elle distinguera nous distinguerons vous distinguerez ils, elles distingueront

Infinitif	Indicatif		
	Imparfait	Passé simple	Passé composé
avoir	j'avais tu avais il, elle avait nous avions vous aviez ils, elles avaient	j'eus tu eus il, elle eut nous eûmes vous eûtes ils, elles eurent	j'ai eu tu as eu il, elle a eu nous avons eu vous avez eu ils, elles ont eu
être	j'étais tu étais il, elle était nous étions vous étiez ils, elles étaient	je fus tu fus il, elle fut nous fûmes vous fûtes ils, elles furent	j'ai été tu as été il, elle a été nous avons été vous avez été ils, elles ont été

Infinitif	Indicatif		
	Imparfait	Passé simple	Passé composé
avancer	j'avançais tu avançais il, elle avançait nous avancions vous avanciez ils, elles avançaient	j'avançai tu avanças il, elle avança nous avançâmes vous avançâtes ils, elles avancèrent	j'ai avancé tu as avancé il, elle a avancé nous avons avancé vous avez avancé ils, elles ont avancé
distinguer	je distinguais tu distinguais il, elle distinguait nous distinguions vous distinguiez ils, elles distinguaient	je distinguai tu distinguas il, elle distingua nous distinguâmes vous distinguâtes ils, elles distinguèrent	j'ai distingué tu as distingué il, elle a distingué nous avons distingué vous avez distingué ils, elles ont distingué

Les verbes du 1er groupe (suite)

Infinitif	Impératif	Indicatif	
	Présent	Présent	Futur
manger	 mange mangeons mangez	je mange tu manges il, elle mange nous mangeons vous mangez ils, elles mangent	je mangerai tu mangeras il, elle mangera nous mangerons vous mangerez ils, elles mangeront
rester	 reste restons restez	je reste tu restes il, elle reste nous restons vous restez ils, elles restent	je resterai tu resteras il, elle restera nous resterons vous resterez ils, elles resteront
sauter	 saute sautons sautez	je saute tu sautes il, elle saute nous sautons vous sautez ils, elles sautent	je sauterai tu sauteras il, elle sautera nous sauterons vous sauterez ils, elles sauteront

Les verbes du 2e groupe

Infinitif	Impératif	Indicatif	
	Présent	Présent	Futur
choisir	 choisis choisissons choisissez	je choisis tu choisis il, elle choisit nous choisissons vous choisissez ils, elles choisissent	je choisirai tu choisiras il, elle choisira nous choisirons vous choisirez ils, elles choisiront

Infinitif	Indicatif		
	Imparfait	Passé simple	Passé composé
manger	je mangeais tu mangeais il, elle mangeait nous mangions vous mangiez ils, elles mangeaient	je mangeai tu mangeas il, elle mangea nous mangeâmes vous mangeâtes ils, elles mangèrent	j'ai mangé tu as mangé il, elle a mangé nous avons mangé vous avez mangé ils, elles ont mangé
rester	je restais tu restais il, elle restait nous restions vous restiez ils, elles restaient	je restai tu restas il, elle resta nous restâmes vous restâtes ils, elles restèrent	je suis resté(e) tu es resté(e) il, elle est resté(e) nous sommes resté(e)s vous êtes resté(e)s ils, elles sont resté(e)s
sauter	je sautais tu sautais il, elle sautait nous sautions vous sautiez ils, elles sautaient	je sautai tu sautas il, elle sauta nous sautâmes vous sautâtes ils, elles sautèrent	j'ai sauté tu as sauté il, elle a sauté nous avons sauté vous avez sauté ils, elles ont sauté

Infinitif	Indicatif		
	Imparfait	Passé simple	Passé composé
choisir	je choisissais tu choisissais il, elle choisissait nous choisissions vous choisissiez ils, elles choisissaient	je choisis tu choisis il, elle choisit nous choisîmes vous choisîtes ils, elles choisirent	j'ai choisi tu as choisi il, elle a choisi nous avons choisi vous avez choisi ils, elles ont choisi

Les verbes du 3e groupe

Infinitif	Impératif	Indicatif	
	Présent	Présent	Futur
aller	 va allons allez	je vais tu vas il, elle va nous allons vous allez ils, elles vont	j'irai tu iras il, elle ira nous irons vous irez ils, elles iront
faire défaire refaire	 fais faisons faites	je fais tu fais il, elle fait nous faisons vous faites ils, elles font	je ferai tu feras il, elle fera nous ferons vous ferez ils, elles feront
venir survenir prévenir revenir	 viens venons venez	je viens tu viens il, elle vient nous venons vous venez ils, elles viennent	je viendrai tu viendras il, elle viendra nous viendrons vous viendrez ils, elles viendront
prendre apprendre comprendre surprendre	 prends prenons prenez	je prends tu prends il, elle prend nous prenons vous prenez ils, elles prennent	je prendrai tu prendras il, elle prendra nous prendrons vous prendrez ils, elles prendront
pouvoir	*On ne l'utilise pas.*	je peux tu peux il, elle peut nous pouvons vous pouvez ils, elles peuvent	je pourrai tu pourras il, elle pourra nous pourrons vous pourrez ils, elles pourront

Infinitif	Indicatif		
	Imparfait	Passé simple	Passé composé
aller	j'allais tu allais il, elle allait nous allions vous alliez ils, elles allaient	j'allai tu allas il, elle alla nous allâmes vous allâtes ils, elles allèrent	je suis allé(e) tu es allé(e) il, elle est allé(e) nous sommes allé(e)s vous êtes allé(e)s ils, elles sont allé(e)s
faire défaire refaire	je faisais tu faisais il, elle faisait nous faisions vous faisiez ils, elles faisaient	je fis tu fis il, elle fit nous fîmes vous fîtes ils, elles firent	j'ai fait tu as fait il, elle a fait nous avons fait vous avez fait ils, elles ont fait
venir survenir prévenir revenir	je venais tu venais il, elle venait nous venions vous veniez ils, elles venaient	je vins tu vins il, elle vint nous vînmes vous vîntes ils, elles vinrent	je suis venu(e) tu es venu(e) il, elle est venu(e) nous sommes venu(e)s vous êtes venu(e)s ils, elles sont venu(e)s
prendre apprendre comprendre surprendre	je prenais tu prenais il, elle prenait nous prenions vous preniez ils, elles prenaient	je pris tu pris il, elle prit nous prîmes vous prîtes ils, elles prirent	j'ai pris tu as pris il, elle a pris nous avons pris vous avez pris ils, elles ont pris
pouvoir	je pouvais tu pouvais il, elle pouvait nous pouvions vous pouviez ils, elles pouvaient	je pus tu pus il, elle put nous pûmes vous pûtes ils, elles purent	j'ai pu tu as pu il, elle a pu nous avons pu vous avez pu ils, elles ont pu

Les verbes du 3e groupe (suite)

Infinitif	Impératif	Indicatif	
	Présent	Présent	Futur
voir revoir prévoir	vois voyons voyez	je vois tu vois il, elle voit nous voyons vous voyez ils, elles voient	je verrai tu verras il, elle verra nous verrons vous verrez ils, elles verront
partir repartir	pars partons partez	je pars tu pars il, elle part nous partons vous partez ils, elles partent	je partirai tu partiras il, elle partira nous partirons vous partirez ils, elles partiront
dire redire prédire médire	dis disons dites	je dis tu dis il, elle dit nous disons vous dites ils, elles disent	je dirai tu diras il, elle dira nous dirons vous direz ils, elles diront
vouloir	veuille veuillons veuillez	je veux tu veux il, elle veut nous voulons vous voulez ils, elles veulent	je voudrai tu voudras il, elle voudra nous voudrons vous voudrez ils, elles voudront
mettre remettre permettre	mets mettons mettez	je mets tu mets il, elle met nous mettons vous mettez ils, elles mettent	je mettrai tu mettras il, elle mettra nous mettrons vous mettrez ils, elles mettront

Infinitif	Indicatif		
	Imparfait	Passé simple	Passé composé
voir revoir prévoir	je voyais tu voyais il, elle voyait nous voyions vous voyiez ils, elles voyaient	je vis tu vis il, elle vit nous vîmes vous vîtes ils, elles virent	j'ai vu tu as vu il, elle a vu nous avons vu vous avez vu ils, elles ont vu
partir repartir	je partais tu partais il, elle partait nous partions vous partiez ils, elles partaient	je partis tu partis il, elle partit nous partîmes vous partîtes ils, elles partirent	je suis parti(e) tu es parti(e) il, elle est parti(e) nous sommes parti(e)s vous êtes parti(e)s ils, elles sont parti(es)
dire redire prédire médire	je disais tu disais il, elle disait nous disions vous disiez ils, elles disaient	je dis tu dis il, elle dit nous dîmes vous dîtes ils, elles dirent	j'ai dit tu as dit il, elle a dit nous avons dit vous avez dit ils, elles ont dit
vouloir	je voulais tu voulais il, elle voulait nous voulions vous vouliez ils, elles voulaient	je voulus tu voulus il, elle voulut nous voulûmes vous voulûtes ils, elles voulurent	j'ai voulu tu as voulu il, elle a voulu nous avons voulu vous avez voulu ils, elles ont voulu
mettre remettre permettre	je mettais tu mettais il, elle mettait nous mettions vous mettiez ils, elles mettaient	je mis tu mis il, elle mit nous mîmes vous mîtes ils, elles mirent	j'ai mis tu as mis il, elle a mis nous avons mis vous avez mis ils, elles ont mis

Adjectif démonstratif : il sert à désigner l'animal, la personne ou la chose dont on parle ou que l'on montre.
Ce *chien,* ***cette*** *fille,* ***ces*** *livres.*

Adjectif interrogatif : il sert à poser une question.
Quelle *heure est-il ?* ***Quel*** *beau film !*

Adjectif possessif : il indique que la personne, l'animal ou la chose dont on parle appartient à quelqu'un. *Lyne a pris* ***son*** *manteau.*

Adjectif qualificatif : il permet de décrire, de préciser les caractéristiques d'une personne, d'un animal ou d'une chose.
Il vient d'acheter une ***superbe*** *voiture* ***rouge****.*

Adjectif qualificatif attribut : c'est un adjectif qualificatif qui indique une caractéristique du sujet ; il est relié au nom qu'il qualifie (le sujet) par un verbe d'état comme *être, paraître*...
Elle est ***heureuse****.*

Adjectif qualificatif épithète : c'est un adjectif qualificatif qui est placé à côté, avant ou après, le nom qu'il qualifie.
Un ***petit*** *chat* ***gris****.*

Adverbe : c'est un mot invariable qui modifie ou précise le sens d'un autre mot (verbe, adjectif qualificatif, adverbe) ou d'une phrase.
Aujourd'hui*, les enfants ont* ***vraiment bien*** *chanté.*

Article défini : c'est un déterminant qui signifie que l'on connaît la personne, l'animal ou la chose dont on parle.
Le *chat de ma voisine vient souvent dans notre jardin.*

Article indéfini : c'est un déterminant qui signifie que l'on ne connaît pas la personne, l'animal ou la chose dont on parle.
Un *éléphant vient de s'évader d'un zoo.*

Attribut : il indique une caractéristique du sujet à l'aide d'un verbe d'état comme *être, paraître*...
Elle est ***heureuse****.*

Complément circonstanciel : il précise où, quand, comment, pourquoi, et dans quel but se déroule l'action.
Demain*, nous irons tous* ***à la piscine****.*

Complément d'objet direct (COD) : il permet d'indiquer la personne, l'animal ou la chose qui subit l'action définie par le verbe.
Le renard mange ***la poule****.*

Complément d'objet indirect (COI) : il permet d'indiquer la personne, l'animal ou la chose à qui, à quoi l'on pense, ou de qui l'on parle. Il est relié au verbe par une *préposition*.
Léa rêve ***de son cadeau*** *d'anniversaire.*

Conjonction de coordination : elle sert à relier des mots ou des propositions qui ont la même nature (**mais**, **ou**, **et**, **donc**, **or**, **ni**, **car**).
Nicolas ***et*** *Julia sont amis. Il fait beau* ***mais*** *je reste à la maison.*

Déterminant : il commande le genre et le nombre du *nom* et se place presque toujours devant le *nom*. Il peut être adjectif possessif, démonstratif, indéfini, exclamatif, interrogatif ou article.
Mon *salon est* ***une*** *vaste pièce lumineuse.*

Fonction : chaque mot a une fonction dans la phrase. Cette fonction dépend souvent de la place du mot dans la phrase et de son rôle.
Pierre mange une ***pomme*** (COD)*. La* ***pomme*** (sujet) *est bonne.*
Je croque dans une ***pomme*** (COI)*.*

Genre : un nom peut être au masculin *(**le** chien)* ou au féminin *(**la** belette)*.

Groupe nominal : un groupe nominal est constitué de l'ensemble des mots qui accompagne le nom.
Le cochon. Le joli cochon rose.

Nature : un mot appartient à une catégorie grammaticale (nom commun, verbe, adjectif qualificatif, déterminant, pronom, adverbe...) qui ne change jamais.

Nombre : un nom peut être au singulier *(**un** artiste)* ou au pluriel *(**des** artiste**s**)*.

Préposition : c'est un petit mot qui sert à relier deux mots de même nature ou de nature différente (**à**, **de**, **par**, **pour**, **sans**...).
*J'apprends **à** lire / un fer **à** repasser.*

Pronom : il remplace un nom.
Cet enfant aime lire. → ***Il** aime lire.*

Proposition : phrase simple ou partie d'une phrase. Elle est constituée d'un seul verbe conjugué auquel se rattache un sujet et parfois des groupes de mots comme un COD, un COI ou un complément circonstanciel.
Je chante un refrain.

Proposition coordonnée : lorsque des propositions sont reliées par une conjonction de coordination (et, mais, ou, donc, or, ni, car), ce sont des propositions coordonnées.
Nous sommes en avance et nous attendons devant l'école.

Proposition juxtaposée : lorsque des propositions sont séparées par une virgule, ce sont des propositions juxtaposées.
Il court, il est essoufflé.

Proposition relative : elle complète le sens du nom qui la précède à l'aide d'un pronom relatif.
*Les enfants regardent des émissions **qui** leur plaisent.*
prop. relative

Sujet : il indique de qui ou de quoi l'on parle et répond à la question « qui est-ce qui ? » ou « qu'est-ce qui ? ».
***L'araignée** tisse sa toile.*

Verbe : il indique des **actions** (manger, travailler...) ou des **états** (demeurer, rester...). Il change de forme selon les temps (passé, présent, futur).
*Ce garçon **court**. Il **est** rapide.*

Les déterminants

ARTICLES			
	définis	**indéfinis**	**partitifs**
masculin singulier	le, l'	un	du, de l',
féminin singulier	la, l'	une	de la, de l'
pluriel	les	des	des

ADJECTIFS					
	démonstratifs	**indéfinis**	**interrogatifs, exclamatifs**	**numéraux**	**possessifs**
masculin singulier	ce cet	aucun, chaque, tout...	quel	un	mon, ton, son, notre, votre, leur
féminin singulier	cette	aucune, toute...	quelle	une	ma, ta, sa, notre, votre, leur
pluriel	ces	tous, quelques, plusieurs...	quels, quelles	deux, dix, cinquante, huit cents...	mes, tes, ses, nos, vos, leurs

Les pronoms

PRONOMS PERSONNELS					
		sujet	**COD**	**COI**	**CC de lieu**
SINGULIER	**1re pers.**	je	me	me	
	2e pers.	tu	te	te	
	3e pers.	il, elle, on	le, la, en	lui, elle, en, y	en, y
PLURIEL	**1re pers.**	nous	nous	nous	
	2e pers.	vous	vous	vous	
	3e pers.	ils, elles	les	leur, eux, elles, en, y	en, y

PRONOMS RELATIFS	qui, que, qu', dont, où, lequel, laquelle, lesquels, lesquelles, auquel, à laquelle, auxquels, auxquelles, duquel, de laquelle, desquels, desquelles
PRONOMS DÉMONSTRATIFS	celui, celle, ceux, celles, ce, c', celui-ci, celle-ci, ceux-ci, celles-ci, ceci, celui-là, celle-là, ceux-là, celles-là, cela, ça
PRONOMS POSSESSIFS	le mien, la mienne, les miens, les miennes, le tien, la tienne, les tiens, les tiennes, le sien, la sienne, les siens, les siennes, le nôtre, la nôtre, les nôtres, le vôtre, la vôtre, les vôtres, le leur, la leur, les leurs
PRONOMS INTERROGATIFS	qui ? lequel ? auquel ?...
PRONOMS INDÉFINIS	aucun, personne, chacun, tous, certains, les uns, les autres, quelques-uns, plusieurs...

Antonymes (ou contraires) : ce sont des mots de sens contraire.
heureux – malheureux

Étymologie : c'est l'étude de l'origine des mots. De nombreux mots de la langue française viennent du latin et du grec.

Familles de mots : elles regroupent les mots construits à partir d'un même radical.
***lent** – **lent**eur – **lent**ement – ra**lent**ir*

Homophones : mots qui s'écrivent ou se prononcent de la même manière, mais qui n'ont pas le même sens, comme *verre* et *vers*.

Lexique : ensemble des mots d'une langue ; ensemble des mots sur un thème particulier.
Lexique de la mer : bateau, plage, coquillage…

Mots
– généraux : ce sont des mots qui constituent des ensembles ou des catégories.
les animaux
– particuliers : ce sont des mots qui correspondent à des éléments d'un ensemble ou d'une catégorie.
le tigre, le lion, le crocodile

Préfixes : ils se placent devant le radical d'un mot pour en changer le sens.
*faire → **dé**faire, **re**faire*

Radical : c'est la racine d'un mot. Le radical de *lenteur* est *lent*.

Sens propre : c'est le premier sens d'un mot.
*le **pied** d'une personne*

Sens figuré : c'est le sens imagé d'un mot.
*le **pied** d'une lampe*

Suffixes : ils se placent après le radical d'un mot pour en changer le sens.
*épice – épic**ier** – épic**erie***

Synonymes : ce sont des mots qui ont le même sens ou un sens proche.
heureux – joyeux – gai

Tableau des signes phonétiques

SONS-VOYELLES	SONS-CONSONNES
[a] le chat, un pâté	[p] une panne, une nappe
[o] un mot, une autruche, de l'eau, un côté	[b] une barbe, une abbaye
[ɔ] l'école	[t] la toiture, une patte
[y] la rue	[d] donner, une addition
[u] la poule	[k] un cadeau, quatre, un koala, un ticket, un chronomètre
[e] un été, un escalier, un nez, les, et	[g] le goût, gai, une guitare
[ɛ] après, mais, la fête, merci, la neige, un piquet	[f] une falaise, une affaire, une photo
[œ] la peur, un cœur	[v] une voiture, un wagon
[ø] heureux, des œufs	[s] le soir, une tasse, un citron, une leçon, une potion
[ə] le, je, tenir	[z] un oiseau, zéro, deuxième
[i] un ami, un stylo, une île	[ʒ] jouer, la nage, un plongeon
[ɑ̃] le vent, avant, une lampe, le temps	[ʃ] un chemin, un schéma
[ɔ̃] un rond, une trompe	[l] un livre, une pelle
[ɛ̃] un pin, un timbre, un peintre, un chien, une main, lundi, du parfum	[ʀ] un renard, arroser
	[m] la mer, une pomme
	[n] un numéro, la panne
	[ɲ] un agneau
	[j] un crayon, une bille, une paille, un réveil, un pied
	[w] ouest
	[ɥ] la nuit

Générique de l'ouvrage

Conception graphique et couverture : Laurence Durandeau

Mise en pages : Médiamax

Illustrateurs :
Jean-Christophe Raufflet : pages de gauche.
Didier Millotte avec couleurs de Lise Chapelier : pages de droite.

Coordination artistique : Léa Verdun

Édition : Pascale Costet, Laurence Michaux

Relecture : Sophie Behr

Imprimé en France.
N° d'éditeur 10150769 février 2009